aruco

ドイツ

Germany

aruco

ドイツ行き、ついに実現！
なのに みんなと同じ、お決まりコース？

ずっと行ってみたかったドイツ。
どんな出会いが待ってるのか、
想像しただけでワクワクしちゃう！

名物料理も食べたいし、テッパン観光名所もおさえなきゃ……。

でも、待ちに待ったドイツ旅行だもん。
せっかくなのに、みんなと同じ定番コースだけじゃ、
もったいなくない？？

『aruco』は、そんなあなたの
「プチぼうけん」ごころを応援します！

★女子スタッフ内でヒミツにしておきたかったマル秘スポットや穴場のお店を、
思い切って、もりもり紹介しちゃいます！

★観ておかなきゃやっぱり後悔するテッパン観光名所 etc. は、
みんなより一枚ウワテの楽しみ方を教えちゃいます！

★「ドイツでこんなコトしてきたんだよ♪」
帰国後、トモダチに自慢できる体験がいっぱいです。

そう、ドイツでは、
もっともっと、
新たな驚きや感動が
私たちを待っている！

さあ、"私だけのドイツ"を見つけに
プチぼうけんにでかけよう！

arucoには、
あなたのプチぼうけんをサポートする
ミニ情報をいっぱい散りばめてあります。

便利な会話

こんにちは
Hallo./Tag.
ハロー またはターク

(指をさして) これを100gください
Hundert Gramm, bitte.
フンダート・グラム・ビッテ

地元の人とのちょっとしたコミュニケーションや、とっさに役立つひとこと会話を、各シーンにおりこみました☆

定期船KDライン
ライン川には複数の会社がクルーズツアーを催行しているが、一番利用しやすいのがKDライン社の船。夏期のピークは1日5便程度運航している。城が密集しているザンクト・ゴアール～リューデスハイムで所要約2時間。
外輪船を模したデザインが人気
ゲーテ号
KDライン
Köln-Düsseldorfer Deutsche Rheinschiffahrt(KD Rhein)
休運航10月最終月曜～4月第1金曜
料リューデスハイム～ザンクトゴアールまでは€19 URLwww.k-d.com

知っておくと理解が深まる情報、アドバイス etc. をわかりやすくカンタンにまとめてあります☆

どのぼうけんにしようかな?

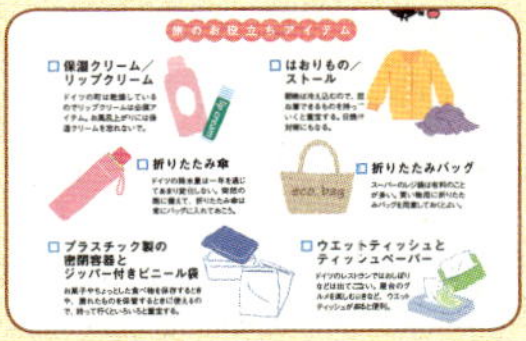

旅のお役立ちアイテム
保湿クリーム／リップクリーム
はおりもの／ストール
折りたたみ傘
折りたたみバッグ
eco bag
プラスチック製の密閉容器とジッパー付きビニール袋
ウエットティッシュとティッシュペーパー

女子ならではの旅アイテムや、トラブル回避のための情報もしっかりカバー☆

58
レジデンツ
くと便利！
99

右ページのはみだしには編集部から、左ページのはみだしには旅好き女子のみなさんからのクチコミネタを掲載しています☆

蚤の市をはしご

TOTAL 3時間

オススメ時間 11:00　予算 予算€5～

エコバッグと少額紙幣を用意
割れ物以外はそのまま渡されることが多いので、エコバッグを持って行こう。高額紙幣は受け取ってくれないこともあるので€20以下を用意して。

プチぼうけんプランには、予算や所要時間の目安、アドバイスなどをわかりやすくまとめています。

本書は正確な情報の掲載に努めていますが、ご旅行の際は必ず現地で最新情報をご確認ください。また掲載情報による損失などの責任を弊社は負いかねますのであらかじめご了承ください。

物件データのマーク

- 住所マーク……住所
- 電話マーク……電話番号
- FAX……ファクス番号
- 時計マーク……営業時間、開館時間
- 休……休館日、定休日
- 料……予算、入場料、料金
  宿泊料金のSはシングル、Wはダブルまたはツインを表す
- 予……予約の必要性
- 交……交通アクセス
  Sは近郊電車、Uは地下鉄、RBは普通列車、REは快速、IC、ICEは高速列車を表す
- URL… URL
- メールマーク …E-Mail アドレス
- Card… クレジットカード
  A: アメリカン・エキスプレス
  D: ダイナース
  J: ジェーシービー
  M: マスター
  V: ビザ
- 室… 客室数
- 英… 英語メニューあり

別冊MAPのおもなマーク

- ●……見どころ、観光スポット
- R……レストラン
- C……カフェ
- S……ショップ
- H……ホテル
- S……Sバーン (近郊電車)
- U……Uバーン (地下鉄)

ドイツでプチぼうけん！
ねえねえ、どこ行く？ なに食べる？

観光にグルメにお買いもの。
そうそう、名物ソーセージも試さなきゃ。
う～ん、やりたいことはキリがない！
ココ行っとけばよかった、アレ買いたかった……
そんな後悔をしないように、
ビビッときたものには、ハナマル印をつけておいて！

HARIBO

わくわく♥が
いっぱい詰まった
ドイツの魅力を
教えてあげる！

めざせドイツマニア！　これはゼッタイやりたいよね♪

話題のスポットもしっかりチェックしましょ♪

憧れのノイシュヴァンシュタイン城のいちばん美しい姿をパチリ♪

P.20 →

バウムクーヘン発祥の町へ行ってみない？

P.40 →

ライン川沿いの素敵な町の絶景巡りのコツをアドバイス！

P.24 →

99 5902

SLでブロッケン山へ初めてのワクワク体験！

P.32 →

あこがれの古城ステイで中世のお姫さま気分♡

P.46 →

世界最大のビール祭りオクトーバーフェストではじけちゃお♪

P.34 →

キラッキラのメルヘン世界本場のクリスマスマーケットへ！

P.50 →

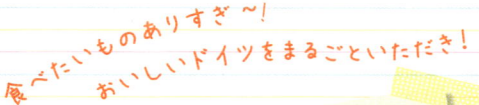

食べたいものありすぎ～！
おいしいドイツをまるごといただき！

ダイエットは
帰ってからに
しよ！

奥深い味わいの
ドイツパンに夢中♡
P.102 →

本場の焼きソーセージとドイツ料理
やっぱり、うんま～い！
P.115 →

ローテンブルク名物
シュネーバルの食べ比べ！
P.78 →

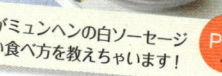

これがミュンヘンの白ソーセージ
正しい食べ方を教えちゃいます！
P.62 →

パリパリ＆ジューシー♪
ガッツリお肉、いっちゃおう！
P.65 →

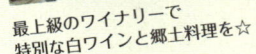

最上級のワイナリーで
特別な白ワインと郷土料理を☆
P.109 →

女子ゴコロをくすぐる
ベルリンのおしゃれカフェへ
P.140 →

あれもこれも、欲しいものオンパレード！
帰りの荷物はカクゴして！

ドイツモチーフの雑貨
ぜ〜んぶ持って帰りたい☆

P.54 →

lavera
Calena
Bade
Schokolade

パケ買いもありです♪
自然派コスメをチェック！

P.146 →

「いいな」と
思うものは
とりあえず
買っとこ！

BERLIN
BERLIN

ベルリンの信号機
アンペルマンに首ったけ♪

P.142 →

錫のオーナメントで
1年中クリスマス気分！

P.76 →

HEINZ

プチプラみやげの宝庫
スーパーマーケットへ！

P.104 →

ちょっと足を延ばして小さな町へ。
どこも個性的〜♪

ロマンティック街道の小さな町
ディンケルスビュール

P.72 →

磁器ブランド、マイセンの
銘品を見たい！買いたい！

P.162 →

Freilichtmuseum
Bahnhof

木のおもちゃがいっぱい！
ザイフェンへ

P.52 →

Contents

arucoドイツ

Let's go!

アクティビティ　グルメ　ショッピング　おさんぽ　見どころ　ビューティ　泊る　情報

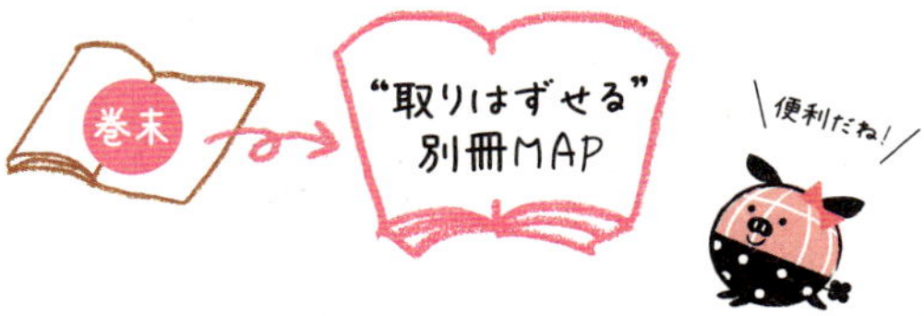
巻末
"取りはずせる"
別冊MAP
便利だね!

旅立つ前にまずチェック！

ざっくり知りたいドイツ基本情報

これだけ
知っておけば
安心だね

お金のコト

通貨・レート **€1**（ユーロ）＝ 約**135**円（2015年5月現在）

ドイツの通貨単位は€（ユーロ）、補助通貨単位はCent（セント）
それぞれドイツ語読みは「オイロ」と「ツェント」

両替 レートは場所によって異なる

円からユーロへの両替は日本の空港や一部の銀行でできる。ドイツでは空港や駅、町なかにある両替所、銀行などで可能。レートや手数料は場所によって異なるので確認を。ドイツでは多くの店でクレジットカードを使用でき、ATMでのキャッシングも可能。

物価 日本より少し高い

（例：(500ml)=€1、＝初乗り€3.40～、＝€2.70、＝€12～）

チップ 感謝の気持ちとして

ドイツにはチップの習慣がある。レストランでサービス料が含まれていない場合は、料金の5～10%、ホテルのベルボーイには€1程度渡すのが一般的。しかし、チップはあくまで感謝の気持ちなので、サービスや相手の態度に不満を感じた場合は払う必要はない。

お金について詳細はP.184～185をチェック！

ベストシーズン

4月から9月頃

ドイツには日本と同様に四季がある。春の訪れは4月頃。梅雨はなく、夏は暑くはなるが、30度を超える日はほとんどない。9月になると寒くなり始め、冬の冷え込みはかなり厳しくなるなど、北海道の気候に近い。

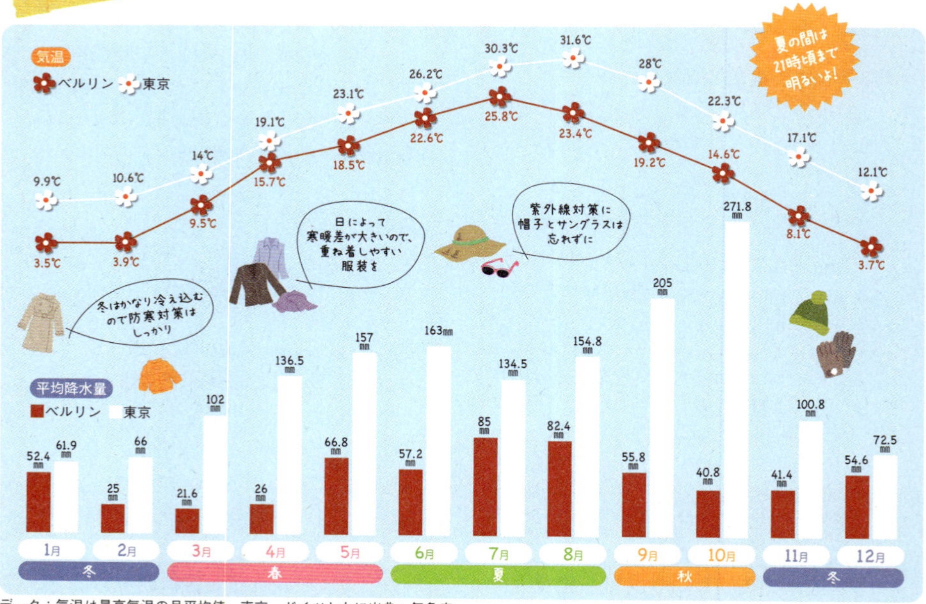
夏の間は21時頃まで明るいよ！
気温
ベルリン 東京
9.9℃ 10.6℃ 14℃ 19.1℃ 23.1℃ 26.2℃ 30.3℃ 31.6℃ 28℃ 22.3℃ 17.1℃ 12.1℃
3.5℃ 3.9℃ 9.5℃ 15.7℃ 18.5℃ 22.6℃ 25.8℃ 23.4℃ 19.2℃ 14.6℃ 8.1℃ 3.7℃
日によって寒暖差が大きいので、重ね着しやすい服装を
紫外線対策に帽子とサングラスは忘れずに
冬はかなり冷え込むので防寒対策はしっかり
平均降水量
ベルリン 東京
52.4mm 61.9mm
25mm 66mm
21.6mm 102mm
26mm 136.5mm
66.8mm 157mm
57.2mm 163mm
85mm 134.5mm
82.4mm 154.8mm
55.8mm 205mm
40.8mm 271.8mm
41.4mm 100.8mm
54.6mm 72.5mm
1月 2月 3月 4月 5月 6月 7月 8月 9月 10月 11月 12月
冬 春 夏 秋 冬

データ：気温は最高気温の月平均値　東京、ドイツともに出典：気象庁

日本からの飛行時間
直行便で約**12**時間

ビザ
あらゆる180日の期間内で90日以内の観光は必要なし

パスポートの残存有効期間が、ドイツを含むシェンゲン協定国を出国する日から3ヵ月以上残っていることが必要。

時差
−8時間（サマータイム実施期間は−7時間）※2015年：3/29～10/25　2016年：3/27～10/30

日本	8	9	10	11	12	13	14	15	16	17	18	19	20	21	22	23	0	1	2	3	4	5	6	7
ドイツ	0	1	2	3	4	5	6	7	8	9	10	11	12	13	14	15	16	17	18	19	20	21	22	23
ドイツ（サマータイム）	1	2	3	4	5	6	7	8	9	10	11	12	13	14	15	16	17	18	19	20	21	22	23	0

言語
ドイツ語

旅行期間
5泊7日以上が望ましい

交通手段
鉄道と飛行機が国内を網羅している。
市内は地下鉄、路面電車が便利

詳細はP.174～183

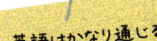

英語はかなり通じる
英語もドイツ語も同じ西ゲルマン語のなかまであることから、ドイツ人の英語力は総じて高い。観光スポットやレストラン、ショップなどではたいてい英語が通じる。

2015～2016年の祝祭日

1月1日	元旦
1月6日	三王来朝★
3月25日	聖金曜日（2016年）※
3月27日	復活祭（2016年）※
3月28日	復活祭翌日の月曜日（2016年）※
5月1日	メーデー
5月5日	キリスト昇天祭（2016年）※
5月15日	精霊降臨祭（2016年）※
5月16日	精霊降臨祭翌日の月曜日（2016年）※
6月4日	聖体節（2015年）※★
8月15日	マリア被昇天祭★
10月3日	ドイツ統一の日
11月1日	諸聖人の日★
11月18日	贖罪の日（2015年）※★
12月25・26日	クリスマス

ケルンやデュッセルドルフではカーニバル期間（2016年は2/4～10）もほとんどの施設が休業する。

クリスマスの12/25～26は、ほとんどの博物館、レストラン、ショップが休みになるので注意！

※は年によって異なる移動祝祭日、
★は一部の州のみの祝日。
移動祝祭日は毎年日にちが変わるので注意！

ふーん しらなかったなあ

日付の書き方
ドイツと日本では年月日の書き方が異なるので注意しよう。日本と順番が異なり、「日、月、年」の順で記す。例えば、「2015年12月11日」の場合は「11/12/2015」と書く。「8/12」などと書いてあると、日本人は8月12日と思ってしまうが、これは12月8日のこと。

祝祭日の営業
ドイツには州ごとに日曜と祝日に関する法律が定められており、一部の例外をのぞいて商店は日曜と祝日は完全休業が原則となっている。ただし、州によっては日曜であっても営業できる日を年に数回設けている。レストランは日曜でもすべてが休みという訳ではないので、食べる場所がなくなるようなことはない。

ドイツの詳しいトラベルインフォメーションは、P.166～をチェック！

ひとめでわかる

arucoおすすめのドイツぼうけん都市はココ！

日本とほぼ同じぐらいの面積があるドイツには、北から南まで見どころがいっぱい！　そこで初めてのドイツでも無理なく行ける、魅力的な街をピックアップ。ドイツは鉄道網が発達しているから、意外にたくさんの街へ行ける。見たいもの、やりたいこと、ギュッと詰め込んで遊んじゃお！

ライン川クルーズで古城がたくさん見られるよ！

DENMARK
SWEDEN
I ♥ Germany
おとぎの国へようこそ！
ハンブルク Hamburg H
ブレーメン Bremen I
ザルツヴェーデル Salzwedel M
NETHERLAND
ハノーファー Hannover P.164
L
ヴェルニゲローデ Wernigerode
デュッセルドルフ Düsseldorf D
メルヘン街道
P.154
ケルン Köln C
古城街道
P.116
A フランクフルト Frankfurt
リューデスハイム Rüdesheim B
E
ハイデルベルク Heidelberg F
O
ニュルンベルク Nürnberg
ローテンブルク Rothenburg
FRANCE
ミュンヘン München
ロマンティック街道
P.70
N
Q
フュッセン Füssen
P
R
SWITZERLAND
AUSTRIA

フランクフルト、ライン川沿岸、古城街道

A ヨーロッパ金融市場の中心 フランクフルト Frankfurt

→P.92

ヨーロッパ中央銀行の本部がある国際金融都市。作家・哲学者として名高いゲーテゆかりの街で、生家が博物館になっている。

B ライン川クルーズの基点 リューデスハイム Rüdesheim

→P.108

ライン川の斜面を利用したブドウ畑など、流域の風景は世界遺産。クルーズで降り立つ観光客の楽しみは名産の白ワイン。

C 世界遺産の大聖堂がそびえる ケルン Köln

→P.110

街のシンボルは高さ157mの塔がそびえる大聖堂。ナポレオンが好んだ「ケルンの水（フランス語でオーデコロン）」発祥の地。

D ライン川に開けた商工業の街 デュッセルドルフ Düsseldorf

多くの日系企業が拠点を構える商工業都市。伝統のマスタードや人気の洋菓子など内外で評価の高いおみやげが手に入る。

→P.114

E 高台の古城から見る街はレンガ色 ニュルンベルク Nürnberg

城壁に囲まれた旧市街のそぞろ歩きが楽しい街。中央広場では世界的に有名なクリスマスマーケットが開かれる。

→P.118

F 古城から見る町並みが美しい ハイデルベルク Heidelberg

ネッカー川に架かるレンガ色のアーチ橋、山の中腹に構える大きな古城……。ドイツの古城風景を代表する絶景が楽しめる。

→P.122

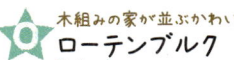

到着！
N
ベルリン
Berlin
G
マイセン
Meißen
K
ドレスデン
Dresden
J
ザイフェン
Seiffen
P.52
CZECH
S

ベルリンと北ドイツ、メルヘン街道

歴史と現代が交錯する旅だね

G ベルリン Berlin
東西ドイツ統一で進化し続ける首都

→P.126

新たな首都になって25年。躍動する街は若いアーティストを引き寄せ、ヨーロッパでも最も刺激的な都市のひとつになった。

H ハンブルク Hamburg
活気あるドイツ最大の港町

→P.150

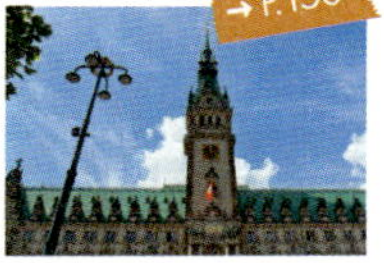

国際貿易港として発展してきた街。シーフードのメニューはさすがに多彩、毎週日曜の大規模な魚市場は観光客にも人気。

I ブレーメン Bremen
メルヘン街道のハイライト

→P.156

4匹の音楽隊が登場するグリム童話の舞台として有名だが、ハンザ同盟都市として栄えた歴史もある。市庁舎は世界遺産。

J ドレスデン Dresden
エルベ川を彩るバロック都市

→P.158

エルベ川の水運で栄え、かつて「百塔の都」と称えられた美しい街。バロック様式の壮麗な宮殿や教会は圧倒的な迫力。

K マイセン Meißen
白磁器で名高い工房を訪ねて

→P.162

ヨーロッパで初めて白磁の生産に成功したマイセン磁器工場がある街。アウグスト強王が心酔した磁器の歴史がわかる。

L ヴェルニゲローデ Wernigerode
SLに乗ってブロッケン山へ

→P.32

木組みの町並みがかわいい町。ブロッケン山へ行く蒸気機関車の運行拠点としても知られる。魔女伝説の舞台にもなっている。

M ザルツヴェーデル Salzwedel
バウムクーヘン発祥の地

→P.40

バウムクーヘンの最初のレシピの流れを汲む店が残る町。焼いているところの見学も可能。町に点在する専門店で食べ比べを。

おとぎの国の風景がいっぱい！

ミュンヘンとロマンティック街道

N ミュンヘン München
バイエルンの伝統が息づく街

ドイツ第3の街にしてバイエルン州の州都。毎年秋に開催されるビールの祭典、オクトーバーフェストは世界的なイベント。

→P.54

P フュッセン Füssen
ロマンティック街道の終点

ノイシュヴァンシュタイン城の基点になる町。パステルカラーの街は、観光客向けのショップやレストランが多く、歩いても楽しい。

→P.80

R ヴィース教会 Wieskirche
ヨーロッパで最も美しいロココ教会

世界遺産

外観は素朴で小さなたたずまいだが、内部の装飾は驚くほどきらびやか。その芸術性が高く評価され世界遺産に登録されている。

→P.88

O ローテンブルク Rothenburg
木組みの家が並ぶかわいい町

古い町並みや城壁がよく残り、ロマンティック街道の中核をなす「おとぎの家」というイメージがピッタリの小さな町。

→P.74

Q ノイシュヴァンシュタイン城 Schloss Neuschwanstein
ドイツを代表する絶景

ルートヴィヒ2世が自身の美意識のすべてをつぎ込んで造った城。王は周囲の風景も好んでおり、調和のとれた美しい城になった。

→P.20

S ベルヒテスガーデン Berchtesgaden
岩塩と温泉で名高いアルプスの町

アルプスの温泉リゾートとして有名だが、岩塩坑でヒーリング体験をしたり、トロッコで地中深く潜ったりする体験ができる。

→P.42

絶景の古城
世界遺産＆
ソーセージ♪

ドイツ7泊9日 aruco的 究極プラン

ライン川で
クルーズ☆

**白亜の城ノイシュヴァンシュタイン城はぜったいはずせないし、
木組みの家並みがおとぎの国のような、小さな町にも行かなくちゃ。
やりたいことといっぱいの、よくばり女子のための究極プランをご紹介！**

Day 1 フランクフルト到着！朝からパワー全開でクルーズへ！

日本から、NH203便0:50成田発ならフランクフルトに早朝6:00着。機内でたっぷりと睡眠をとって観光に備えよう。空港駅からフランクフルト中央駅までは15分弱。荷物をホテルに預けてイザ出発！

6:00

フランクフルト 空港到着

8:00

フランクフルト中央駅から**コブレンツ**へ P.24

列車 1時間30分

10:00

エーレンブライトシュタイン要塞から「ドイツの角」**ドイチェス・エック**を観賞 P.24

列車15分

11:00

ボッパルトの高台から見る P.25 **ライン川の大蛇行**に感激！

列車15分

眺めのいい
カフェで早めの
ランチ♪

次々と古城が現れる！

14:20

ザンクト・ゴアールから**ライン川クルーズ**に乗船！ P.26

船3時間

17:15

ブドウ畑と
リューデスハイムの
町並みがきれい！

リューデスハイムで船を降りて**ニーダーヴァルト**の展望台へ P.30

ゴンドラ5分

18:00

きてね！

リューデスハイムの**つぐみ横丁**でワイン＆ディナー P.109

列車 1時間

20:30 フランクフルト着＆泊

Day 2 ドイツの大動脈を鉄道で北へ！3つの都市を巡る充実の旅

世界遺産のケルン大聖堂とメルヘン街道のブレーメン。
さらには北の玄関口として躍動感あふれる港町
ハンブルクまで足を延ばす。
さまざまなドイツの表情に触れる1日。

7:15 フランクフルトから**ケルン**へ

列車 1時間

8:15 中央駅に隣接する P.110 世界遺産**ケルン大聖堂**へGo！

徒歩 3分

9:30

オーデコロンの発祥の地で好みの香りをゲット！ P.112

徒歩 3分

10:15 ケルンから**ブレーメン**へ

列車 3時間

昼食は列車内で**サンドウィッチ**を

13:30

ブレーメンの
音楽隊像で
願い事するのも
忘れずに！

世界遺産の**市庁舎**と**ローラント像**へ P.156

徒歩 10分

15:15 ブレーメンから**ハンブルク**へ

列車 1時間　地下鉄 10分

16:30 都市交通がジオラマになった**ミニチュアワンダーランド**へ P.151

徒歩 1分

20:00

じゃーん☆

倉庫街とダイヒ通りをお散歩してフレンチカフェ、**ティ・ブレイズ**でちょっとひと休み P.151

列車 1時間30分

21:00 ベルリン着＆泊　ホテルはツォー駅近くを予約

アレンジPlan 1 フランクフルトをもっと満喫！

ハンブルクとブレーメンのどちらかをパスするならフランクフルトに昼頃までいられる。ゲーテハウスとレーマー広場が見学できる。
P.92 P.96

Day2
ハンブルク
ベルリン
Day3
Day4
Day1
フランクフルト
Day5
Day7
Day6
ミュンヘン

究極プランのルート
フランクフルトに着いたら日帰りでライン川クルーズへ。2日目はケルンの大聖堂を見てメルヘン街道を通ってハンブルクへ。3日目はベルリン。4日目はドレスデン、5日目はニュルンベルクからロマンティック街道を通ってノイシュヴァンシュタイン城の基点の町へ。6日目に城を見て、7日目はミュンヘン観光、夜の便で帰国。

THOMY

こんなおみやげ買っちゃいました

キャンドルホルダー €3.95 P.76
グムントのノート €14.90 P.55
せっけんセット €10 P.136
オーデコロンのミニ缶 €5 P.112
マスタード €0.95 P.104

Day3 ヨーロッパでもっとも躍動する町 ベルリンの歴史と今を体感！

ホテルに荷物を預けてチェックアウト、朝からレンタサイクルで「ベルリンの壁」の史跡を回り、午後からはかわいくておしゃれなグッズを探しにショッピング♪　明日に備えてドレスデン泊。

8:30 自転車ツアーをアレンジ、2時間で早回り P.126

オリジナルのコースが作れるよ

壁がなくなって通行できるようになった**ブランデンブルク門** P.127

チェックポイントチャーリーで**「入国スタンプ」**をもらった！

上からの眺めもいい！

テレビ塔って高いなー

イーストサイドギャラリーは壁の跡。アートにしちゃうってベルリンらしい

自転車 2時間

10:30

広い中庭ね！

P.142

街歩きは**ハッケシェ・ヘーフェ**から

アンペルマン・グッズはおみやげの定番

徒歩 2時間

12:30 **ミッテ地区**を北へトコトコ P.132

おいしいアイスでブレイクタイム

かわいいアクセ見っけ！ P.133

地下鉄 15分

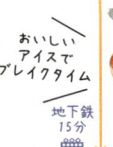

13:00 ミッテから**プレンツラウアーベルク**へ。
天気がよければ歩いても P.134

大通りにカラフルなアパートが！

地下鉄 5分

13:10 **パコラート**でブランチ P.140

レトロでおしゃれな人気カフェ！

徒歩 7分

15:30 アップサイクリング・デラックスでおもしろい**リサイクル品**見っけ！ P.135

ベルリンの流行もチェック

象の落とし物!?

地下鉄 20分

16:30 **クロイツベルク**でキッチン雑貨探し

P.136

食品や台所用品に面白いものアリ！

徒歩 6分

17:00 **デナーケバブ**と**カリーヴルスト**食べ比べ！ P.138

地下鉄 15分

18:30 ツォー駅近くの**カイザー・ヴィルヘルム記念教会**を見学、荷物をピックアップしてベルリン中央駅からドレスデンへ。

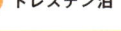

P.126

列車 3時間

21:30 ドレスデン泊

アレンジPlan 2
アート好きは延泊も！
アートに興味があるならベルリンは2泊したいところ。ギャラリー巡りや絵画館に足を延ばしたい。 P.130

Day 4 バロックの塔を気球に乗って上空から！ドレスデンの絶景が眼下に広がる

前日に頑張ってドレスデンまで移動したから、
今日は朝の気球フライトでスタートできる。
旧市街の上空を熱気球で飛べるなんて夢みたい。
マイセンの博物館で、アンティークを見るのも楽しみ！

7:00 **気球ツアー、スタート！** 約1時間のフライトで大満足！ P.159

すてき～！

8:30 河川敷で解散後、旧市街散策へ

エルベ川の対岸に行ったり、旧市街側の**「ブリュールのテラス」**を歩いたり。旧市街の絶景探し Map 別冊P.17-C2

徒歩30分

9:40 マイセンの陶器で描かれた**「君主の行列」** P.159

アウグスト
強王だ

徒歩3分

10:00 **フラウエン教会**と**ツヴィンガー宮殿**を見学 P.159

戦後
復興の
シンボル！

11:00 ドレスデン中央駅から白磁器の里**マイセン**へ

トラム10分
列車30分
シティバス5分

ステキでしょ！？

P.163

11:30 **マイセン磁器工場**で博物館や工房を見学

せっかくだから、**マイセン磁器**で**ランチ**しましょ♪

カフェだけの
利用もOK！

14:00 マイセンから**ニュルンベルク**へ

列車約5時間30分

コーヒー
ひとつ

列車の
サンドも
おいしいよ！

19:30 ニュルンベルク中央駅着

徒歩15分

20:00 早速名物の**ソーセージ**を食べに行こう！ P.118

名物料理に
トライ！

徒歩1分

20:40 **美しの泉**で恋愛成就のおまじない P.120

徒歩1分

21:00 **聖ローレンツ教会**のライトアップを見てホテルへ P.121

夜の教会は
きれいねー！

アレンジPlan 3 日が短い冬のプラン

P.50

冬は日が短いのでニュルンベルク到着時の19:30は真っ暗。旧市街の観光は翌日にしてホテルへ。翌朝、旧市街を見て11:00頃の列車でローテンブルクに移動する。ロマンティック街道バスは冬は運行していないので、ローテンブルクからフュッセンまでは列車で。もし11月下旬～12月24日に行くなら、クリスマスマーケットがおすすめ。ドレスデンは世界最古、ニュルンベルクは世界一有名といわれる本場。夜が美しいので、それぞれ1泊したいところ。

1. ニュルンベルクの中央広場のクリスマスマーケット　2. ドレスデンのアルトマルクトのクリスマス風景

蜜ろう
キャンドル
いかが？

Day 5 木組みの家が並ぶかわいい町 ロマンティック街道へ！

いよいよ楽しみにしていたロマンティック街道の
旅が始まる。ローテンブルクの雪玉みたいなお菓子、
ディンケルスビュールのはちみつ。
メルヘン＆スイートな旅になりそう♪

8:00 ニュルンベルクから **ローテンブルク** 旧市街へ

どこもかわいい！

列車 約1時間15分
徒歩15分

10:00 市議宴会館でマイスタートルンクにちなんだ **仕掛け時計**を見る P.74

徒歩 2分

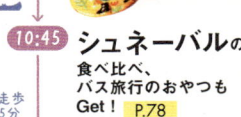

10:15 **ケーテ・ヴォールファールト**へ **クリスマスグッズ**のお買いもの P.76

Käthe Wohlfahrt
Weihnachts

1年中クリスマスなのよ！

徒歩 5分

10:45 **シュネーバル**の食べ比べ、バス旅行のおやつもGet！ P.78

徒歩 5分

13:00 旧市街の北にあるシュランネン広場からロマンティック街道バスに乗車

バス 50分

13:50 **ディンケルスビュール**着 45分の休憩時間に旧市街を散策 P.72

三角の屋根が並ぶのね！

バス 1時間55分

16:30 **アウクスブルク**着 30分の休憩時間に市庁舎をバックに記念撮影 P.73

バス 3時間25分

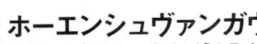

20:25 **ホーエンシュヴァンガウ**着 ノイシュヴァンシュタイン城のライトアップを見ながらおやすみなさい……。 P.84

Day 6 ルートヴィヒ2世が 究極の美を追求した白鳥城へ

ついに、憧れのノイシュヴァンシュタイン城へ
やって来た。均整のとれた美しい姿、
そして芸術を愛した王がこだわりぬいた内装、
しっかり見なくちゃ！

8:30 チケットセンターで内部見学のチケット購入 P.82

シャトルバス5分

9:00 **マリエン橋**から美しい姿を撮影 P.20

©Bayerische Schlösserverwaltung
URL www.schloesser.bayern.de

徒歩 15分

9:30 ノイシュヴァンシュタイン城の **内部**を見学 P.22

王のこだわりがいっぱい！

馬車 10分　徒歩 5分

11:00 ホーエンシュヴァンガウへ戻ってバスでテーゲルベルク山のロープウェイ乗り場へ

バス 5分

11:05 **ロープウェイ**からの **ノイシュヴァンシュタイン城**をカメラにおさめよう！ P.21

ロープウェイ 5分

P.83 バス停前のおみやげ店でGet！

バス 5分　タクシー 30分

12:00 **世界遺産ヴィース教会**へ P.88

ロココの美しい装飾すごい！

タクシー 40分

13:30 フュッセンの **ホテル・シュロスクローネ**でランチ P.81

列車 2時間

町でおみやげも探そう

17:00 ミュンヘン泊

Day7 バイエルンの都ミュンヘン まずは歴史をおさえなきゃ！

ノイシュヴァンシュタイン城を見たら、ルートヴィヒ2世やバイエルン王国のことがもっと知りたくなっちゃうかも。ミュンヘンのゆかりのところに行ってみよう。

11:00 まずは町の中心 **マリエン広場**へ **新市庁舎の仕掛け時計**は なんと等身大！ P.54

結婚式のセレモニー！

徒歩5分

11:30 **ミヒャエル教会**でルートヴィヒ2世のお墓参りを

P.87

ここの地下に眠ってる！

徒歩10分

12:00 **ツム・フランツィスカーナー**で**白ソーセージ**のランチ P.62

徒歩3分

13:00 ヴィッテルスバッハ家の**居城レジデンツ**へ P.58

トラム15分
徒歩10分

15:00 ルートヴィヒ2世が生まれた**ニンフェンブルク城**で「誕生の部屋」を見学 P.59

トラム15分
徒歩10分

17:00 **セルヴス・ハイマート**でバイエルンみやげチェックして P.54

やっほー！

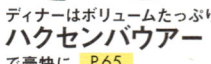

ディナーはボリュームたっぷり**ハクセンバウアー**で豪快に P.65

アレンジPlan 4 アルプスの岩塩坑へ！

P.42

夏ならミュンヘンを最終日だけにして、ベルヒテスガーデンの岩塩坑へ行ってみては？　6日目にベルヒテスガーデンまで行って泊まり、7日目は朝から岩塩浴や廃坑の見学して、夕方ミュンヘンへ移動するとよい。

Day8 旅の最終日はミュンヘンで おみやげ探し、ラストスパート！

ミュンヘンの空港へはSバーンでもエアポートバスでも40～50分。
21:25発のANA便なら18:00頃まで遊べちゃう！

10:00 ヴィッテルスバッハ家が収集した絵画のコレクションを見に**ピナコテーク**へ

P.60

名画がいっぱい！

徒歩5分

13:00 ランチは**ラスト・サパー**でちょっとおしゃれに P.65

ワインもどうぞ

周辺をおさんぽ **サリー・フォン・サルバイ**で バイエルンスタイル・ファッションを本気買い！ P.55

グムントで自分ご褒美の手帳をGet P.55

徒歩1時間30分

15:00 最後の晩餐は **アッツィンガー** でヴァイスビール♪ ホテルに預けた荷物をピックアップ、さあ、空港へ向かいましょ！ P.64

おいしいよ

NH218便
21:25発

Day9

日曜日は小売店は休み。タクシーの台数も少なくなるよ

15:50 **羽田着** お疲れさま！

ビューン

時刻や所要時間は2015年4月の調査で夏時間を想定しています。

こんなステキ体験
初めてかも！

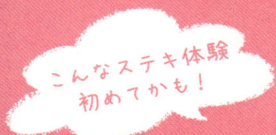

おとぎの国ドイツで
ロマンティック＆ドキドキの
プチぼうけん☆

まずは、白鳥のように優雅なノイシュヴァンシュタイン城にご対面！
ライン川クルーズで、古城巡りもマストでしょ！
でもそれだけじゃ、もの足りなくない？
ベルリンで旧東ドイツ時代の雑貨探し、本場のバウムクーヘン食べ比べ。
憧れのクリスマスマーケットもハシゴしたい！
とっておきのプランで、ドイツ上級者になっちゃおう！

ET'S GO!

プチぼうけん 1

ノイシュヴァンシュタイン城の美しい姿を外から内まで完全制覇！

美しい自然のなかに、真っ白な姿を浮かび上がらせる憧れの城。ドイツの古城のシンボルを、しっかりカメラにおさめられるベストポジションと、王の美意識が詰まった部屋をご案内！

Schloss Neuschwanstein

ノイシュヴァンシュタイン城へ　TOTAL 3時間半

オススメ時間　お城に日が当たる午前中
予算　€30～

おすすめプラン

9：00　マリエン橋から城を見る A
9：30　ノイシュヴァンシュタイン城の内部見学→P.22
11：00　テーゲルベルク山のロープウェイの中から城を見る B
12：30　ホーエンシュヴァンガウの北エリアへ C

混雑する季節

バカンスシーズンの7月と紅葉の10月は、シャトルバスや馬車が2時間待ちになることもある。

王子様に出逢えそう…

PHOTO Point A

まずはマリエン橋から城と一緒のツーショット

PHOTO Point　aruco オススメのビュースポットはこちら！

どこで撮ろうかしら？

マリエン橋は混雑することもあるので譲り合って撮影して
Tegelbergstr.
Colmanstr.
B
テーゲルベルク山
ホーエンシュヴァンガウの北エリア
C
ホーエンシュヴァンガウ城
P.86
ノイシュヴァンシュタイン城
A
マリエン橋
N
0　500m
Map 本誌P.83

これがマリエン橋！

マリエン橋から見るノイシュヴァンシュタイン城は、渓谷の森とバックに広がる畑や牧草地のライトグリーンが真っ白な城に映えてとても美しい。青空を映して遠くの川がキラキラ光る。大きな城の全景と人物がいいバランスで撮れるスポット。

A マリエン橋への行き方

ホーエンシュヴァンガウの観光案内所から徒歩5分ほどのホテル・ミュラーの向かいからシャトルバスが出る（行き€1.80、帰り€1、往復€2.60）。バスを降りて徒歩5分。

40～50分。

夏の橋はラッシュ！

プチぼうけん1 ノイシュヴァンシュタイン城の美景ポイント

PHOTO Point B

テーゲルベルク山のロープウェイの中から

ノイシュヴァンシュタイン城は細長い形をしており、見る角度によってまったく違う表情を見せる。正面をカメラにおさめるならテーゲルベルク山へのロープウェイの途中から。湖を背景にした美しい姿は1分ほどで見えなくなるので見逃さないで。

右側の後ろに乗ってね！
出発から2分後がシャッターチャンス！

赤いレンガ色の入口が見える角度はロープウェイからだけの特別な眺め！

B ロープウェイ乗り口への行き方

ホーエンシュヴァンガウ観光案内所前のバス停からフュッセン始発73、78番バスに乗り約7分、Tegelbergbahn下車。（立ち寄らないバスもあるので運転手に確認しよう）またはホーエンシュヴァンガウからタクシーで5分

絶景が眼下に広がる！

テーゲルベルク山ロープウェイ

Tegelbergbahn

ホーエンシュヴァンガウから約1km北にあるテーゲルベルク山は標高1720m。麓駅と山頂を約5分で結んでいる。

Map 本誌P.83 ホーエンシュヴァンガウ

Tegelbergstr.33, D-87645 ☎08362-98360 夏期9:00～17:00（荒天時運休あり）冬期9:00～16:30 休1/7～カーニバルの土曜 料€12.40 往復€19.40 キーカード代€2（カードを返却すると返金される） URL www.tegelbergbahn.de

テーゲルベルク山は頂上からの眺めも最高！

とっても幻想的～

夜 日没～夜中の0:00か1:00で消灯

城が大きく見える角度からのライトアップが美しい

昼

白亜の名城と青空のコントラストにうっとり

PHOTO Point C

ホーエンシュヴァンガウの北エリアへ！

ノイシュヴァンシュタイン城は、夜の姿もりりしいもの。日没の30分後ごろからライトアップが始まり、暗闇が深くなるにつれ明るさを増していく。ホーエンシュヴァンガウに泊まって、白さがいっそう際立つ夜を楽しみたい。

C 北エリアへの行き方

テーゲルベルク山ロープウェイ乗り場からタクシーで7分、ホーエンシュヴァンガウの観光案内所前から徒歩7分

ライトアップの写真を撮るなら…

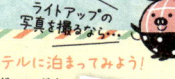

城ビューのホテルに泊まってみよう！

ホーエンシュヴァンガウには、ホテルやペンションがたくさんある。宿泊すれば朝から晩までいろいろな城の写真が撮れる。

詳しくは → P.84

ルートヴィヒ2世のこだわりが光る☆ノイシュヴァンシュタイン城へ潜入！

ワーグナーを愛し、ヴェルサイユ宮殿に憧れていたルートヴィヒ2世は、美しいこの地に白亜の城を建てた。彼の芸術性をたどってみよう。

ルートヴィヒ2世ってどんな人？

1845年生まれ。19歳でバイエルン国王に即位。ワーグナーの歌劇に傾倒し耽美的な城建築を目指した。

詳しくは → P.86

ノイシュヴァンシュタイン城の内部 TOTAL 1時間

混雑する時期　7～8月中旬と10月は混む

予算　€20

階段が多いので身軽に

城の中はツアーで回る。荷物を背負うことは禁止なので、デイパックなどは胸側に回すこと。階段が多いので歩きやすい靴で。城内は撮影禁止。

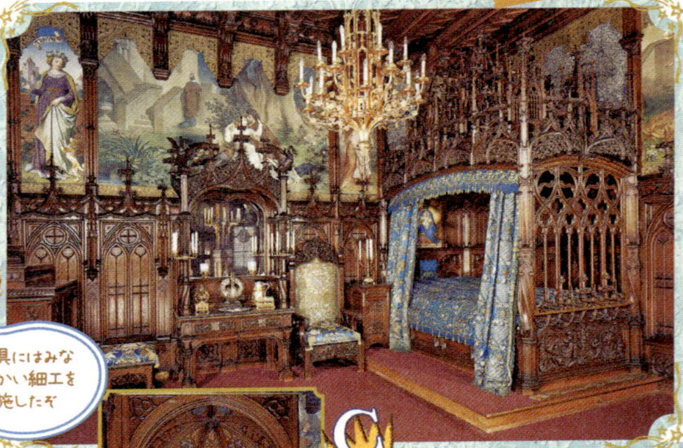

家具にはみな細かい細工を施したぞ

C 寝室

繊細な彫刻が施されたオーク材の家具がすばらしい。寝具はルートヴィヒ2世の好きなロイヤルブルーで統一

B 食堂

王の食事は3階下にある調理場から、専用のエレベーターで引き上げていた

A 玉座の広間

この白大理石は立ち入り禁止だぞ！

D 礼拝堂

王が祈りを捧げた小さな礼拝堂には、精緻な木彫りの祭壇と祈祷台が置かれている

Schloss Neuschwanstein

白鳥城とも呼ばれる夢の城

ノイシュヴァンシュタイン城
Schloss Neuschwanstein

バイエルン国王ルートヴィヒ2世の中世趣味を具現化した居城。1869年に建設開始、建築途上で王の座を追われたため2年間しか住むことはできず、完成をみることもなかった。王の死後わずか2ヵ月で一般公開され、以降ドイツを代表する観光地となっている。

Map 本誌P.83　ホーエンシュヴァンガウ

Neuschwansteinstr. 20, D-87645
3/28～10/15 9:00～18:00　10/16～3/27 10:00～16:00　休1/1、12/24・25・31　料€12、ホーエンシュヴァンガウ城（→P.86）との共通チケット€23
交チケットセンター並びのホテル・ミュラーから馬車（上り€6、下り€3）で15分＋徒歩5分、またはホテル・ミュラー向かいの乗り場からシャトルバス（上り€1.80、下り€1、往復€2.60、冬期運休）でマリエン橋下車＋徒歩15分、またはチケットセンターから徒歩40分　URL www.neuschwanstein.de

お城への詳しい行き方とチケットの買い方は → P.82～83

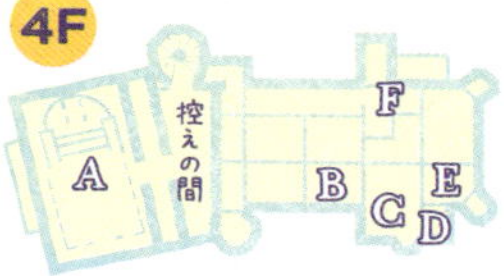
4F
A
控えの間
F
B
C
D
E

5F
H
G

G 歌人の広間

アイゼナハに建つヴァルトブルク城にある歌人の広間をモデルにした壮麗な大広間。パルジファル伝説の壁画が美しい

ワーグナーが朕のために書いたオペラ「パルジファル」の壁画だ

H 階段の円柱

王だけが使用した城の主階段の円柱は、ヤシの木をモチーフにしている。天空には金色の星が輝く

キラキラ輝いてる！

王冠の形をした金色のシャンデリアは重さ900kg！　白い大理石の上には玉座が置かれるはずだったが王の死により中止

ドームや星は王の宇宙観を表現したもの

白鳥のドアノブだ

F 洞窟

石膏を使ってオペラ『タンホイザー』に出てくる洞窟を再現。照明装置も駆使して効果を高めた

E 更衣室

王が身支度を整えた部屋。洗面台の上に置かれた水差しとボウルはヴィレロイ＆ボッホ製

城の建築には舞台芸術家を登用したのだ

プチぼうけん 2

コブレンツ〜リューデスハイム

世界遺産 ライン川沿いの小さな町の一生に一度は見たい絶景巡り！

ハンブルク
ベルリン
フランクフルト
ミュンヘン

ヨーロッパ物流の大動脈ライン川には中世の時代に見張りの城や税関がたくさん造られた。父なるライン川を高台から見たり、クルーズしたり……人気の絶景スポットをコンプリート!

ライン川絶景ポイント

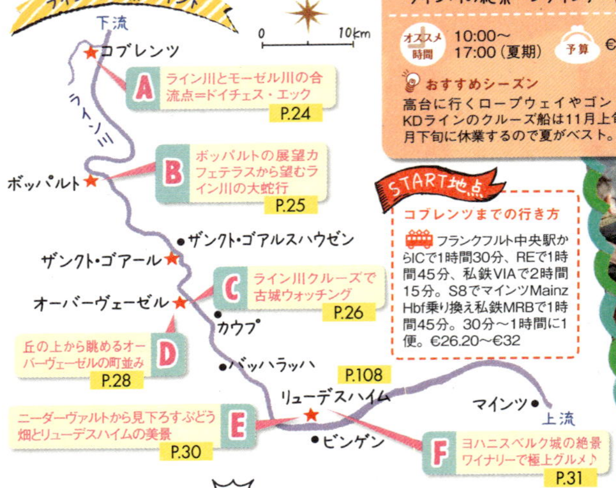

N
0
10km
下流
コブレンツ
ライン川
A ライン川とモーゼル川の合流点=ドイチェス・エック
P.24
ボッパルト
B ボッパルトの展望カフェテラスから望むライン川の大蛇行
P.25
ザンクト・ゴアルスハウゼン
ザンクト・ゴアール
オーバーヴェーゼル
C ライン川クルーズで古城ウォッチング
P.26
カウプ
D 丘の上から眺めるオーバーヴェーゼルの町並み
P.28
バッハラッハ
P.108
リューデスハイム
マインツ
上流
E ニーダーヴァルトから見下ろすぶどう畑とリューデスハイムの美景
P.30
ビンゲン
F ヨハニスベルク城の絶景ワイナリーで極上グルメ♪
P.31

ライン川の絶景ハンティング

TOTAL 1日

オススメ時間 10:00〜17:00（夏期）

予算 €60

おすすめシーズン

高台に行くロープウェイやゴンドラ、KDラインのクルーズ船は11月上旬〜3月下旬に休業するので夏がベスト。

START地点

コブレンツまでの行き方

フランクフルト中央駅からICで1時間30分、REで1時間45分、私鉄VIAで2時間15分。S8でマインツMainz Hbf乗り換え私鉄MRBで1時間45分。30分〜1時間に1便。€26.20〜€32

馬蹄形にぐるっと回る珍しい眺めなのね！

A コブレンツ エーレンブライトシュタイン要塞から眺めるドイチェス・エック

ライン川とモーゼル川が出合う地点は、ドイチェス・エック（ドイツの角）と呼ばれて親しまれる。突き出した岬と行きかう大型船の独特の風景を眺めよう。

鋭角に合流しているんだね

ロープウェイでライン川をひとまたぎ。上るほどに絶景が！

エーレンブライトシュタイン要塞に行くための

ロープウェイ Seilbahn Koblenz

コブレンツと対岸の高台にあるエーレンブライトシュタイン要塞を結ぶロープウェイ。ライン川をまたぐ体験はこならでは。父なるライン川と母なるモーゼル川が合流し、大きな船が鋭角に曲がっていくのは迫力満点。

Konrad-Adenauer-Ufer, D-56068 ☎0261-20165850 4〜10月 9:30〜18:30（夏期の木〜土は〜22:00）11〜3月の土・日・祝 9:30〜17:30 休11〜3月の月〜金 料片道€6.50 往復€9 エーレンブライトシュタイン城塞の入場&往復割引券€11.80 URL www.seilbahn-koblenz.de

絶景ポイントAまでの行き方

コブレンツ中央駅前のバス停から1番のバスでDeutsches Eck/Seilbahn下車、所要約10分。KDライン遊覧船の桟橋の近くからロープウェイに乗ってエーレンブライトシュタイン要塞Festung Ehrenbreitsteinへ。

ボッパルト

展望カフェテラスから望むライン川の大蛇行

ライン川が馬蹄形に大きく曲がるポイントが、ボッパルトにある。船にのっていると意外に気が付かないのでぜひ高台から眺めを楽しみたい。

大迫力の絶景だよ!

大蛇行が見られるカフェへ行く

ボッパルトのチェアリフト

Sesselbahn Boppard

プチぼうけん 2

ボッパルトの町を見下ろす高台へのチェアリフト。途中で見え隠れするラインの流れも印象的。頂上にはカフェがあるほか、ハイキングコースが整備されている。

Mühltal 12, D-56154 ☎06742-2510 4/1～4/10と10/16～10/31 10:00～17:00、4/11～4/30と10/1～10/15 10:00～17:30、5/1～9/30 10:00～18:00 休11～3月 料片道€4.80 往復€7.50 URL sesselbahn-boppard.de

広角レンズで撮ってね!

絶景ポイント B までの行き方

チェアリフトSesselbahn乗り場は町の南側にあるが、ボッパルト駅北口に出たほうがわかりやすい。ヘーア通りHeerstr.からコブレンツァー通りKoblenzer Str.へ進みミュールタールMühltalで左折、踏切を越えて、少し行くと右側に乗り場がある。徒歩約10分。

ボッパルトの大蛇行を望むカフェ

ゲデオンスエック GedeonsEck

眺めのいい庭のほか山小屋風のテーブル席もある

大きく湾曲するライン川を眺めることができるカフェ。お茶とケーキやグラスワインとともに、心ゆくまで風景を楽しもう。グラーシュやシュニッツェルといった本格的な食事も楽しめる。隣はパラセイリングのテイクオフ場で、飛び立つ姿が見られることも。

Gedeonseck, D-65154 ☎06742-2675 4～10月10:00～18:00、3月の天気のよい日12:00～16:30、11～2月の天気のよい土・日曜12:00～16:00 休11～2月の月～金、悪天候の日 Card不可 料€1.50～ 交チェアリフトを下りて徒歩3分 URL www.gedeonseck-boppard.de

A
エーレンブライトシュタイン要塞
START
10:00
電車でGO!
ライン川
フラウバッハ
私鉄VIA
上流
10:52 コブレンツ Koblenz
ドイチェス・エック Deutsches Eck
DB・私鉄MRB
11:06 ボッパルト Boppard
モーゼル川
夏のイベント「炎のライン川」
P.29
B
ゲデオンスエック GedeonsEck

ライン川の絶景ハンティング

ザンクト・ゴアール～リューデスハイム

古城が次々と現れる ハイライトはクルーズで

古城がもっとも密集しているザンクト・ゴアール～リューデスハイム間は、なんといってもクルーズ船からの眺めが最高！　深いグリーンの川面とぶどう畑の急斜面、そして見上げれば古城が……。ドイツらしい風景がここにある。

ローレライ伝説

ハイネの詩や美しい歌で知られているローレライ伝説。恋人に裏切られた乙女が川に身を投げ、水の精となって船頭を惑わせるという話だ。川幅が狭く急流で川底に岩が多いことから、ここはラインきっての難所といわれ、遭難も多かったことから伝説となった。

町並みもとてもきれいですね！

中州の先にひっそりとたたずむ

3 ローレライの像 Die Nixe Loreley als Statue

4 ローレライ岩 Loreley

船内に歌が流れると写真タイム

1 ラインフェルス城 Burg Rheinfels

詳しくは → P.28

2 ネコ城 Burg Katz

現在の所有者はなんと日本人！

5 シェーンブルク城 Schönburg

詳しくは → P.47

6 プファルツ城 Burg Pfalzgrafenstein

中州にある税関施設。見学も可能。URL www.burg-pfalzgrafenstein.de

ザンクト・ゴアルスハウゼン St.Goarshausen
カウブ Kaub
私鉄VIA
船でGO!
下流
ザンクト・ゴアール St.Goar
出発 14:20
14:50
15:05
DB・私鉄MRB
ボッパルト Boppard
オーバーヴェーゼル Oberwesel
P.28

甘口の白と辛口の赤ワイン。250mlで€5.60

定期船KDライン

ライン川には複数の会社がクルーズツアーを催行しているが、一番利用しやすいのがKDライン社の船。夏期のピークは1日5便程度運航している。城が密集しているザンクト・ゴアール～リューデスハイムで所要約3時間。

外輪船を模したデザインが人気
ゲーテ号

時刻表 →P.31

KDライン Köln-Düsseldorfer Deutsche Rheinschiffahrt(KD Rhein)

㊡運航10月最終月曜～4月第1金曜
㊢リューデスハイム～ザンクトゴアールまでは€19　URL www.k-d.com

デッキは風が冷たいので夏でも上着がいる。

8 シュターレック城 Burg Stahleck

ドイツで最も美しいユースホステルといわれている。宿泊しなくても中庭は見学できる

9 フュルステンベルク城 Burg Fürstenberg

個人所有の城。塔のバランスが美しい

12 ラインシュタイン城 Burg Rheinstein

ガイドツアーもある URL www.burg-rheinstein.de

ライン川の古城

ライン川に残る古城は、ヨーロッパ物流の大動脈だった12～13世紀に建てられたもの。神聖ローマ帝国のもと、この地域は船の関税を収入源とする数々の領主によって治められていた。しかし18世紀末にフランス革命後の戦争に巻き込まれ、1794年にフリュールスの戦いの結果この一帯はフランス領となり廃城となった。

11 ライヒェンシュタイン城 Burg Reichenstein

ホテル＆レストラン。博物館併設

7 グーテンフェルス城 Burg Gutenfels

カウプの町を見下ろすように建つ古城ホテル

10 ソーネック城 Burg Sooneck

斜面を利用して高さと大きさを演出している。見学可能 URL www.burgen-rlp.de/index.php?id=sooneck

13 ねずみ塔 Mäuseturm

高さ約25m、航行を監視した

14 エーレンフェルス城 Burg Ehrenfels

突き出すように建つ。現在は廃墟

アスマンスハウゼン Assmannshausen
16:30
15:30
リューデスハイム Rüdesheim P.30,108
17:00
到着 17:15
バッハラッハ Bacharach
ビンゲン Bingen
8
9
10
11
12
13
14

バッハラッハの町並み

クルーズの所要時間
ザンクト・ゴアール→リューデスハイム：約3時間
リューデスハイム→ザンクト・ゴアール：約1時間40分

寄り道プラン

ライン川の小さな町へ

オーバーヴェーゼル美景さんぽ

ふふふ!

私鉄VIA
雄牛塔
駅
シェーンブルク城
聖母教会
聖マルティン教会
DB/私鉄MRB

D オーバーヴェーゼル

丘の上から眺めるオーバーヴェーゼルの町並み

ドイツらしい木組みの町並みのなかに教会の尖塔が顔を出し、山の上には古城がたたずむ…。そんな風景のビューポイントをご紹介!

絶景ポイントDまでの行き方

オーバーヴェーゼルの町から高台の絶景ポイントにあるギュンデローデハウス・フィルムハウス・ハイマート・ドライまでの公共交通機関はない。タクシーで約10分、料金は€20ほど。

映画のロケが行われた

ギュンデローデハウス・フィルムハウス・ハイマート・ドライ

Günderodehaus Filmhaus Heimat 3

高台のカフェ。地元っ子イチオシの景勝ポイント。結婚パーティーなどの利用も多い。

Rheingoldstr. (am Siebenjungfrauen blick) D-55430
06744-714011　11:00～18:00（金・土～20:00）
休11～2月　料€3～　Card不可　英あり
交オーバーヴェーゼル駅から徒歩45分、タクシー10分
URL www.guenderodefilmhaus.de

ドイツ語会話

この写真が撮れる場所に行きたい。
Ich möchte vor Ort sein, wo dieses Foto gemacht werden kann.
イッヒ・メヒテ・フォア・オルト・ザイン・ヴォー・ディーゼス・フォト・ゲマハト・ヴェアデン・カン

何分ぐらいかかりますか
Wie lange wird das dauern?
ヴィー・ランゲ・ヴィルト・ダス・ダウエルン

いくらぐらいですか
Wie viel wird es kosten?
ヴィー・フィール・ヴィルト・エス・コステン

ザンクト・ゴアール

ここもオススメ!

ラインフェルス城のカフェへ

タクシーを使いたくない人は、ボッパルトからの列車をザンクト・ゴアールで下車、そこからラインフェルス城行きのSL型観光車両に乗ってラインフェルス城へ。城の中庭のカフェからの眺めも気持ちがいい。

シュッポッポ

ラインフェルス城 Burg Rheinfels

Scholoßberg47, D-56329 St.Goar　06741-8020
テラスのあるカフェレストラン「Der Landgraf」　11:00～19:00（金・土～21:30）　休無休
URL wwww.schloss-rheinfels.de

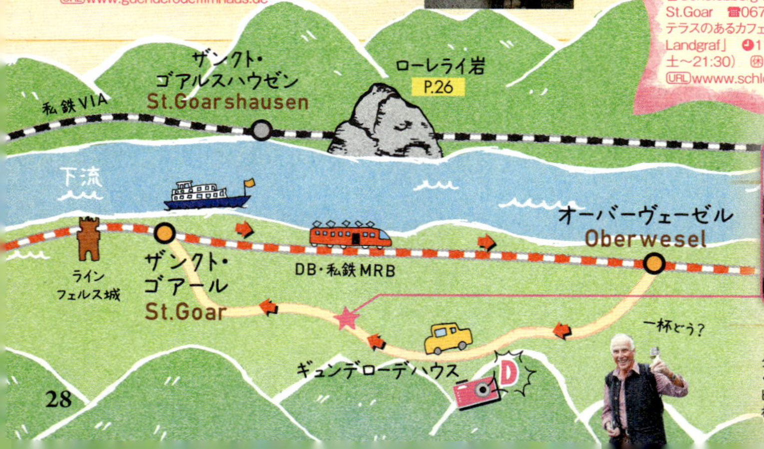

ザンクト・ゴアルスハウゼン
St.Goarshausen
ローレライ岩
P.26
私鉄VIA
下流
オーバーヴェーゼル
Oberwesel
ザンクト・ゴアール
St.Goar
ライン フェルス城
DB・私鉄MRB
ギュンデローデハウス
D
一杯どう?

ローレライ岩が見下ろせるポイント

タクシーを使ってギュンデローデハウスへ行くなら、ついでにローレライ岩が見下ろせるビューポイントへ（タクシー7分)。難所といわれた急流と突き出した岩は迫力満点。

DE EIERJONGE

ライン川周辺の町

summer event

夏は楽しいイベントが盛りだくさん!

ライン川沿岸の町は、夏になるとバカンスのお客さんでいっぱい。週末はイベントが目白押しなので、事前に各町のウェブサイトをチェックしてみて!

KEEP CALM

wine festival

ワイン祭り

各町でワイン祭りがある。オーバーヴェーゼルではマルクト広場を中心に、150以上の中部ライン地方のワイン屋台が列ぶ。ライブ演奏や夜のライトアップもにぎやか。

最高!
カンパイ!

オーバーヴェーゼルへの行き方

フランクフルト中央駅からREが1～2時間に1便、所要約1時間20分。€17.90。

オーバーヴェーゼルの ℹ

URL www.oberwesel.de

オーバーヴェーゼル・ヴァインマルクト
Oberwesel Weinmarkt

料€3 URL www.oberwesel.de/en/highlights/weinmarlct

開催日：毎年9月の2・3週目の週末
場所：オーバーヴェーゼルのマルクト広場周辺

wine hiking

ワインハイキング

英語またはドイツ語ガイドとワイン畑や史跡などを歩いてまわる。途中で数種のワイン試飲がある。試飲用のオリジナルグラスはおみやげに。

ヴァインヴァンデルンク
Weinwanderung

料€15～20（軽食€2）
URL www.weinwanderung.de
オーバーヴェーゼル文化会館Kulturhaus前集合（予約不要、その場で支払い現金のみ）（2015年）6/20 14:45、8/1 14:45、8/22 14:45、9/5 14:00、9/12 15:45、9/19 15:45、9/26 15:00、10/10 15:45、10/17 14:45、12/30 14:00、2016年1/1 14:00

おいしいワインの試飲ができるのよ

最高!

fireworks

炎のライン川

ライン沿岸の真夏のイベント、花火大会

ライン川に浮かぶ船と城と花火の競演!

炎のライン川
Rhein in Flammen Das Original

花火もさることながら見物に来る遊覧船の華やかなイルミネーションがライン川独特の風情を醸し出す。6月の打ち上げは23:00頃、9月は21:00頃。渡し船や列車など帰りの交通機関に注意。開催都市に宿泊するのがおすすめ。URL www.rhein-in-flammen.com

開催都市	2015	2016
ボン	5/2	5/4
リューデスハイム	7/4	7/2
コブレンツ	8/8	8/13
オーバーヴェーゼル	9/12	9/10
ザンクトゴアール	9/19	9/17

一面ぶどう畑！
6

世界遺産のぶどう畑

ライン渓谷中流上部
Upper Middle Rhine Valley
2002年登録

リューデスハイムからコブレンツあたりまでのライン川沿岸は、交通の要衝として数多くの城塞や修道院が建ち、また古くからワイン用のぶどうを栽培していた。産業史としても重要な地で独特の文化的景観が評価され、世界遺産に登録されている。

E リューデスハイム

ニーダーヴァルトから見下ろす ぶどう畑とリューデスハイムの美景

クルーズをリューデスハイムで下船したら、なだらかなぶどう畑の丘にあるニーダーヴァルトへ行ってみよう。ぶどうの樹すれすれに移動するゴンドラリフトも楽しい！　丘から眺めれば、ぶどう畑越しにライン川がキラキラ光っていてとってもきれい！

絶景ポイント E までの行き方

リューデスハイムの桟橋からライン川沿いの通りを西へ2～3分歩く。つぐみ横丁Drosselgasseを右折し、突き当りを右へ100mほど歩くとゴンドラリフトの乗り場がある。桟橋から5分。

緑豊かな展望台

ニーダーヴァルト Niederwald

1871年のドイツ統一を記念したゲルマニアの女神像が建っている。展望台からのパノラマは、広々としたぶどう畑の緑がまぶしいほど爽快。

ニーダーヴァルトに立つゲルマニアの女神像

1871年のドイツ統一のシンボルとして1883年に建てられた

ニーダーヴァルト
E
ヨハニスベルク城
F
エーレンフェルス城
P.30,108
リューデスハイム
Rüdesheim
GOAL
ねずみ塔
ビンゲン
Bingen
17:00
到着
17:15
やっとついた〜！

ビンゲンからライン川の対岸リューデスハイムへはフェリーで渡れる

ニーダーヴァルトへのゴンドラリフト

目印はこの看板！
SEILBAHN
RÜDESHEIM
1954
2014

Seilbahn Rüdesheim

Map 本誌P.109 リューデスハイム

Oberstr. 37, D-65385　☎06722-2402　7・8月　9:30～19:00　6・9月　9:30～18:00（土・日～19:00）　5月　9:30～18:00　3・4・10月　9:30～17:00（土・日～18:00）　11/1～8　9:30～16:00　11/19～12/20　11:00～18:00（土・日～19:00）　休11/9～18、12/21～2/28　料片道€5　往復€7　アスマンスハウゼンへのチェアリフトとの共通券€8　図リューデスハイムKDライン桟橋から徒歩7分　URL www.seilbahn-ruedesheim.de

F リューデスハイム

絶景ワイナリーで極上グルメ♪

ライン川の旅のフィニッシュを決めるなら、眺めのいいレストランをリザーブしたい。テラス席ならそよ風も心地よく、ワインもついついすすみそう。

絶景ポイント F までの行き方

リューデスハイムからはタクシーで10分、料金は€10～15。公共交通機関ではリューデスハイムの1つ東（フランクフルト寄り）のGeisenheim駅からバス181番Hallgarten行でJohannisberg Schlossallee下車、所要25分、平日のみ1時間毎

おいしい郷土料理を

ぶどう畑を見下ろすレストラン

ヨハニスベルク城 Schloss Johannisberg

メッテルニッヒ侯爵が所有した邸宅内の眺めのいいレストラン。ドイツ全土で5ヵ所しかないエクセレントワイナリーのひとつでもある。テラス席は特におすすめ。

お城といっても見た目は邸宅よ！

Schloss Johannisberg D-65366 ☎06722-96090
11:30～24:00 休12月24日 料€20～ Card A.D.M.V. 英あり
URL www.schloss-johannisberg.de/de/gutsrestaurant.htm

50°

1. 手前右から反時計まわりに、牛肉の赤ワイン漬けソテー€18、サラダ€10.50、うずらのソテー€19.50、バニラクリームブリュレ€9.50 2. リースリング辛口€27～35 3. ワイン醸造の北限を示すモニュメント

この絶景がごちそうなのね～♪

RHENSER

隠れ家レストラン

ドームス・トルクロルム Domus Torculorum

ワイナリー経営のレストラン。ぶどう畑を見渡しながら地元の人に囲まれてテラスで食べるシンプルな郷土料理がおいしい。

Map 本誌P.109 リューデスハイム

Am Engergraben 14, D-65385 ☎06722-9375359 16:00～深夜 休水（2・3月は営業時間短縮） 料€20～ Card不可 英あり 交観光案内所から徒歩20分 URL www.domus-torculorum.de

1. 辛口の白ワインがボトルで€11前後とお手頃 2. 手前右から反時計まわりに、サラダ€8.90、豚の背肉ステーキ€9.90、ニシンの酢漬け（季節メニュー/時価）シュプンデケーズ（チーズディップ）€6.90

これなら1日で制覇！ ライン川絶景巡りプラン

絶景スポットを全部見るなら各スポットで利用するリフトやロープウェイの営業時間に気を付けよう。
5～7月なら22時ごろまで明るいので、タクシーを使うつもりならプランは広がる。

START

- 9:45 コブレンツ中央駅
  - ▼ 10分
- 10:00 ドイチェス・エック
  - ▼ 3分
- 10:05 エーレンブライトシュタイン要塞 A
  - ▼ 3分＋10分
- 10:52 コブレンツ中央駅
  - ▼ 14分
- 11:06 ボッパルト駅
  - ▼ 10分
- 11:20 チェアリフト乗り場
  - ▼ 3分
- 11:25 山上
  - ▼ 2分
- 11:30 ゲデオンスエック（展望カフェテラス） B
  - ▼ 2分＋3分
- 12:07 ボッパルト駅
  - ▼ 12分
- 12:19 ザンクト・ゴアール駅
  - ▼ 2分 ※オーバーヴェーゼルへ行く場合はザンクト・ゴアールで降りずに乗り越して所要18分、12:25着 D 13:27オーバーヴェーゼル発、所要6分、13:33ザンクト・ゴアール着でクルーズ乗船（オーバーヴェーゼルからクルーズに合流することも可能だが、船からローレライ岩は見れない）
- 14:20 ザンクト・ゴアール船着き場からKDライン乗船 C
  - ▼ 3時間
- 17:15 リューデスハイム船着き場
  - ▼ 5分
- 17:30 ニーダーヴァルトへのゴンドラリフト乗り場
  - ▼ 5分
- 18:00 ニーダーヴァルト E
  - ▼ 5分＋5分
- 18:15 リューデスハイム
  - ▼ 10分
- 18:25 ヨハニスベルク城 F

GOAL

＊2015年4月現在の時刻をもとにしています

KDライン観光クルーズの時刻表

毎日 ↓						毎日 ↑				
	9:00			14:00	コブレンツ	13:10			18:10	20:10
	10:05			15:05	ブラウバッハ	12:20			17:20	19:20
9:00	11:00	13:00	14:00	16:00	ボッパルト	11:50	12:50	13:50	16:50	18:50
10:10	12:10	14:10	15:10	17:10	ザンクト・ゴアルスハウゼン	11:05	12:05	13:05	16:05	18:05
10:20	12:20	14:20	15:20	17:20	ザンクト・ゴアール	10:55	11:55	12:55	15:55	17:55
10:50	12:50	14:50	15:50	17:50	オーバーヴェーゼル	10:35	11:35	12:35	15:35	17:35
11:05	13:05	15:05	16:05	18:05	カウプ	10:25	11:25	12:25	15:25	17:25
11:30	13:30	15:30	16:30	18:30	バッハラッハ	10:15	11:15	12:15	15:15	17:15
12:30	14:30	16:30	17:30	19:30	アスマンスハウゼン	9:45	10:45	11:45	14:45	16:45
13:00	15:00	17:00	18:00	20:00	ビンゲン	9:30	10:30	11:30	14:30	16:30
13:15	15:15	17:15	18:15	20:15	リューデスハイム	9:15	10:15	11:15	14:15	16:15
		18:25	19:25		エルトヴィレ		9:25	10:25		
		19:05	20:05		ヴィースバーデン		9:05	10:05		
		19:30	20:30		マインツ		8:45	9:45		

●字は外輪蒸気船ゲーテ号による運行（2015年は4/5～10/25のみ）
●字は9/3～10/25の木～日の運行（7・8月は毎日）●字は9/4～10/25の金～月の運行（7・8月は毎日）●字は4/25～10/4に運行

プチぼうけん 3

ヴェルニゲローデ～ブロッケン山
魔女伝説が残るおとぎの世界へ SLに乗ってショートトリップ

ヒヒヒ

霧に浮かぶ不思議な影「ブロッケン現象」と魔女伝説。
それを繋ぐのは、白煙を上げて走るSL列車。
ミステリー？それともメルヘン？　ドキドキの旅になりそうな予感！

ヴェルニゲローデへの行き方

ハノーファーから私鉄HEXまたはRE（ゴスラー乗り換え）で所要約2時間、€26.80。ベルリンからICと私鉄HEX（マクデブルク乗り換え）で所要約3時間。

ハンブルク
ベルリン
ハノーファー
ヴェルニゲローデ
フランクフルト
ミュンヘン

Map 別冊P.2-B2

四季折々の自然を楽しもう！

ブロッケン山へSLの旅　TOTAL 5時間

オススメ時間 10:00～15:00　予算 €35～

旅の服装
ブロッケン山は標高1142m。風がある日は夏でも寒い。ウインドブレーカーなどの上着は必携。

神秘的な魔女の森へ出発！

ハルツ地方は魔女の里として有名な地。ヴェルニゲローデで幸運を運んでくれる魔女グッズを手に入れ、魔女が悪魔と饗宴を開くという伝説が残るブロッケン山へSLで冒険！

気軽に乗れるSL
ハルツ狭軌鉄道
Harzer Schmalspurbahnen(HSB)

SLは1日6便程度運行しているので予約なしで乗れる。夏は森林の緑の中を、冬は雪の中を力強く走る姿は壮観。ジャーマンレイルパスなどは使えないので注意。

料往復€35　URL www.hsb-wr.de

名産の蒸留酒をおみやげに！
ワクワクする～！

懐かしい硬券はおみやげに

Wernigerode
Brocken

SLデザインのオリジナルリキュール。左：ハーブ風味、右：ラム＆スモモ　各€1.20/40ml

START
7:48
ハノーファー駅
Hannover Hbf
ゴスラー駅
Goslar
乗り換え
9:41
ヴェルニゲローデDB駅
Wernigerode
10:25
SL駅
SLはハルツ狭軌鉄道HSBの運行
パッケージが魔女のハーブリカー
€17.98/0.7L
N
0
100m
10:29
ヴェルニゲローデ・ヴェステルントーア駅
ブライテ通り Breite Str.
マルクト広場
Burgstr.

ブロッケン現象と魔女伝説

人の影が霧に映る不思議な「ブロッケン現象」はここが名の由来。それほど霧の濃いブロッケン山は昔から神秘の山とされ、ゲーテの『ファウスト』には魔女が集まると書かれている。この山を最高峰とするハルツ地方には魔女伝説にちなむ祭りも多く、現代では「幸せを運ぶ魔女」のキャラクターをあちこちで見ることができる。

ヴェルニゲローデ

ヴェルニゲローデは、木組みの古い町並みが残るかわいらしい町。2本のとんがり屋根が印象的な市庁舎が中心部。ブライテ通りには魔女グッズの屋台も出る。

ヴェルニゲローデの i

Marktplatz 10, D-38855 ☎03943-5537835 9:00〜18:00（5〜9月〜19:00）土10:00〜16:00 日10:00〜15:00 休1/1、12/25 交市庁舎から徒歩1分 URL www.wernigerode-tourismus.com

カフェから見える市庁舎

A マルクト広場に面した ヴァイサー・ヒルシュ

Hotel & Restaurant Weißer Hirsch

正面にかわいい市庁舎を眺められるカフェ。グレープジュースはこの地方特有の少し酸っぱいもので素朴な味わい。

Marktplatz 5, D-38855 ☎03943-267110 FAX 03943-26711199 11:00〜22:00 休12/25・26 料€3.30〜 Card A.J.M.V. 英あり 交市庁舎から徒歩1分 URL www.hotel-weisser-hirsch.de

魔女がお出迎えしているブライテ通り沿いの入口を奥へすすむとと噴水やカフェテーブルが並ぶエリアに。その右奥のリカーショップには、ハルツの名産品がたくさん並ぶ。

魔女の秘薬ならぬハーブティー €10.35

C 魔女パッケージをおみやげに ズュールス・ハルツスペツィアリテーテン

Sühls Harzspezialitäten

Breite Str. 53a, D-38855 ☎03943-905524 月〜土9:00〜18:00、日10:00〜18:00 休12/24〜26、12/31、1/1、イースター Card A.M.V. 交市庁舎から徒歩7分 URL www.harzspezialitaeten.de

B カラフルな魔女Tシャツ ホーゼンツェントラーレ

Hosenzentrale

インテリアショップだが店頭にある魔女のTシャツがかわいい。

Westernstr. 18, D-38855 ☎03943-6957320 月〜金10:00〜18:00、土10:00〜16:00 休日・祝 Card 不可 交市庁舎から徒歩3分

ワンポイントがかわいい魔女Tシャツ 各€18

魔女の村へようこそ！

Drei Annen Hohne

寒い山頂で温かいレンズ豆のスープを €7.50（ソーセージは+€4）

いらっしゃい！

こわい顔でも魔女はラッキーシンボル

ブロッケン山頂

標高1142mのブロッケン山は1年のうち260日は霧が出る。そのためブロッケン現象の由来にもなった。ゲーテの「ファウスト」で魔女が集まる地とされた。

ハイキングコース
ブロッケン博物館
テレビ塔
12:06
ブロッケン山頂駅
標高岩
庭園
帰りは13:14に乗ればヴェルニゲローデ・ヴェステントーア駅15:00着

1. 雲海が広がる山頂 2. ブロッケン博物館には珍しい動植物の展示がある 3. 標高を示す岩で記念撮影

プチぼうけん 4

ミュンヘン 世界最大のビール祭り オクトーバーフェストで盛り上がる！

ドイツといえばビール、ビールといえばミュンヘン。
9月第3土曜から10月第1日曜に開かれるオクトーバーフェストには延べ600万人もの人が訪れるとか。
巨大なテントの長椅子に座って、ミュンヘンっ子と一緒に盛り上がろっ！

年に1度のお祭りだ！
飲もう！
楽しくおしゃべり＆飲むよ

マース（1リットルジョッキ）でプロースト（乾杯）！

オクトーバーフェストの会場に並んだテントは、8000人も収容できるという巨大テントだけで十数張にのぼる。外には巨大な観覧車やバイキングなどの遊具が並び、家族で楽しめるようになっている。まず観覧車で全体像をチェック、お目当てのテントを探すのもおすすめ。なにしろ広いので、迷子にならないようご用心。

初日＆2日目のパレード！

初日はビールメーカーや主催者側が、2日目はスポンサーやバイエルン地方の人が伝統衣装を着て中心街を歩く。華やかな伝統衣装や楽団のパレードが祭りを盛り上げる。

クラシカルな自転車の曲乗りでパレードがスタート！

ビールメーカーの先頭を切ってレーベンブロイの馬車が登場！

オクトーバーフェスト 攻略のコツ

1. 平日の昼頃なら並ばずに入れることが多い
2. ゆでソーセージ以外の温かい料理は11:00から
3. 遠慮は無用
4. スリや置き引きに注意
5. 帰りのUバーンは混む。明るいうちに帰ろう

伝統衣装ディアンドルをチェック！

CHECK the Dirndl!

キュートでしょ♥

フェスティバルに来る女性は、ディアンドルというとってもかわいい伝統衣装を着る。友だちに新調した服を見せたり、おばあちゃんから受け継いだシブい衣装をアレンジしたり。お正月の晴れ着の感覚で楽しんでいるみたい。

このテントは人気ブランドのパウラーナー
→P.36
家族で楽しんでいるよ
特別なビールね

遊園地のイルミネーションがきれいな、夜のオクトーバーフェスト会場

オクトーバーフェスト

TOTAL 3時間

オススメ時間 11:00〜　予算 €20〜

混雑状況

初日と2日目をのぞいた平日の11:00〜15:00頃がベスト。夕方以降はテントに入るのに長い行列ができる。

パレードの観覧場所

パレードの順路はホームページに出ている。URL www.oktoberfest.de 有料観覧席もあるが必ず空いている場所があるので見やすいところを探して歩くとよい。

ホテル・バイエリッシャー・ホーフの馬車からは観客にブレーツェルが振る舞われた

消防団などのボランティアも民族衣装で参加

ビールメーカー・フランツィスカーナの馬車はひまわりに彩られた

レープクーヘンをもらったわ！

エプロンの結び目が左にあれば未婚、右が既婚を意味するのよ！

街がビールの香りでいっぱいに

オクトーバーフェスト

Oktoberfest

1810年以来続く伝統行事。パレードの後、市長のO'zapft is!（樽が開いた！）のかけ声でスタートする。2014年は会期中630万人もの人が訪れ770万リットルものビールを消費した。オクトーバーフェストの特別ビールは、通常よりアルコール度数が高い。バイエルン地方では1リットルのジョッキをマースというが、オクトーバーフェストのジョッキはすべてこれ。飲みすぎに注意！

Map 別冊P.5-C2 テレージエンヴィーゼ

Theresienwiese D-80339　9月の第3土曜日〜10月の第1土曜日　テントのビール提供時間：初日12:00〜22:30、月〜金10:00〜22:30、土・日・最終前日9:00〜22:30　スタンドの営業時間：初10:00〜24:00、月〜木10:00〜23:30、金・土・最終前日9:00〜24:00、日9:00〜23:30　料 入場は無料、遊戯施設利用や飲食ごとの支払い　交 U4, 5 Theresienwiese駅から徒歩2分　URL www.oktoberfest.de

有名ブリュワリー（醸造所）“パウラーナー”のテントに潜入！

数ある巨大テントのなかで、No.1の人気を誇るのがパウラーナー。あまりの人の多さに怖気づいてしまうけど、中へどんどん進んで席を見つけて。バイエルンの人はとっても気さく。隣の人ともすぐに仲良くなれちゃうはず。

ビールジョッキの看板が目印

パウラーナー Paulaner Festzelf Winzeren Fähndl

ミュンヘンを代表する6大ブリュワリーのひとつ。サッパリとした風味で日本人の好みに合う。8450席の巨大テントには楽団が入りいつもにぎやか。

オクトーバーフェストのパウラーナーサイト
URL www.wonzerer-faehndl.com

市内のパウラーナー直営ブロイハウス
Paulaner Bräuhaus Map 別冊P.5-C3
住 Kapuzzzinerplatz 5, D-80337 ☎089-5446110 ◷11:00～翌1:00 休 無休 料 €30 URL www.paulaner-brauhaus.de

並んでいるんですか？
Sind Sie in dieser Reihe?
ズィント・ズィー・イン・ディーザー・ライエ？

（席を）詰めてもらえますか？
Würden Sie ein bisschen rücken?
ヴュルデン・ズィー・アイン・ビスヒェン・リュッケン

ここに座っていいですか？
Darf ich mich hier setzen?
ダルフ・イッヒ・ミッヒ・ヒーア・ゼッツェン

すみません（店員を呼ぶ）
Entschuldigung.
エントシュルディグング

注文お願いします
Ich möchte bestellen.
イッヒ・メヒテ・ベシュテレン

会計をお願いします。
Zahlen, bitte.
ツァーレン・ビッテ

テントの利用法

1. テントに入ったら座席を探して座る 時間が書かれた紙が置いてあるテーブルは予約席
2. 近くの店員に合図をすると、テーブル付きの係が来る
3. 注文する
4. 注文したものが運ばれてくる
5. 受け取ったら同時に会計
6. さあ、プロースト！
7. 追加の注文も最初のテーブル付きの係に頼む

本日のランチメニュー

1/4 knusprig gebratene Ente
あひるのクリスピーロースト 1/4、赤キャベツとポテト団子添え €14.50

どんどん運ぶよ！

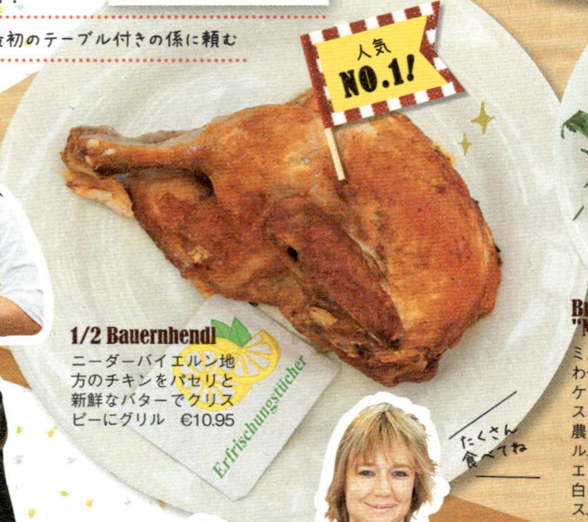
人気NO.1!
Erfrischungstücher

1/2 Bauernhendl
ニーダーバイエルン地方のチキンをパセリと新鮮なバターでクリスピーにグリル €10.95

SALZ

Brotzeitbrettl "Münchner G'schichten"
ミュンヘン名物の盛り合わせ ポークハム、レバーケーゼ（ミートローフ）、スパイシーソーセージ、農家風パテ、ミートボール、オバツタ（スプレッド）、エメンタールチーズ、紅白ラディッシュ、ピクルス、チェリートマト、マスタード €17.80（2人分）

たくさん食べてね

レープクーヘンはいかが？

1Lジョッキは重いのよ

2 Paar Schweinswürstl mit Sauerkraut und Senf
白いポークソーセージ4本、ザワークラウト、マスタード　€9.80

1/2 Schweinshaxe
豚脛肉のロースト（ハーフカット）じっくりと焼いた豚肉、グレイビーソースとポテト団子添え　€19.90

ビールはこの3種類 1L €9.95

PAULANER MÜNCHEN

定番

女子にオススメ！

ノンアルも

左から、ビールをレモネードで割った甘いラドラー、オクトーバーフェストビール、ノンアルコールビール

Schweinslendchen-Schnitzel "Wiener Art"
ウィーン風カツレツ　豚肉をバターで揚焼きにしクランベリーピューレを添えたもの。ポテトとルッコラのサラダ付き
€21.50

帽子を売ってます

物売りの人
仮装用の帽子や羽根飾りのついたバイエルン帽を売りに来る

ほかにもこんなビール醸造所のテントがあるよ！

オクトーバーフェストには、大きなものだけで10を超えるテントが出る。そのなかで特別な存在なのは、「オクトーバーフェスト公式6大ブリュワリー」といわれるところ。オクトーバーフェスト用に仕込んだ特別なビール「メルツェン」を出せるのは、この6つのテントに限られている。この時期しか飲めないビールをいろいろなテントで試してみよう。

SECHS RICHTIGE.
HB
LÖWENBRÄU
SPATEN
BIER

オクトーバーフェスト会場近くに設置された6大ブリュワリーの地下鉄広告。左から**Augustiner** アウグスティナー／**Hacker-Pschorr** ハッカープショール／**Hofbräu** ホーフブロイ／**Löwenbräu** レーベンブロイ／**Paulaner** パウラーナー／**Spaten** シュパーテン

Prost! カンパイ！

オクトーバーフェストで流れる「乾杯の歌」を歌おう♪

オクトーバーフェストで必ず歌われる定番ソングがある。テーブルのそこここで歌声が沸き上がり、愉快な笑い声がこだまする。近くのテーブルで歌が始まったなら、サビだけでも一緒に歌ってみよう。ドイツ人から大歓迎されるに違いない。

アイン・プロージット、アイン・プロージット、
デア・ゲミュートリッヒカイト

Ein Prosit, ein Prosit, der Gemütlichkeit.

「さあ乾杯、さあ乾杯、みんなで愉快に乾杯しよう」という意味で、2回繰り返す。

ミュンヘンだけじゃない！

Berliner Biermeile

ベルリンビール祭り

毎年夏にベルリンでのビール祭りが行われる。全長2.2kmのカール・マルクス・アレーという大通りに、世界各国から出店したビールが2000種以上も並ぶ。試飲用の0.2Lジョッキを買って、いろいろなビールを試して。2015年は8月7～9日
URL www.bierfestival-berlin.de

飲み比べが楽しい！

プレッツェルを売ってます！

バラを売ってます

お代わりは声を掛けてね

プチぼうけん 5

狙いはデザイン雑貨orアンティーク？ベルリンの蚤の市で掘り出し物探し

ベルリンには週末になると市内のあちこちで蚤の市が開かれる。その数なんと30以上とか。東ドイツ時代を彷彿とさせるレトロなキッチン用品や、手作り雑貨を見つけよう！

ベルリン最大規模！
マウアーパーク B
Eberswalder Str.駅 U
Bernauer Str.駅 U
アルコーナ広場 A
N
0 200m

ふたつの蚤の市は歩いて10分ぐらいで移動できる。ゆっくりできるならアルコーナ広場に行ってから、飲食露店の充実しているマウアーパークでランチを兼ねたお買い物をするのがオススメ。

かつてベルリンの壁（マウアー）があった場所にあるマウアーパークの蚤の市

ベルリンっ子に人気の蚤の市はココ！

アルコーナ広場の蚤の市は、それほど大きくはないけれど、アクセサリーや古着などかわいいものが多い。マウアーパークは規模が大きくて出店数が多いから、たくさん見たい人に。広い芝生で軽食を食べたり、飲食店も多く、家族で1日楽しむ人も多い。

Design 若いアーティストの デザイン雑貨

個性的なデザインのオリジナルのアクセサリー、金属やガラスの廃材を使った雑貨がドイツっぽい

€10 A プラスチックを加工したペンダントヘッド

€12 A ビビットな色合いのポーチ

手作りしてるのよ

各€6 B リング。まとめて買えば少しオトクになることも

€12 A チロリアン柄がおしゃれな小物入れ

A 各€10 エッチングのタッチが繊細なペンダントヘッド

各€12 B 透明感のある素材をピアスに加工

B 各€6 キーやハサミのミニチュアがユニークなピアス

各€6 B ブレスレットにカラフルなガラスを組み合わせて

€10 A 繊細なフォルムがかわいいピアス

ベルリンメイドのはちみつスプレッド

ベルリン産のはちみつだよ

森や湖がすぐ近くにあるベルリンならではのはちみつ製品。マスコットのクマがキュート！各€5/200g

蚤の市をはしご

TOTAL 3時間

オススメ時間 11:00　予算 予算€5～

エコバッグと少額紙幣を用意
割れ物以外はそのまま渡されることが多いので、エコバッグを持って行こう。高額紙幣は受け取ってくれないこともあるので€20以下を用意して。

わあ いろいろあるわ

A €10
古着は1点ものだから即決断しよう！

B €8
レトロな絵がかわいいブリキのおもちゃ

A 各€7～
おばあちゃんのアクセサリーを出品

Antik
ちょっとレトロな アンティーク

A 各€3～
古いガラス瓶は大小さまざま。一輪挿しに

A 各€1～
掘り出し物を見つけてね
古い紙の収集家、プロの出店もある

A €5
ビレロイ＆ボッホのアンティーク

食器などの裏にあるDDRまたはGDR（ドイツ民主共和国）の印は旧東ドイツを意味している。刻印がなくても当時の雑貨があるのでチェック！

B €10
さびた感じも風情がある古い紅茶の缶

オスタルジー雑貨に注目
オスタルジーとは、東（オスト）とノスタルギー（郷愁）を合わせた造語。古いけれどあたたかい旧東ドイツ時代のものが懐かしさとともに受け入れられている。

ミニ会話

いくらですか　Was kostet das?　ヴァス・コステット・ダス

3つ買うからまけて
Ich nehme das drei Stück, dann können Sie es billiger machen?
イッヒ・ネーメ・ダス・ドライ・シュトゥック・ダン・ケネン・ズィー・エス・ビリガー・マヘン

（商品に対して）きれい、美しい、かわいい　Schön!　シェーン

（商品に対して）かっこいい、すごい　Toll!　トル

手作りですか？　Ist das handgemacht?　イスト・ダス・ハントゲマハト

ピザを薪窯で焼いてます！

ピザ€4.50、モロッコ風のベジタブルおやき€3.50

A こぢんまりして探しやすい アルコーナ広場の蚤の市
Arkonaplatz
Trödelmarkt am Arkonaplatz

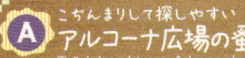

20分もあればひと回りできる規模だが東ドイツ時代のアンティークが見つかる蚤の市として評価は高い。ソーセージと飲み物の屋台が1軒ある。

Map 別冊P.15-C1 プレンツラウアーベルク

日10:00～16:00　U8 Bernauer Str.下車、徒歩3分　URL www.troedelmarkt-arkonaplatz.de

B かつては「壁」があった広場 マウアーパークの蚤の市
Flohmarkt am Mauerpark

ベルリン最大級の蚤の市。プロの業者の品物からジャンクまで幅広い。飲食のトラックの種類も豊富でアジアやアフリカの軽食屋台がでることもある。

Map 別冊P.15-C1 プレンツラウアーベルク

日8:00～18:00頃
U2 Eberswalder Str.下車、徒歩5分
URL www.flohmarktimmauerpark.de

プチぼうけん 6

バウムクーヘン発祥の地 ザルツヴェーデルで食べ比べ!

ドイツを代表する菓子バウムクーヘン発祥の町には
元祖を名乗る名店が軒を連ねる。
老舗の味にトライして、お気に入りを見つけよう!

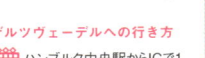

バウムはドイツ語で「樹」という意味

甘さ:★★
しっとり感:★★★
香り:★★★
柔らかさのなかに香りがしっかり感じられる。工房で試食もできる

バウムクーヘン
Baumkuchen
写真のセッティングは撮影用。バウムクーヘンは27.50/kg、3色セットのパックが€6.65〜、1ブロック€7〜10ほど。

バウムクーヘン食べ比べ TOTAL 3時間

オススメ時間 11:00〜　予算 €20〜

持ち帰りに便利
カフェで食べきれない分は、ジッパー付き袋に入れて持ち帰る裏ワザもアリ。

ハンブルク
ザルツヴェーデル
ハノーファー
ベルリン
フランクフルト
ミュンヘン

Map 別冊P.2-B1

ザルツヴェーデルへの行き方

ハンブルク中央駅からICで1時間30分、€31(私鉄MEでUelzen乗り換えREの便もある)。ハノーファーからICでUelzen乗り換えREで1時間30分、€31。

ザルツヴェーデルの i

Neuperverstr. 29, D-29410　03901-422438
10:00〜17:00(水〜15:00、土〜14:00)休日・祝
交駅前から循環バスRathausturm停留所前、または徒歩15分
URL www.salzwedel.de/de/tourismus.html

ザルツヴェーデル駅
ブルク通り
ブリュッケン通り
ザンクト・ゲオルク通り
1
2
3
N
0
500m
わぁおいしそう〜

バターの香りが広がる本場の濃厚さに感動!

バウムクーヘンはドイツ菓子として有名だけど、ドイツでは「どこのケーキ屋さんにもある」スイーツではない。理由は専用の機械や職人の技あっての菓子だから。古いレシピの残るザルツヴェーデルのバウムクーヘン本場の味を食べ歩こう。

遠くからもひっきりなしにお客さんが来る名店

1 皇帝のお気に入り
エアステ・ザルツヴェーデラー・バウムクーヘンファブリーク
Erste Salzwedeler Baumkuchenfabrik

現在では珍しい伝統的な製法によって作っている工房。カフェはないが、ショップにエスプレッソマシンが設置されており、買ったものを食べることもできる。コーヒーは€1。

St.-Georg-Str. 87, D-29410　03901-32306
月〜金9:00〜17:00、土10:00〜13:00(製造見学月〜金9:00〜13:00)休12/24〜26、12/31、1/1、イースター　料€　Card A.M.V.　交ザルツヴェーデル駅から循環バスSt.Georg下車徒歩2分、または観光案内所から徒歩15分　URL www.baumkuchen-salzwedel.de

昔ながらの方法で焼いてます

バウムクーヘンテラー
Baumkuchenteller €5.50
バウムクーヘンとバニラアイス2スクープ＋チョコアイス1スクープ＋生クリーム

甘さ：★★
しっとり感：★
香り：★★
ややパサつき感があるのでアイスクリームや生クリームとセットがおすすめ

1. いろんなフレーバーを比べたい
2. パンと菓子の老舗

2 旧市街の中心にある名門 トレフ・イム・アドラー・ホルスト

Café "Treff im Adler" Horst

ザルツヴェーデルのランドマーク新市庁舎塔に隣接している。バウムクーヘンのほかホームメイドアイスも評判がよい。おすすめは両方をのせたコンビプレート。

🏠Neuperverstr. 29, D-29410 ☎03901-477527 🕘7:00（日10:00）～18:00 休12/24～26、12/31～1/3、イースター 料€5～ Card不可 交観光案内所から徒歩1分 URL www.baumkuchen-saw.de/cafes/cafe-treff-im-adler-horst

3 大きな工場でも味は守る カフェ・クルーゼ

Das Café Kruse

1842年創業。郊外に大きな工場もあるがブナの薪オーブンをガスに替えただけで、現在も創業当時のレシピを守っている。東ドイツ時代には国営化された苦難を乗り越え人気店となる。

🏠Holzmarktstr. 4～6, D-29410 ☎03901-422107 🕘月～土8:30～18:30、日・祝10:00～18:30 ベイキングデモ: 第1水曜、日14:00 博物館:月～金9:00～17:30、土10:00～17:30、日・祝13:00～17:30 休12/31、1/1 a:€2～ Card A.M.V. 交ザルツヴェーデル駅から循環バスHolzmarktstraße停留所前、または観光案内所から徒歩10分 URL www.Kruse-Baumkuchen.de

本場ザルツヴェーデルのバームクーヘン

クリームプラスがおすすめ

甘さ：★★★
しっとり感：★★
香り：★★
甘いがくどくはなく安心できる味。安くて少しずついろいろ食べられるのは◎。

バウムクーヘンドライ・アルテン・フェアシィーデネ
Baumkuchen-Drei Arten Drei Arten Verschiedene €3.50
ダーク、ホールミルク、ホワイトの三種盛り

1. オーナー夫人がケーキをサーブ 2. クラシックな店内

バウムクーヘンの作り方

エアステ・ザルツヴェーデラー・バウムクーヘンファブリークでは製造過程が見学できる。ぜひ見てみよう！

まだ見習いだよ

樫の木の芯に紙を巻き、紐を螺旋状に巻き付けていく

焼く直前にフワフワのメレンゲを生地に合わせる

芯に巻き付けた糸に生地が引っかかるように流す

焼き目が付いたら生地をかけることの繰り返し

できたー！

出来上がりを見せてくれたベテランのマイクさん

棒に通してゆっくりと生地を冷ます

コーティングには乾燥を防ぐ役割も

小さくカットしてチョコがけに

注文品のデコレーションも手作業

バウムクーヘンの歴史とレシピ

18世紀中頃に初めてバウムクーヘンを作ったのはガルベスさん。レシピとしては1807年にシェルニコウさんが記したものが最古といわれている。1842年にはカフェ・クルーゼが創業しガルベスさんのレシピで人気となる。のちにシェルニコウさんの店を買収し、2つの秘伝レシピによるザルツヴェーデルのバウムクーヘンを完成させた。バウムクーヘンには品質基準があり、油脂はバターしか使えない。甘い香りは伝統のなせる業だ。

プチぼうけん 7

自然の宝庫ベルヒテスガーデンの「岩塩」パワーで心と体をリセット！

オーストリアとの国境付近のアルプス山地は、良質な塩を含んだ地。ミネラル豊富な塩は、肌や体にとてもよいのだそう。岩塩坑に潜って、塩のパワーをもらっちゃおう！

岩塩坑で癒し&スリル体験

TOTAL 4時間

オススメ時間 9:00～　予算 €38～

岩塩坑の楽しみは

岩塩坑でのヒーリングプログラムは約1時間、隣接する岩塩坑の見学（→P.44）ツアーは1～1時間30分。無理なくふたつ楽しめる。

岩塩を含む空気を吸って体スッキリ！

ヒーリングの会場には塩水をたたえたプールがあり、幻想的な雰囲気だ。岩塩に囲まれた塩やミネラル分の多い空気を深く吸い、メディテーションの世界へ。約1時間の体験で、呼吸器系トラブルの改善やストレスオフに役立つのだそう。気分がスッキリしたら、ソルトエステで艶々お肌を目指そう！

服のまま毛布にくるまって寝るのでリラックスできる服装でね。深い眠りから覚めたようなスッキリ感が味わえたわ！

寒いときは、声を出したり起き上がったりせずに手を挙げるとスタッフが来る

プログラム

1. 外のオフィスで30分前から受付、支払い
2. トロッコで地下600mの岩塩坑へ
3. 湯たんぽ（希望者には厚手のソックス）を貸してくれる
4. 服の上から毛布にくるまりじっと静かにしている
5. 寒いときは手を挙げるとスタッフが追加の毛布を掛けてくれる（気を乱すので、声を出さない、動かない）
6. 合図で終了
7. デトックスと外気との塩分調整のため塩水を飲む。

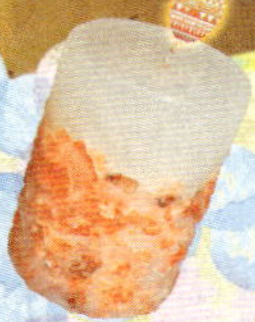

岩塩の入ったキャンドルをおみやげに♪ €7.50

深呼吸すると気持ちいい

ハイルシュトレン・ベルヒテスガーデン Heilstollen Berchtesgaden

600m下降した塩鉱山の廃坑を利用した施設。年間を通して気温11～13℃、湿度75～90%、塩濃度0,006mg/㎥という洞窟内で深呼吸やメディテーションを行う。バカンスの間、1～2週間通う人もいるが、1回でも鼻うがいと同様のすっきり感を体感できる。通常は静かな暗闇のプログラム。音楽やキャンドルを利用したメディテーションも企画される。

スッキリしましたか？

経営者のひとり、ヴォルテルン男爵がごあいさつ

住Bergwerkstr. 85a, D-83471　☎08652-979535　FAX08652-979386　営5～10月 毎日9:00～11:30、火14:00～15:30, 金12:00～13:30　11～4月 毎日11:00～13:30、月14:00～15:30（受付はプログラム開始の30分前）　休11/1、12/24～26、12/31、1/1、聖金曜日　料通常プログラム1回€28（回数により割引あり）、岩塩坑ツアーとのコンビチケット€38　Card不可　予不要　交ベルヒテスガーデン駅からバス837、840番で所要約5分、Salzbergwerk下車徒歩1分

自然の恵みで美肌エステ体験

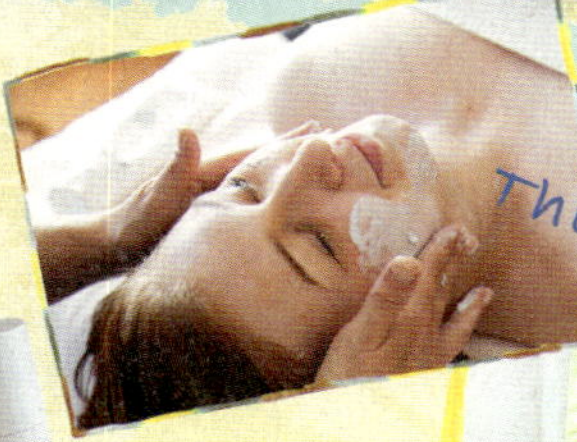

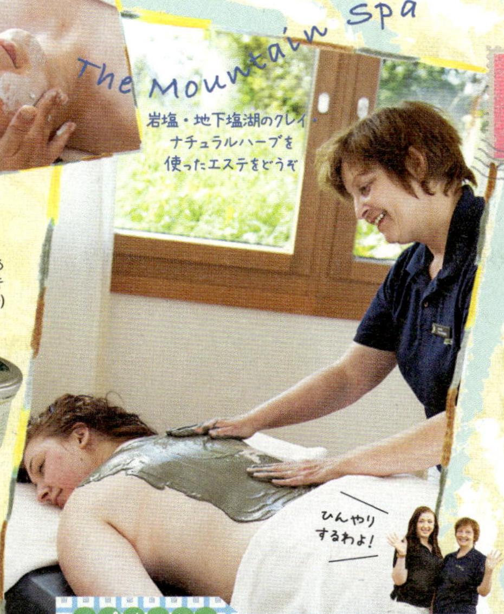

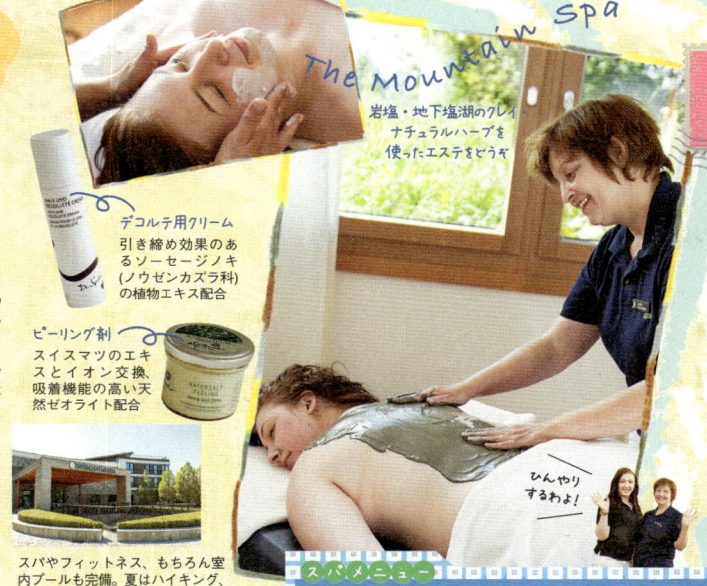

The Mountain Spa
岩塩・地下塩湖のクレイ・ナチュラルハーブを使ったエステをどうぞ
ひんやりするわよ！

地元素材のナチュラルエステ

ケンピンスキー・ホテル・ベルヒテスガーデン・バーバリアン・アルプス

Kempinski Hotel Berchtesgaden Bavarian Alps

2015年5月にオープンした高級ホテル。地元ならではの地下塩湖の泥を使ったリンパドレナージュや季節のハーブやフラワーオイルを使ったトリートメントが受けられる。フェイシャルメニューも豊富。予約の際に「担当は女性で」と伝えておけば安心。

Hintereck 1 D-83471 ☎08652-97553090 ⏰7:00～21:00 休祝日 Card M.V. 交ベルヒテスガーデン駅からバス838番で所要約20分Kempinski Hotel停留所前 URL www.kempinski.com/en/berchtesgaden/kempinski-hotel-berchitesgaden/walcome

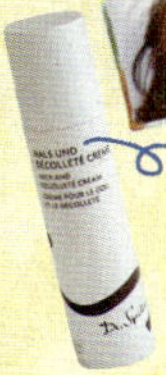

デコルテ用クリーム

引き締め効果のあるソーセージノキ（ノウゼンカズラ科）の植物エキス配合

ピーリング剤

スイスマツのエキスとイオン交換、吸着機能の高い天然ゼオライト配合

スパやフィットネス、もちろん室内プールも完備。夏はハイキング、冬はスキーと1週間以上滞在する人が多い

一面の緑に青い空！雄大な風景もヒーリング効果があるのね！

スパメニュー

1 **Frühlingsreinigung Peeling** 春のお掃除ピーリング 45分 €85
オトギリソウなどのハーブやビタミンを配合したミルク、ビール酵母のエキスを使ったソルト・ピーリング（1年中OK）

2 **Klassische Gesichtsbehandlung** クラッシックトリートメント 60分 €110
まず、肌の状態を分析、クレンジング、ピーリング、マスキングパックなどフルコースのフェイシャルトリートメントのコース

3 **La Prairie Cellular Hydrating Express Facial** クイック保湿プラン 30分 €80
スキンキャビアで知られる「ラ・プレリー」ブランドを使った短時間のフェイシャルケア。

ベルヒテスガーデンの i

Maximilianstr. 7, D-83471 ☎08652-9445300 ⏰9:00～18:00（日・祝10:00～13:00、14:00～18:00） 休無休 交ベルヒテスガーデン駅からバス841番で約5分Zentrum停留所前。徒歩だと約30分。 URL www.berchtesgaden.com

ベルヒテスガーデン MAP
305
319
20
ハイルシュトレン・ベルヒテスガーデン ベルヒテスガーデン岩塩坑
ケンピンスキー・ホテル・ベルヒテスガーデン・バーバリアン・アルプス
ベルヒテスガーデン駅
0 400m
グラーフルヘーエ
ハンブルク
ベルリン
フランクフルト
ミュンヘン
ベルヒテスガーデン

ベルヒテスガーデンへの行き方

ミュンヘン中央駅から私鉄Mで Freilassing乗り換え私鉄BLB、またはオーストリアのザルツブルク行きのバス便、いずれも所要約2時間30分、€33.80～。

Map 別冊P.2-B3

ちょこっと寄り道

緑の絶景が広がる

グラーフルヘーエ

Gasthaus-Café Graflhöhe

標高1000mのパノラマ展望テラスが自慢。1930年以前はミルクホールとして営業していた。地元の果物や牛乳でつくるシューデザート"Windbeutelbaron"は、地元の人も納得の郷土菓子となっている。

Scharitzkehlstr. 8, D-83471 ☎08652-2577 ⏰10:00～18:00 休水、12/24、春季休暇（イースター前の10日程度） 料€3.80～ Card 不可 交ベルヒテスガーデン駅からバス838番christophrusschule行き（1日2～3便）で所要約25分、Graflhöhe停留所前 URL www.windbeutelbaron.de

めしあがれ！

坑夫になりきって岩塩坑を見学！

ヒーリング体験が終わったら、同じ岩塩坑にある見学ツアーに参加しよう（英語またはドイツ語）。チケットを買って着替えたらトロッコで地下へ入り、坑夫が使う滑り台へ。40mもの急な滑り台を猛スピードで滑り降りるのは迫力満点！　採掘跡や採掘に使うマシンを見たり船に乗ったり盛りだくさんのツアーだ。坑夫スタイルのつなぎも本物と同じ、記念写真もかっこよくきめて！

スケジュール

1. 受付で料金を払ってつなぎを借りる
2. 服の上からつなぎを着る
3. トロッコに乗り込み出発！
4. 3〜4人ずつ滑り台で最深部へGO！（滑らない人は階段で降りられる）
5. 解説を聞きながら展示を見て歩く
6. 2本目の滑り台
7. 地底湖を船で渡る
8. トロッコで地上へ

GWOOOOOOOOON!

木製でスピードが出るので滑りたくない人は、横にある階段を降りることができる

坑夫のつなぎを借りる。スタッフが体型を見てぴったりなサイズを出してくれる。服の上から着よう。荷物は返金式のロッカーへ

本物の作業服気分が盛り上がるわ！

トロッコに乗り込む。カナダの交換留学生とドイツの学生も大盛り上がり！

ドキドキ…
出発！
Salzbergwerk
Berchtesgaden

坑道を1.4kmトロッコで下る。手や顔を出さないように！

塩研究所では、ビデオ（ドイツ語）で塩についての詳細が学べる。坑夫が身につけるものや持ち物等、現在の鉱山のようすなどを5つの角度から紹介

掘削する際に使用する吊り下げ式空圧ドリルが展示されている

岩塩をくりぬいてランプシェードに。温まって周囲の塩分濃度が高まる

地底湖の水が澄んでいるわ これがおいしい塩になるのね

水があることに気がつかないほど透明度が高い地底湖。船に乗って対岸に渡る間、塩の結晶をイメージしたライティングと幻想的な音楽で盛り上げる

塩って深いね

岩塩坑の歴史

ドイツの塩として日本でも売られている「アルペンザルツ」。ドイツではMalkan Salz マルカン・ザルツの名で知られるメーカーの採掘基地のひとつがここ。1850年から採掘をはじめられたもので、現役の岩塩坑としてドイツ最古のものだ。岩塩を採掘するのではなく、26.8%という高濃度の地底湖の塩水から精製されている。

坑夫気分で地底へ

ベルヒテスガーデン岩塩坑

Das Salzbergwerk Berchtesgaden

今も実際に掘られている岩塩坑内の廃坑になった部分を博物館として公開している。ガイドツアーは着替えも含めて1時間30分ほど。トロッコに乗ったり、船に乗ったり、音と光の演出も凝っていて楽しめる。

Bergwerkstr. 83, D-83471 ☎08652-60020
5〜10月9:00〜17:00　11〜4月11:00〜15:00
㊡1/1、聖金曜日、聖霊降臨祭、11/1、12/24・25、12/31　㊖€16　㊇　Card V.M.　㊯バス837、840番で所要約5分、Salzbergwerk下車徒歩1分
URL www.salzbergwerk.de/en

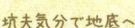

品揃えも豊富！

種類いろいろ！

おみやげに買いたい塩製品

Alpen-Badesalz Alpenenzian
アルペン・バーデザルツ・アルペンエンツィアン
さっぱり感を求める人におススメの入浴剤

Alpen-Badesalz Rotklee
アルペン・バーデザルツ・ロートクレー
お肌をなめらかに香りも柔らか

各€11.00/400g(約10回分)

Original Salz-Holztopf mit Original Bergsalz-Kristallen
オリギナル・ザルツ・ホルツトプフ・ミット・オリギナルベルクザルツ・クリスターレン
古い木桶を模した容器がおみやげにピッタリなクリスタルソルト €4.90

MonteSol Salz-Öl-Peeling Orange-Rosmarin
モンテゾル・ザルツ・エール・ピーリング・オランゲ・ロズマリン
細かい塩の結晶とキャリアオイルで、穏やかにピーリング€15.90/250g

Maurerfläschchen mit kleinen Salzkristallen
マウレアフレシュヒェン・ミット・クライネン・ザルツクリスターレン
保存容器入りのロックソルト €3.50/38g

GewürzSalz Mühle Chili
ゲヴューツザルツ・ミューレ・チリ
唐辛子を17%配合、ミル付きのピリ辛食塩 €3.99/72g

Malkan Salz
マルカン・ザルツ
日本ではアルペンザルツの名前で売られているロングセラーの食塩
€0.95/500g

Duftkerze klein mit Original Bergsalz-Kristallen
ドゥフトケルツェ・クライン・ミット・オリギナル・ベルクザルツクリスターレン
岩塩の結晶がキャンドルで温められ岩塩浴効果に
€7.50

Gourmetsalz Pur
グルメザルツ・プア
かつて白い金と呼ばれた食塩の逸品 €4.99/100g

プチぼうけん 8

ネルトリンゲン近郊

あこがれの古城ステイで中世にタイムスリップ

ドイツ各地に点在する古城では改修して宿泊できるようにしているところがある。一夜を明かせば、気分はお姫さま!?

わたしがご案内します

ハンブルク
ベルリン
ハノーファー
エルバー城
フランクフルト
ネルトリンゲン
カッツェンシュタイン城
ミュンヘン

Map 別冊P.2-B3

カッツェンシュタイン城への行き方

ミュンヘンからネルトリンゲンNördlingenまではREでドナウヴェルトDonauwörth乗り換え、RBで所要計約2時間。€26.80～。ネルトリンゲンからタクシーで約20分、約€40。

カッツェンシュタイン城で城内ツアーに参加!

あの塔へ案内するよ

城内はツアー形式で案内してもらえる。1119年に建てられたチャペル、バンケットルームにある深さ30mの井戸が古い部分。物見塔や地下牢も見学できる。

そこに順番に立ってごらん

ちょっとこわい…

昔のギロチン台を再現した模型は子どもたちに人気

塔の上から中庭を眺める。こぢんまりしているが手入れの行き届いた庭

車椅子OKのサインですよ!

ハシゴを降りて地下牢だったところを見学

古城ステイ

TOTAL 1泊

オススメ時間 ツアー＋晩餐会なら18:00～

予算 €100～

アクセスに注意

古城は高台にあることが多い。荷物があるならバスの便があってもタクシーを利用するのが現実的。

さあ、次はこちらへどうぞ

Rittermahl 中世晩餐会でディナータイム

中世風の宴会の始まりよ!

小さなショットでリキュールを飲んだら中世スタイルで仕込んだビールで乾杯! アルコールはほかに自家製ワインもある

昔風の嗅ぎタバコね

前菜はパンに入った濃厚な野菜のポタージュ

本物のネコはいないのよ…

猫がトレードマーク

カッツェンシュタイン城 Burg Katzenstein

1099年にカッツェンシュタイン領主により建てられた。チャペルには1250年当時のフレスコ画が残っている。現在はシュロスホテルとして営業。夏の週末には中世晩餐会のほか、子供向けの騎士プログラムや野外劇のイベントがある。中世晩餐会はウェブから要予約。

Oberer Weiler 1-3, D-89561 Dischingen ☎07326-919656 10:00〜18:00 ガイドツアーは11:00、14:00、15:00、16:00（英語ガイドは要予約） レストランの営業は19:00まで。晩餐会に参加する場合は18:00にツアー開始、19:00〜22:00頃晩餐会 2016年2月までの中世晩餐会は6/12・16、7/24、9/18、10/9・16・23・30、11/6・13・20・27、12/3・4・10、2016年2/17・18・22 休月、2月 料見学のみ€4、宿泊S€62、W€92、中世晩餐会€42（セット以外の飲み物は別） Card M.V. 予宿泊、中世晩餐会はメールで要予約 交ネルトリンゲンからタクシーで約20分、約€40 URL www.burgkatzenstein.de ✉info@burgkatzenstein.de

この奥がチャペルになります

チャペル（左）には1250年ごろに描かれた壁画が残っている。城でいちばん貴重な場所

石造りの壁にやさしい木のぬくもりを感じる家具。手作りのファブリックで家庭的な雰囲気に

客室はわずか5室だよ

こちらもどうぞ

古城ホテル

ドイツには各地に古城ホテルがある。人気のホテルをご紹介！

ライン川沿岸

ラインの流れが眼下に

ブルクホテル・アウフ・シェーンブルク Burghotel Auf Schönburg

11世紀の古城を改装し、1957年にホテルとして開業した。バルコニー付の部屋もあって眺めは抜群。（→P.26）

Auf Schöneburg, D-55430 Oberwesel ☎06744-93930 FAX 06744-1613 料(朝夕食付ミニバー無料) S€120〜170 W€220〜370 Card M.V. 室24 オーバーヴェーゼル駅からタクシーで約5分 URL www.hotel-schoenburg.com

ライン川沿いの大きなホテル。かわいいインテリアも女性好み

古城街道

ネッカー川沿いで人気

シュロスホテル・ヒルシュホルン Schlosshotel Hirschhorn

13世紀築城の古城街道で人気のホテル。本館と厩舎を改造した別館があるが、古城らしさなら本館がおすすめ。全館禁煙。（→P.116）

Schlossstr. 39-45, D-69434 Hirschhorn ☎06272-92090 FAX 06272-920920 料S€70〜98 W€96〜164 Card A.M.V 室25 交ハイデルベルク中央駅からS1、2で約30分、ヒルシュホルンHirschhorn（Necker）駅からタクシーで約10分 URL www.schlosshotel-hirschhorn.de

ネッカー川沿いの名門シュロスホテル。夏の予約は早めに！

本日のメインはクリスピーローストポークと鹿肉のロースト

ベーコンビッツ入りポテト生地のスペシャルパスタと肉団子

デザートはホームメイドのアップルフリッターにアイスクリームを添えて

いっぱい食べてね！

お城のエプロンを着るの！

ドイツ各地で開催！中世祭りを体験しよう

夏の短いドイツでは、各地でイベントが目白押し。なかでも珍しいのは中世の装束を着て楽しむ中世祭り。屋台の人も、お客さんも、みんな趣向を凝らした衣装を着て楽しんでいる。まるで昔の村祭りに迷い込んだみたい！

ハノーファー近郊の城

エルバー城 Schloss Oelber

12世紀に遡る歴史ある城で、16世紀にはルネッサンス様式の塔が建てられ現在の姿となった。2014年は9月13～14日に開催、次回は2016年9月を予定。

Map 別冊 P.2-A2

Rittergut 1, 38271 Baddeckenstedt
05345-663 料€10 URL www.schloss-oelber.de 交ハノーファーHannover Hbfから私鉄ERXでバートデッケンシュタトBaddeckenstedt下車、所要45分、1時間毎、€13.30。駅からバス606番で5分、Oelber am Schloss 下車徒歩4分。または徒歩かタクシーで2km。

Mittelalterliches
Fest

何ができるの？ 着る

中世祭りの醍醐味はコスプレ。会場で買ったり、観光客にも参加できる体験があるよ！

中世風の衣装に似せた上衣を着せてもらえば中世の住人気分に

家族揃って古い衣装で参加です！

どうかしら？

何ができるの？ 食べる

中世の作り方を再現したビールやワイン、パン焼きなどがある。定番ソーセージも！

きのこがいっぱい！

大鍋で揚煮している肉や野菜。手前のマッシュルームが人気NO.1！

豚の丸焼きは祭りならではの大御馳走！飛ぶように売れていく

中世のビールづくりを再現したコーナー

夫婦で参加どんどん食べるよ

カステラみたいなお菓子ね

ソレッ！
イザ矢を
放たん！

本日のメインイベントは流鏑馬。矢が的に当たるたび拍手喝采

何ができるの？

観る・遊ぶ

流鏑馬、剣士の戦い、寸劇、パレードなど中世にちなんだ演し物が目白押し。

中世祭りはたくさんあるのよ！

コルクをはじき飛ばして城に置いた人形を倒す、素朴な遊び

さあ、歌いましょ！

中世の戦いを寸劇で紹介する。村の人たちが出演するあたたかいイベント

何ができるの？

買う

石や革など天然素材の手作りアクセサリーなどを販売。組紐やビーズをおみやげに

手作りの工芸品が並ぶショッピングエリア。ほかにジャムやワインなどの地元産の食品も

Lehm und Lehm lassen
本格的焼物はいかが？

石に彫刻を施したアートだよ

各地で行われる

中世祭りのスケジュール

ドイツでは、夏の間毎週のようにどこかで中世祭り Fest des mittleren Altersが行われる。近くのイベントを見つけて予定に入れてみて！

来てね！

※開催日は毎年変わるが、ほぼ同じ時期。2年毎の場合もあり、日程は同年2月頃までに各ウェブサイトで発表される。

7/3～5（2年おき） ミッテルアルター・ベルンカステル・クース
Mittelalter Bernkastel-Kues
コブレンツからREで 1時間、ヴィットリッヒWittlich下車後、バス300、301番で25分、終点クース・フォーラム Kues Forum 下車。URL www.mittelalter-bernkastel.de（一部英語あり）

7/3～5 ヒストーリッシェス・シュロスフェスト・シュロス・ノイファールン
Historisches Schlossfest Schloss Neufahrn
ノイファールン城で行われる。ミュンヘンからREで1時間、ニュルンベルクからREで1時間40分、ノイファールンNeufahrn (Niederbay) 駅下車。URL schlosshotel-neufahrn.de/events/schlossfest-2015

7/10～12, 17～19, 24～26 カルテンベルガー・リッタートゥルニエール
Kaltenberger Ritterturnier
カルテンベルク城Kaltenbergで行われる。ミュンヘンからRE30分またはSバーン45分、ゲルテンドルフGeltendorf 駅から5km（シャトルバスあり）。
URL www.ritterturnier.de（英語あり）

8/1～2 ミッテルアルタリッヒェス・フェスト・アウフ・デア・ライヒスブルク・コッヘム
Mittelalterliches Fest auf der Reichsburg Cochem
コッヘム城Burg Cochemで行われる。コブレンツからREで35分、コッヘムCochem下車。URL www.burg-cochem.de/burgfest.html（英語あり）

8/7～9 ミッテルアルタリッヒ・ファンタジー・シュペクタークルム
Mittelalterlich Phantasie Spectaculum
ドレスデン・ミッテ駅から2km、またはトラム10番メッセ・ドレスデンMesse Dresden下車。URL www.spectaculum.de/termine/dresden

8/8～9 ミッテルアルターシュペクタークル・ヴィースバーデン
Mittelalterspektakel Wiesbaden
フランクフルトからSバーンで45分、ヴィースバーデンWiesbaden下車。
URL www.mittelalter-zeitreise.de

8/15～16 ミッテルアルタリッヒェス・リッターシュピーレ・ハノーファー・イン・デン・ヘレンホイザー・ゲルテン
Mittelalterliche Ritterspiele Hannover in den Herrenhäuser Gärten
ハノーファー中央駅から徒歩約5分のクレプケ駅KröpckeからUバーンで10分、ヘレンホイザー・ゲルテン駅Herrenhäuser Gärten下車。URL www.mittelalterspass.de

プチぼうけん 9

町中が輝く★夢のイベント 本場のクリスマスマーケットへ

広場全体がまるでクリスマス飾りのように
美しく彩られるのがドイツのクリスマスマーケット。
夕闇迫るきらびやかなトワイライトの時間帯がオススメ！

チョコおいしいよ

子どもたちは食べ歩きも楽しみにしている

すごく華やかだわ

12月25日までの約4週間、町の広場は色とりどりのテントでにぎやかになる。毎年のクリスマスオーナメントやプレゼントを準備するためのマーケットが、街のそこここに出る。もちろんソーセージの屋台や移動遊園地も登場。おとなも子どもも楽しみにしているイベントだ。

12月のマーケットはアツアツのワインとともに

雪がキラキラ降り続く

スノードームはクリスマスの人気アイテム

Dresden ドレスデン

歴史を誇る世界最古のクリスマスマーケット

13世紀にはじまった歴史あるマーケット。なかでもアルトマルクト広場の市が最古といわれている。タワー状のクリスマスピラミッドが有名。

ドレスデン→P.158

小さな遊園地にはミニトレインが走る

くるくる回るよ

キャンドルの熱で回転する置物

愛らしいパイプ人形のサンタさんはお香立てに

よい子におもちゃをあげようね

イベントではサンタさんが登場

Weihnachtsmarkt

アツアツの焼き栗はいかが？

秋から冬の風物詩焼き栗は炭火の香りがなつかしい風味に

外はサクサク&中ふわふわ♪砂糖をまぶした筒状の焼き菓子€4

シュトレン祭り

ドレスデンのクリスマス菓子シュトレンにちなんで、クリスマスマーケット期間中にイベントが開かれる。4トンもの巨大なシュトレンが来場者に振る舞われるというから迫力満点！

クリスマスマーケット豆知識

ホットワインのマグは持ち帰りOK

寒い時期のマーケットに欠かせないのがグリューワイン。アツアツのワインには砂糖＋シナモンやクローブなどの香辛料が入っていて体の芯まで温めてくれる。注文時にはマグ代として€2ぐらいのデポジットが含まれている。そのまま記念に持ち帰ってもOK。

いつから始まるの？

11月最終日曜日頃から12月24日まで。イエス生誕（ドイツでは12月25日）までの4週間をアドヴェント（待降節）といい、キリスト教徒にとって大切な時期。クリスマスマーケットは、当日に向けて飾り付けの準備をしたり、プレゼントを用意するために始まった。露店のほか移動遊園地もできて、町が華やぐ。

Nürnberg ニュルンベルク

おもちゃの町 ニュルンベルクのクリスマスマーケット

メイン会場は中央広場。そこから広がる路地や小さな広場にも市が立つ。おもちゃ博物館のある町だけあって子ども用のマーケットも。

ニュルンベルク➡P.118

天然のビーワックスなのよ！
螺旋に巻いた環境にやさしい蜜蝋キャンドル

大道芸人もあちこちに出て盛り上げる

もみの木に飾る天使のオーナメント

ワインで寒くないわ！
砂糖とスパイスの入った温かいグリューワイン

チョコいっぱいよ！
クレープはクリスマスでも必ず行列ができる人気のおやつ

繊細なガラスが素敵！
氷の彫刻のように透き通ったクリスタルの細工物

クリスマスマーケット TOTAL 3時間

オススメ時間 夜が美しい16:00～（昼頃～22:00頃まで開催）　予算 €10～

滑りにくい靴
寒さが厳しい時期で雪が積もることもあるので防寒仕様で滑りにくい靴をはいていこう

オーナメントのクリスマスボールはカラフルに

乗合郵便馬車Post kutscheでマーケットをぐるり

かわいいでしょ？
プレゼントにもぴったりなハートのレープクーヘン

毎年増やすのよ

可憐な少女クリストキント

ニュルンベルクにはクリスマスのアイドル、クリストキントが2年に1度選ばれる。天使の姿で開会宣言し、子どもたちにプレゼントを渡したり大人気だ。

クリストキントに会えるかな

arucoおすすめクリスマスマーケット

ハンブルク

アルスター湖の水面に浮かぶクリスマスツリーや、市庁舎を背にしたモダンなツリーが印象的。近くのブランドショップの輝きも心を躍らせてくれる。

ハンブルク➡P.150

ベルリン

50以上もの市が立つといわれているが、おすすめはテレビ塔のライトアップとクリスマスピラミッドのツーショットが美しいアレキサンダー広場。

ベルリン➡P.126

Bahnhof

工房のテラスにも大きな人形が飾られている

交差点の案内板にも木のおもちゃが！

窓辺を照らすクリスマス飾り

絵本のような町へようこそ

職人さんの手仕事を訪ねて

木のおもちゃの里 ザイフェン Seiffen

窓辺に置く半円の飾り。小さなものはツリーに吊るして

キャンドルを灯すと回転する天使のお菓子屋さん

クリスマスマーケットで
人気の木工細工や木のおもちゃのほとんどは
ここザイフェンで作られている。
クリスマスの時期は
町が絵本のようにあたたかい光に
包まれる。

小さくてもキャンドルが光るクリストキント

玄関先に飾られた大きなくるみ割り人形

工房見学で木工玩具の伝統に触れてみよう！

ザイフェンの木工は、錫採掘の副業として始まったが、鉱山の衰退によりドイツを代表する産業にまで育った。ここはクリスマス飾り工房のなかでも最も規模が大きい工房兼ショップのひとつ。1932年開業で、現在約80人の職人と10人の見習いが働いている。工房見学では、作業風景を通じて小さな部品や道具などがわかる紹介の仕方をしている。

クリスマス飾りの意味や昔ながらの飾り方も教えてくれる

キスしたふたりが微笑ましい！

兵隊さんくるみ割り人形

リヒャルト・グレーザー

Erzgebirgische Volkskunst
Richard Glåsser GmbH

Hauptstr. 80, D-09548
037362-180　月～金10:00～17:00、土・日10:00～18:00　工房見学は12:30～13:00は中断　㊊工房見学€1.80
Card A.D.M.V.　ザイフェンの観光案内所から徒歩5分
URL www.glaesser-seiffen.de

ドイツの伝統工芸だよ

ザイフェンへの行き方

ドレスデンからはRBで約1時間のFlöha乗り換え、RBで約1時間のオルベルンハウ・グリューンタールOlbernhau-Grünthal下車、453番のバスで約20分Kurort Seiffen Mitte、Seiffen（Erzgebirge）＝観光案内所前の交差点下車。1～2時間に1便、€21.70

ハンブルク
ベルリン
ドレスデン
ザイフェン
フランクフルト
ミュンヘン

Map 別冊P.2-B2

ザイフェンのi

Hauptstr.95, D-09548
037362-8438　FAX 037362-76715
月～金9:00～17:00、土10:00～14:00　休日　URL www.seiffen.de

南ドイツの
美景がいっぱい！

ミュンヘンと ロマンティック街道

何はともあれ、ノイシュヴァンシュタイン城に行かなくちゃ。
ロマンティック街道で訪れたいのは、木組みのかわいい家が並ぶ珠玉の町。
ミュンヘンでビール＆白ソーセージ、ローテンブルクで雪玉みたいなかわいいお菓子。
試してみたいグルメもいっぱい！　どこに行こうか迷っちゃうかも。

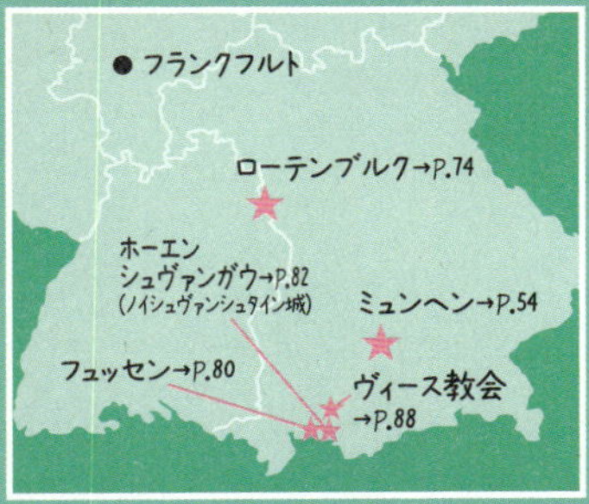
● フランクフルト
ローテンブルク→P.74
ホーエン
シュヴァンガウ→P.82
（ノイシュヴァンシュタイン城）
ミュンヘン→P.54
フュッセン→P.80
ヴィース教会
→P.88

ミュンヘンへのアクセス

✈ フランクフルトから所要約1時間、ベルリンから所要約1時間
🚌 フランクフルトから約3時間30分、１日20便程度運行、料金€100～　ベルリンから約6時間30分、1日25便程度運行、料金€130～

旅のスタートはミュンヘン♡ マリエン広場周辺でアート探し

ミュンヘンの中心地マリエン広場から北へ。名画を鑑賞したらバイエルンデザインのキュートな雑貨ハンティングを楽しもう！

TOTAL 4.5時間

マリエン広場から北へおさんぽ

TIME TABLE

11:00 マリエン広場の新市庁舎で仕掛け時計を見る
↓ 徒歩2分
11:15 フラウエン教会
↓ 徒歩1分
11:40 セルヴス・ハイマート
↓ 徒歩7分
12:10 グムントでお買いもの
↓ 徒歩2分
12:45 カフェ・ルイトポルトでお茶
↓ 徒歩5分
13:30 ピナコテークで美術鑑賞（P.60）
↓ 徒歩5分
15:00 サリー・フォン・サルバイ
↓ 徒歩1分
15:30 ブライテングラートで雑貨探し

32体の等身大人形に注目

1 ミュンヘンの中心 マリエン広場と新市庁舎 11:00

Marienplatz & Neues Rathaus

ミュンヘンでひときわにぎやかなマリエン広場に、荘厳なネオゴシック様式の新市庁舎が建つ。聖金曜日と諸聖人の日を除く11:00と12:00（3〜10月は17:00も）に中央部の塔に設けられた仕掛け時計の人形が動き出す。塔は85mあり、上ることもできる。

1568年のバイエルン大公の結婚式を祝うシーンが繰り広げられる

Map 別冊P.6-A2〜3

🏠Marienplatz 8, D-80331 🕘塔の入場10:00〜19:00（10〜4月〜17:00） 休10〜4月の土・日・祝、12/24〜1/1 料€2.50 交マリエン広場から徒歩1分

2 丸屋根が並ぶ塔がシンボル フラウエン教会 11:15

Frauenkirche

15世紀に後期ゴシック様式で建てられた教会。建築当時に現れたという伝説の「悪魔の足跡」の上に立つと、左右の窓が見えないから不思議。

この足跡のところに立つのね

「悪魔の足跡」と呼ばれる石は入口近くにある

Map 別冊P.6-A2

🏠Frauenplatz 1, D-80331 🕘7:00〜19:00（木〜20:30、金〜18:00）、礼拝中の見学は不可 休無休 交マリエン広場から徒歩3分

ノイエ・ピナコテーク →P.61
アルテ・ピナコテーク →P.61
モダン・ピナコテーク →P.61
Schellingstr.
Theresienstr.
Barer Str.
オベリスク
Brienner Str.
odeonspl.駅
Karlspl.駅
レジデンツ →P.58
Neuhauser Str.
Maximilianstr.
Marienpl.駅

フェルトのキーカバーです

3 バイエルンモチーフの雑貨 セルヴス・ハイマート 11:40

servus.heimat

日本の大ファンというオーナーはテキスタイルのデザイナー。鹿やブレーツェルといった伝統的なモチーフをモダンにアレンジしている。かわいいバイエルングッズは選ぶのに迷ってしまいそう！

1. 裏は本物のような色合いのブレーツェル型にぎにぎ 2. エコバッグ€9.90 3. マグカップ€14.90（ニットのホルダー付）

Map 別冊P.6-B3

🏠Tal 20, Eingang Radlsteg, D-81667 ☎089-21019815 🕘10:00〜19:00 休日・祝、1/1、12/25・26 Card M.V. 交マリエン広場から徒歩5分 URL www.servusheimat.com

みんなで待ってま〜す

✉新市庁舎では21:00に夜警と天使とミュンヘン小僧が「おやすみ」のあいさつをする。（山口県・花）

ニンフェンブルク城
英国庭園
ミュンヘン中央駅
マリエン広場
テレージエンヴィーゼ
イーザル川

Map 別冊P.5-C1～D2

植物園のような雰囲気です

4 紙製品の老舗 グムント Gmund Papier und Druck

12:10

180年の歴史を誇る紙屋さん。ノーベル賞授賞式の封筒を納入したことでも知られている。店内にはカラフルなカードやノートなど良質なものが並ぶ。名刺や招待状などオリジナル印刷も根強い人気だ。

Map 別冊P.6-A2

Prannerstr. 5, D-80333 ☎089-21020984 ⌚11:00～19:00（土～16:00） 休日、11月中旬～3月 Card不可 交U3,4,5,6Odeonsplatz下車徒歩5分 URL de.gmund.com

かわいい柄がいっぱいよ！

1. カラフルなギフトボックス各€4.30 2. シンプルに並べられたディスプレイ 3. バイエルンの民族衣装ディアンドル柄のノート各€14.90

1. 杏のコンポートをのせたケーキ€3.80 2. 店の看板メニュー、ルイトポルト・トルテ€4.20

6 ヨーロッパの名画を鑑賞 ピナコテーク Pinakothek

13:30

詳しくは →P.60

ピナコテークとは美術館のこと。ここにはヴィッテルスバッハ家が集めた名画が収蔵されている。

5 ハイソなマダム御用達 カフェ・ルイトポルト Café Luitpold

12:45

モダンな店内の奥は観葉植物が生い茂る明るい空間。ビジネスランチや奥様同士のおしゃべりなどいろいろな人が訪れるが、ミュンヘンでは、ここでのランチやカフェはステイタス。チョコやペストリーのほか、バイエルンの郷土菓子もおすすめ。

Map 別冊P.6-A1

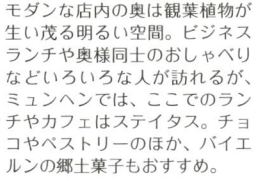

Brienner Str. 11, D-80333 ☎089-2428750 ⌚月8:00～19:00、火～土8:00～23:00、日9:00～19:00 休1/1、12/25 料€4～ Card A.J.M.V. 交U3,4,5,6 Odeonsplatz下車徒歩5分 URL www.cafe-luitpold.de

1. バイエルンテイストを取り入れた上品なコーデを参考に 2. マフラー€79 3. ディアンドル風スカート€128 4. 花柄スカート€170

7 手作りの服飾雑貨 サリー・フォン・サルバイ Sally von Sallbey

15:00

オーナーのヴィクトリアさんはアートに造詣が深く、素材の質感や色の組み合わせにこだわっている。バッグでも色違いがあったりするので探してみて。ハンドメイドの少量生産、気に入ったら即買いが◎。

Map 別冊P.5-D1

Schellingstr. 46, D-80799 ☎089-78798518 ⌚10:30～13:30、14:00～19:00、土10:30～16:00 休日・月・祝、12/24～1/6、8月中旬 Card M.V. 交U3,6Universität下車徒歩5分 URL www.sally-von-sallbey.de

学生さんに人気の店よ！

1. ニットの湯たんぽカバー€14.95 2. スリッパ€29.95 3. ドイツモチーフが並ぶ棚。カップなら€9.95

8 かわいい小物を発掘！ ブライテングラート Breitengrad

15:30

オーナーのアンジェラさんの元気なキャラクターが人気で、学生がひっきりなしに入ってくる。雑貨はドイツものにこだわらず「楽しい」ものを集めているが、キノコなどのドイツモチーフも豊富。

Map 別冊P.5-D1

Schellingstr. 29, D-80799 ☎089-2802325 ⌚10:00～19:00（土～18:00） 休日・祝、12/25・27 Card M.V. 交U3,6Universität下車徒歩5分 URL www.breitengrad-online.com

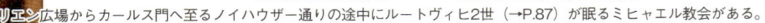

ミュンヘンのトレンド発信地 グロッケンバッハさんぽ

TOTAL 3時間

グロッケンバッハをおさんぽ

TIME TABLE

- 16:00 トラハテンフォーグルで軽く腹ごしらえ
  - ↓ 徒歩2分
- 16:30 コーネリウスラーデン
  - ↓ 徒歩1分
- 17:00 シュティルゼーグラー
  - ↓ 徒歩7分
- 17:30 コフィーショップ
  - ↓ 徒歩2分
- 18:00 アトリエ・クリスティーネ・サイコ
  - ↓ 徒歩5分
- 18:30 フラッシング・メドウズ

**アーティストやデザイナーなど
次代をリードするパイオニアが集うエリア。
小さな店にもキラリ★と光る逸品が！**

1 古いソファでゆったり 16:00 トラハテンフォーグル Trachtenvogl

ソファもテーブルもバラバラなデザインの古道具なのに、なぜかスタイリッシュ。店内が満員になると、常連さんは簡易椅子を引っ張り出す。自慢の豆で作るラテアートも評判。菜食メニューやブランチなど食事もおいしい。

白ソーセジも食べられるよ

1. 白ソーセージのセット€6.10 2. どこかレトロな店内 3. ホットチョコレート€3.60

Map 別冊P.5-D2

Reichenbachstr. 47, D-80469 ☎089-2015160 ⏰9:00～22:00 休無休 料€2.50～ Card M.V. 交U1,2Fraunhoferstr.下車徒歩3分、マリエン広場から徒歩15分 URL www.trachtenvogl.de

1. シナモンボックス€38 2. エスプレッソカップ€19と少し大きめカップチーノカップ€24 3. リカー入れ€190

似合う服見つけてね

2 プリント柄が楽しい 16:30 コーネリウスラーデン Corneliusladen

オーナーのマリアさんがセレクトした個性的なアイテムが並ぶ。ドイツのブランド「イッケ・ベルリン」は自然の風景をそのまま写し込んだようなプリント生地が魅力。エレン・アイゼマンも魅力的な柄物が揃う。

Map 別冊P.5-D2

Corneliusstr. 29, D-80469 ☎089-2014516 ⏰11:00～19:00(土～18:00) 休日・祝、1/1、12/25・26・31 Card M.V. 交U1,2 Fraunhoferstr.下車徒歩8分、マリエン広場から徒歩10分 URL www.corneliusladen.de

1. ネックレス€59 2. バイエルンの風景をプリントしたバッグ€199 3. プリーツが揺れるスカート€149 4. ニット帽€60

3 質のいい雑貨 17:00 シュティルゼーグラー Stillsegler

雑貨、キッチン用品、衣類、革製品などクオリティーの高い品物が上品に陳列されている。服飾はかなり値が張るが、キッチン用品やガラス製品は上質さを考えるとリーズナブル。シナモンの樹をくりぬいたシュガーケースなどユニークな品もおすすめ。

シンプルで美しい小物が揃うよ

Map 別冊P.5-D2

Corneliusstr. 20, D-80469 ☎089-20201009 ⏰11:00～19:00(土～16:00) 休日・月・祝、1/1、12/25・26・31 Card M.V. 交U1,2Fraunhoferstr.下車徒歩8分、マリエン広場から徒歩10分 URL www.stillsegler.com

4 八百屋の奥にカフェ? 17:30 コフィーショップ Koffischop

八百屋の軒先を進むと、おしゃれなカフェスペースが！ 店内には売り物の鉢植えが並び、パスタやジャムの瓶がディスプレイされている。オーナー曰く「コンセプトなし！」。果物を少し買うのもよし、ちょっとのぞいてみたくなるおもしろいお店。

Map 別冊P.5-D2

Fraunhoferstr. 24, D-80469 ☎089-20062055 ⏰9:00～20:00(土～19:00)＊仕入れ等で閉めていることもある 休日・祝、クリスマス 料€1.70～ Card 不可 交U1,2 Fraunhoferstr.下車徒歩6分、マリエン広場から徒歩12分

八百屋さんとカフェが一体に！

「おもしろければ何でもアリのノーコンセプト」とザビーネさん。カプチーノ€2.40€＆チョコクロワッサン€1.70は地元定番の朝食

マリエン広場からグロッケンバッハ地区へ行く途中もショップが多くて楽しいです。(福島県・ソルティ)

ニンフェンブルク城
英国庭園
ミュンヘン中央駅
マリエン広場
テレージエンヴィーゼ
イーザル川

Map 別冊P.5-D2

グロッケンバッハ地区

若いデザイナーやアーティストが集まるエリア。セレクトショップやカフェも個性的。マリエン広場からヴィクトアーリエンマルクトを通り、南へ徒歩15分ぐらい。どの通りもおしゃれなショップが並ぶから、のんびり歩きたい。

5

自分みやげのアクセサリー　18:00

アトリエ・クリスティーネ・サイコ Atelier Christine Sajko

物静かなクリスティンさんがていねいに作るジュエリーは、素材の持ち味を生かした作品。鈍く光るシルバーに木片を合わせたり、小さな花びらのカーブが微妙に曲げられていたり。かと思うとエスニックを思わせる大胆なデザインも。ハンドメイドのすばらしさが実感できる店。

ぐるぐる回って耳元キュート

Map 別冊P.5-D2

🏠Fraunhoferstr. 21 /2. Stock, D-80469 ＊インターフォンで外扉を開けてもらい3階へ行く ☎089-2016894 🕘11:00～19:00（土～16:00） 休日・月・祝、12月はクリスマスマーケットに出店 Card M.V. 交U1,2Fraunhoferstr.下車徒歩7分、マリエン広場から徒歩10分 URL www.schmuckpralinen.com ✉atelier@schmuckpralinen.com

1. 木と金属を組み合わせたアートも得意€320 **2.** 金のピアスは大きさにより€80～ **3,4.** エスニックテイストのネックレス各€580 **5.** パイナップルのピアス€140

日本の女性に似合うわよ

異素材コラボ

ウィンドウショッピングが楽しい

Marienpl.駅
ヴィクトアーリエンマルクト
この通りもお店がいっぱい！
Isartor駅
Karlspl.駅
ドイツ博物館
Fraunhoferstr.駅
イーザル川

大きな窓から夕日が輝く

6

眺めのいいカフェバー　18:30

フラッシング・メドウズ・ホテル&バー The Flushing Meadows Hotel & Bar

小さなアルミの扉を開け、黒いカーテンの向こうにあるエレベーターで4階へ。ホテルのフロントデスクで声を掛けて、カフェバーに行く。大きな窓のある見晴らしのいいテラスからは教会の塔がいくつも見える。寒い日は暖炉の前の心地よいソファでまったり過ごすのもいい。インテリアデザインに興味があるなら宿泊もおすすめ。

Map 別冊P.5-D2

🏠Fraunhoferstr. 32, D-80469 ☎089-55279170 料SW€85～ Card A.M.V. 室16室 交U1,2Fraunhoferstr.下車徒歩3分、マリエン広場から徒歩15分 URL www.flushingmeadowshotel.com

宿泊もおすすめ！

310

ロスアンゼルスのミュージシャンがデザインした310号室

世界的に有名なサーファーがデザインしたロフトとハンモック付きの304号室

ホテルはすべての客室のデザインが異なる。3階にあるデザイナーズルームは世界的に有名なアーテイスト11人によってデザインされた客室が11部屋ある。どの部屋も個性的でかっこいい。各デザイナーズルームは定期的に客室をデザインしたご本人がメンテナンスにやって来るそう。

デザイナーのイニシャルがドアに！

居心地よいオープンカフェもあるよ！

イーザル川の中洲に建つドイツ博物館URL www.deutschesmuseum.deは科学好きにおすすめ。Map 別冊P.5-D2

まばゆいばかりのゴージャスさ
レジデンツ＆ニンフェンブルク城

ナポレオンが訪れ、その華麗さに驚嘆したというミュンヘンのレジデンツはバイエルンを治めていたヴィッテルスバッハ家の居城。絵画に彩られ、金の装飾を施した美しさに、うっとり！

見どころ
point
古代の彫像を飾るために作ったが、鮮やかな壁画の方が目立っている
ため息しか出ないわね
No.7

アンティクヴァリウム
Antiquarium
ルネッサンス様式の華麗な丸天井が66mもの長さで続くホール

No.6

グロッテンホーフ
Grottenhof
貝殻をびっしりと埋め込んで洞窟グロッテを作ってある部屋は、異様な雰囲気

No98

ライヒェ・カペレ
Reiche Kappele
宝石や大理石で埋め尽くしたマクシミリアン1世専用の礼拝室

2F
98
58
13
1F
クヴィリエ劇場
6
7
5
4
庭園
諸聖人宮廷教会
宝物殿
入口

お宝ざくざく！

Schatzkammer
バイエルンの王冠と宝石をちりばめた聖ゲオルクの騎馬像は宝物館の至宝

No.5

陶磁器のキャビネット
Porzellankabinett
金色に輝く壁一面のキャビネットに、マイセンやセーブルの高価な陶磁器を収蔵

どの部屋も絢爛豪華
レジデンツ Residenz

14世紀後半に建築され、以降増築を重ねて現在の姿になった。王家の肖像画が121枚並ぶ祖先画ギャラリーや、壮麗なアンティクヴァリウムには圧倒される。王家の宝物などをていねいに見ていくと4時間ぐらいかかる。

Map 別冊P.6-A1～B2 マリエン広場周辺

Residenzstr. 1, D-80333
9:00～18:00（10/20～3/31は～17:00）入場は閉館1時間前まで　休1/1、カーニバルの火曜、12/24・25・31　料博物館€7、宝物館€7、共通券€11
交マリエン広場から徒歩5分
URL www.residenz-muenchen.de

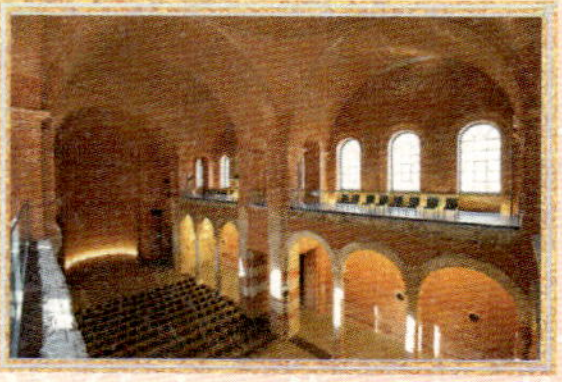

諸聖人宮廷教会
Allerheiligen-Hofkirche
ルートヴィヒ1世により19世紀前半に建設されたイタリア風の礼拝堂

レジデンツは巨大です。本当に広いのでとにかく時間に余裕を持って！（和歌山県・梅っこ）

ヴィッテルスバッハ家とミュンヘン

ヴィッテルスバッハ家はヨーロッパの有力な諸侯の家系で、バイエルン王のほか、遠くスウェーデンやギリシア王も一族から出している名門。ミュンヘンでは、1180年にオットー1世が統治したことに始まり、1918年まで約740年君臨した。バイエルン王国の成立は1806年、マクシミリアン1世のとき。ノイシュヴァンシュタイン城を築城したルートヴィヒ2世が有名だが、そのほかの諸侯も文化や芸術を育てた。第一次世界大戦後、1918年に皇帝制度が廃止され、最後の王ルートヴィヒ3世が退位して終焉した。

No.1
シュタイネルナー・ザール Steinerner Saal
大きなシャンデリアとロココ様式の装飾が優雅な大広間

見どころ point
天井画には花の妖精（ニンフ）が描かれているので探してみて！

No.13
黒いホール Schwarzer Saal

扉を縁取る黒大理石が印象的なことから「黒の間」と呼ばれる

No.58
緑のギャラリー Grüne Galerie

緑色の壁面に、約70点の絵画が飾られたギャラリー。大きな鏡が印象的

No.15
美人画ギャラリー Schönheitengalerie
ルートヴィヒ1世が愛した36人の美女の肖像画が壁面を飾っている

No.10
南のサロン Südliches Salettl
バロック様式の天井画は城の建設初期のもので、水の妖精が描かれている

クヴィリエ劇場 Cuvillies-Theater
フランソワ・クヴィリエの設計で、18世紀に建てられた華麗な劇場

No.20
女王の寝室 Schlafzimmer
ルートヴィヒ2世誕生の部屋。弟のオットーと並んだ白い胸像がある

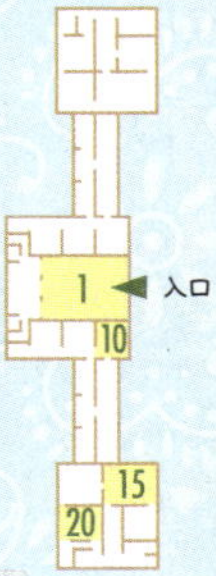
1
入口
10
15
20

700年の歴史の重み！

見どころ point
ルートヴィヒ2世の肖像画は、上のほうに飾ってあるから見落とさないようにね！

No.4
祖先画ギャラリー Ahnengalerie
ヴィッテルスバッハ家の肖像画が121枚も並ぶギャラリーは圧巻

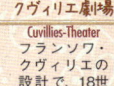

美しい庭園にたたずむ

ニンフェンブルク城

Schloss Nymphenburg

17世紀から19世紀にかけて建てられたヴィッテルスバッハ家の夏の離宮。その美しい姿から別名「妖精の城」とも呼ばれている。本城内にはロココ調の大広間、シュタイネルネ・ザールや、ルートヴィヒ1世が愛した美女の肖像画が並ぶ美人画ギャラリーなどがある。

Map 別冊P.4-A1 北西部

Schloss Nymphenburg, Eingang 19, D-80638 ☎089-179080 9:00～18:00（10/16～3/31は10:00～16:00） 休1/1、カーニバルの火曜、12/24・25・31 料本城€6、馬車博物館などとの共通券€11.50（10月中旬～3/31は一部の施設が休業するため€8.50） 交トラム17番schloss-nymphenburg下車徒歩5分 URL www.schloss-nymphenburg.de

うっとりしちゃった

ヴィッテルスバッハ家の現当主、バイエルン公フランツは現在もニンフェンブルク城に住んでいる。

美の殿堂3つのピナコテークで名画をチェック！

絵画や音楽を支援していたヴィッテルスバッハ家。
ダ・ヴィンチからムンクまで……。彼らの膨大なコレクションは、
絵画ファンならずとも見逃せない！

3つのピナコテーク美術館とは？
ヴィッテルスバッハ家が集めた15〜18世紀の作品を展示するアルテ・ピナコテーク、フランス印象派の作品を中心に19世紀から20世紀初頭までの作品を集めたノイエ・ピナコテーク、現代アートの殿堂モダン・ピナコテークの3つの美術館からなる。

ALTE PINAKOTHEK アルテ・ピナコテーク

宗教的な題材が多く、荘厳な名画が並ぶ。
有名画家の小さな作品にも注目。

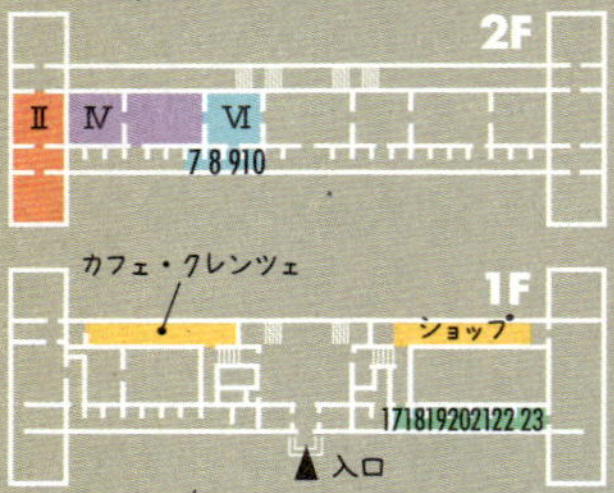

2F
Ⅱ
Ⅳ
Ⅵ
7 8 9 10
カフェ・クレンツェ
1F
ショップ
17 18 19 20 21 22 23
入口

カフェもおすすめ！

落ち着いたインテリアのカフェには、ケーキや軽食もある。入場券を買わなくても利用できる

画家一族ブリューゲル家
ブリューゲル家は画家をたくさん輩出している。いちばん有名なのがペーター（ピーテル）で、作風から「農民画家」と呼ばれたり、（父）と添え書きされる。同名の長男ペーター、次男のヤンとその息子で同名のヤンも画家として名高い。

中世ドイツ　デューラー他

Ⅱ「自画像」
デューラー（1500年）
28歳の時の自画像。自信にあふれた表情で正面を見据えている

Ⅱ「4人の使徒」
デューラー（1526年）
アルテ・ピナコテークの至宝といえる作品。使徒の気質を見事に描き分けている

聖ヨハネはルターの聖書を持っている

16〜17世紀オランダ　ブリューゲル他

17「川のほとりの魚市場」
ヤン・ブリューゲル（父）（1605年）
港で魚を売買しているさまざまな人々の姿が、独特の構図の中に描きこまれている

21「怠け者の天国」
ペーター・ブリューゲル（父）（1567年）
太った農夫、傭兵、学者の3人が横たわる姿は、人間の怠惰の象徴

食べ物が落ちてくるのを待つ。ブタはナイフが刺さっている

NEUE PINAKOTHEK ノイエ・ピナコテーク

日本人になじみ深い
印象派の作品はこちら。
名画の数々に圧倒される。

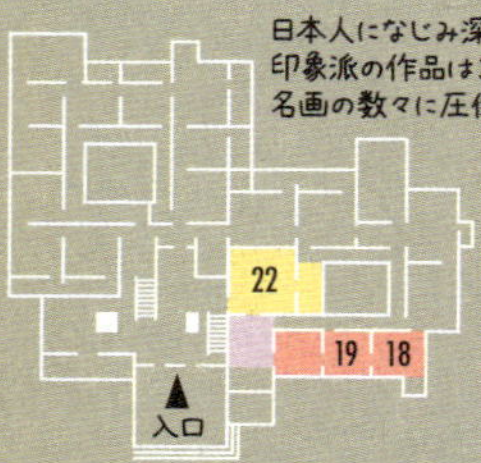

22
19
18
入口

印象派　ゴッホ、モネ他

19「ひまわり」
ゴッホ（1888年）
ゴッホ自身のアトリエの壁面を飾るために描かれたという

18「睡蓮」
モネ（1915年）
水面に映る木々の緑と睡蓮が溶け合うような幻想的な作品

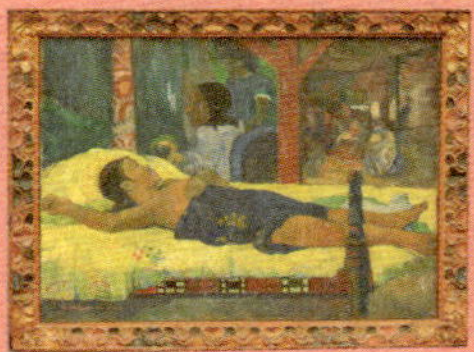

19「キリスト誕生」
ゴーギャン（1896年）
タヒチを舞台に描いたキリストの誕生。母と子には光輪が見える

3つは近いのですが、ちゃんと見ると時間がいくらあっても足りない。1日で見るなら、見たいものを絞ったほうがいい。（愛知県・リラ）

美の殿堂ピナコテークで名画をチェック！

Map 別冊P.5-C～D1
北部

料3館共通1日券€12（常設展のみ） 交Uバーン Theresienstr.駅下車、徒歩10分 URL www.pinakothek.de

宗教画の殿堂 アルテ・ピナコテーク

Barer Str. 27, D-80333 ☎089-23805216 ⏰10:00～18:00（火～20:00） 休月・祝 料€4 日曜€1

印象派の名画 ノイエ・ピナコテーク

Barer Str. 29, D-80799 ☎089-23805195 ⏰10:00～18:00（水～20:00） 休火・祝 料€7 日曜€1

現代芸術 モダン・ピナコテーク

Barer Str. 40, D-80333 ☎089-23805360 ⏰10:00～18:00（木～20:00） 休月・祝 料€10 日曜€1 水曜無料

15～16世紀イタリア ラファエロ、レオナルド・ダ・ヴィンチ他

カーネーションを持った初期の作品

Ⅳ「聖母子」
レオナルド・ダ・ヴィンチ（1478年）

マリアの服の柔らかく流れるような質感と、モナリザを思わせるスフマート技法に注目！

上の天使たちは、18世紀に上塗りされてしまったが、1983年に復元された！

Ⅳ「カンジアーニの聖家族」
ラファエロ（1507年）

マリアの柔らかな表情、ヨセフとエリザベスの対話、遊ぶ子供たちの姿が三角形の構図に描かれている

Ⅳ「受胎告知」
フィリッポ・リッピ（1443年）

天使とマリアの優雅な表情と体つきがこの画家ならではの気品を感じさせる

鳩は精霊を表す

17世紀フランドル ルーベンス他

黒い雲の間から現れた天使との、すさまじい戦闘シーンが描かれている

9「セナケリブの敗北」
ルーベンス（1612～14年頃）

アッシリア王セナケリブがエルサレムを攻めた旧約聖書の故事を題材としている

7「天使」
ルーベンス（1614年）

ウィーンの美術史博物館にあるパルミジャーノの作品をもとにしている

フランス国旗を背負ったような天使の羽

後期印象派 ムンク他

22「マルガレーテ・ヴィトゲンシュタインの肖像」
グスタフ・クリムト（1905年）

哲学者ヴィトゲンシュタインの姉がモデル。彼女の結婚を記念して描かれた

白の美しさにうっとり

明るい色彩に注目！

22「赤い服の女」
ムンク（1903年頃）

ムンク独特の太くうねった描線にひきこまれる作品

PINAKOTHEK DER MODERNE モダン・ピナコテーク

彫刻やオブジェ、グラフィックスなど現代アートの複合美術館。

第3のピナコテークとして、20世紀以降の現代アートから家具や生活用品も展示

アルテ・ピナコテークは2014～2018年頃まで改修工事中。見学できる部屋が限られるので注意！

ミュンヘン名物白ソーセージ 自家製にこだわる名店Best3

ミュンヘンの伝統的な味覚といえば、白ソーセージ＋ブレーツェル＋白ビール！　手作りの新鮮な味わいをぜひ試して！

地元で人気NO.1!

ガスト シュテッテ・グロースマルクトハレ Gaststätte Grossmarkthalle

Gaststätte Grossmarkthalle

ミュンヘンっ子の半分はファンと言われるほどの実力店。毎日、店で出す分と市内のレストランに卸す分を手作りしている。白ソーセージ以外のランチメニューも評判がいい。

Map 別冊P.5-C3　南部

Kochelseestr. 13,D-81371
089-764531
月～金7:00～17:00、土7:00～13:00　休日・祝
Card 不可　交U3,6 Implerstr.　下車徒歩7分
URL www.gaststätte-grossmarkthalle.de

白ソーセージはヴァイスヴルスト Weißwurstだよ！

PAULANER
MÜNCHEN
Weißbier

ブレーツェル €1.50/個
Brezel ブレーツェル

ビール €5.90/500ml
Pauraner Hefe-Weißbier パウラナー・ヘーフェ・ヴァイスビーア

白ソーセージ €5.00/2本
Wallners Hausgemachte Weißwurst ヴァルナーズ・ハウスゲマハテ・ヴァイスヴルスト

塩味：やや強い
柔らかさ：ソフト
香り：さわやか
講評　舌で崩れるほどのソフト感。ハーブが効いてフレッシュ感はベスト。

白ソーセージの注文は2本から。2本単位で。

拝見！ 白ソーセージの作り方

1 新鮮な牛肉を厳選。豚脂もラードではなく塊肉から。ブレンドの比率もポイント。

2 氷水で硬さと温度を調節しながら混ぜる。

おいしさの秘密1　塩と4種の香辛料、玉ねぎ、フレッシュハーブ。保存料や発色剤を使わず、家庭と同じ材料を使う。

3 詰めすぎてもゆるすぎてもダメ！腸詰の加減が食感にかかわる。

おいしさの秘密2　そのあと、氷で締めて鮮度を保つ。食べるとき温める。

4 60～70度の湯で20分ほど茹でる。

手作りだからおいしいよ！

メレンゲ等を使わずに柔らかいのは水分と脂の絶妙な割合。白は発色剤を使わない茹で肉本来の色。

WEIBWURST

白ソーセージ ヴァイスヴルストの始まり

1857年、お祭りのシーズンに焼きソーセージを出していた店が、ゆでソーセージを出したのが始まりといわれている。マリエン広場の前にあったその店「Zum Ewigen Licht」の跡地にはビストロカフェがあり、そこのメニューには「白ソーセージ発祥店ゼップ・モーザーのオリジナルレシピの白ソーセージ」がある。

レストラン・カフェ・アム・マリエンプラッツ・ツム・エーヴィゲン・リヒト
Restaurant Cafe am Marienplatz zum ewigen Licht

Map 別冊P.6-A3
マリエン広場周辺

Marienplatz 22, D-80331
URL www.cafeammarienplatz.de

ビールも自家製

ツム・フランツィスカーナー Zum Franziskaner

有名ブリュワリーのビアホール。いつも混んでいるが席数も多いから大丈夫。ローストポークなどボリュームいっぱいの肉料理もおいしい。

Map 別冊P.6-A2
マリエン広場周辺

Residenzstr. 9, D-80333
089-2318120　9:00～24:00　休無休
Card A.D.M.V.　交マリエン広場から徒歩5分　URL www.zum-franziskaner.de

焼いてないのでサッパリしていて、女子でも2本は大丈夫です！（新潟県・ニクっ子）

白ソーセージの食べ方

1 ふたつ1組なので、皿にあけて切り離す。1本は冷めないようにポットへ戻す

手でおさえて切ろう！

2 縦に切れ目を入れる

おいしさの秘密3
輪切りにすると固い皮が上手に取れない

皮は食べないよ

3 手で皮を一気にはがす

4 縦に割ってから甘いマスタードを付けて食べる

おいしさの秘密4
甘いマスタードSüßer Senfと塩味のブレーツェルの相性バツグン！

ドイツを代表する有名店

ホーフブロイハウス Hofbräuhaus

1589年にヴィッテルスバッハ家の醸造所として始まった店。モーツァルトなどの著名人も訪れている。3000人収容できる大きな店で上階では有料のショーもある。

Map 別冊P.6-B2〜3 マリエン広場周辺

Platzl 9, D-80331 ☎089-290136100 ⏰9:00〜23:00 休無休 Card J.M.V. 交マリエン広場から徒歩5分 URL www.hofbraeuhaus.de

ブレーツェル €1.20/個
Breze ブレーツェ

ビール €8.40/1L
Münchner Weisse ミュンヒナー・ヴァイセ

塩味：塩分控えめでまろやか
柔らかさ：やや弾力あり
香り：少なめでクセがない
講評 もっともマイルドで万人うけする味つけ。

白ソーセージ €4.90/2本
Zwei Stück original Münchner Weißwürste ツヴァイ・シュトゥック・オリギナル・ミュンヒナー・ヴァイスヴルスト

ブレーツェル €1.70/個
Ofenfrische Brezen オーフェンフリッシェ・ブレーツェン

ビール €5.10/500ml
Franziskaner Hefeweissbier Hel フランツィツカーナー・ヘーフェ・ヴァイスビーア・ヘレ

塩味：少し感じる程度
柔らかさ：やや弾力あり
香り：少ない
講評 塩気がちょうどよく、クセがなく食べやすい。

白ソーセージ €6.60/2本
Original Franziskaner Weißwürste オリギナル・フランツィツカーナー・ヴァイスヴルスト

ココでも食べられるよ！

白ソーセージを手作りしている店は少ないが、名物だけあっていろいろなところで食べられる。軽食を出すところならカフェのメニューにあることも。

どこで食べようかな

ラーツケラー

新市庁舎にあるワインレストラン。2本で€5.80、ブレッツェル€1.30

詳しくは→P.64

トラハテンフォーグル

南のグロッケンバッハ地区にあるカフェ。セットで€6.10

詳しくは→P.56

白ソーセージは日持ちしないので、昔は午前中しか売らない店も多かった。今でも売り切れ御免。

BAYERISCHE KÜCHE

バイエルンの郷土料理 ジャンル別の有名店はこちら！

ドイツのなかで郷土色の強いのがバイエルン地方。その州都ミュンヘンの地元っ子がこだわりをもって案内するイチオシのグルメをご紹介！

ビール居酒屋

Hausgemachter Obazda mit Essiggurkerl, Zwiebeln und Brez'n
ハウスゲマハター・オバツダ・ミット・エスィヒグーアケル・ツヴィーベルン・ウント・ブレーツン　€6.90

☑イチオシメニュー
南ドイツの代表的なチーズ味のディップ、オバツダのプレート

☑イチオシメニュー
シェアできる山羊のチーズのはちみつがけサラダ。女の子が好きなつまみ

Salatteller mit gratiniertem Ziegenkäse,Honig und Kerndl-Mix
ザラートテラー・ミット・グラティニエルテム・ツィーゲンケーゼ、ホーニヒ・ウント・ケアンドル・ミックス　€9.80

おすすめポイント
ボリュームあり
学生街で気楽
リーズナブル

ハーフチキンはオクトーバーフェストからクリスマスまでの季節メニュー€7.90

アッツィンガー
Gaststätte Atzinger

学生街なので、メニューはハンバーガーなど手軽な物も並ぶが、バイエルンのクラッシックな料理も味わえる。夕方以降は、仲間と盛り上がる学生で大テーブルはいっぱいになる。

Map 別冊P.5-D1　北部

Schellingstr. 9, D-80799　☎089-282880
9:00～翌1:00　ビアガーデン月～金17:00～23:00、土・日・祝9:00～23:00　休無休
予€20～　Card不可　交U3,6Universität下車徒歩5分　URL www.atzingermuenchen.de

Münchner Salatteller
ミュンヒナー・ザラートテラー　€5.50

☑イチオシメニュー
マッシュポテトやコールスローが入ってるのがミュンヘン風

ワイン居酒屋

ラーツケラー
Ratskeller München

ミュンヘンを象徴する新市庁舎の地下にあり、アーチを描いた室内は格調高い雰囲気。肉も魚もバイエルン料理がひととおり揃う。盛り付けもきれい。

Map 別冊P.6-A3　マリエン広場周辺

Marienplatz 8, D-80331
☎089-2199890　FAX089-21998930
10:00～24:00　休1/1、12/31
予€25～　Card A.J.M.V.　英あり　交マリエン広場から徒歩1分
URL www.ratskeller.com

☑イチオシメニュー
魚メニューの少ないドイツではマス料理は定番、あっさりしておいしい€14.50

Forellenfillet
フォレレンフィレ
€14.50

重厚な天井アーチがクラシカル♪

町の中心だよ

老舗の味をどうぞ

おすすめポイント
歴史的建造物
高級感あり
メニュー豊富
交通至便

サイドメニューはポテトが定番ですが、ピクルスや野菜もサッパリ食べられておすすめ。（和歌山県・ザワー好き）

郷土料理店

HAXNBAUER
€ 37

Original Münchener schweinshaxe
オリギナル・ミュンヒナー・シュヴァインスハクセ
€3.50/100g

炭火で豪快に豚肉を焼きあげる

パリパリでおいしいよ

常連のルーディー君もおすすめ

おすすめポイント
焼きたての肉
便利な立地
シェアして楽しい

☑イチオシメニュー
豚すね肉のロースト。肉はスライスもあるが、ホールかハーフがおすすめ。写真はホールで€37。付け合わせは定番を。右のブレーツェルから反時計回りにザワークラウト、ポテトサラダ、グリーンサラダ、マッシュポテト、コールスロー、赤キャベツの酢漬け各€3.70

ハクセンバウアー
Haxnbauer

バイエルン名物ハクセ（豚のすね肉）を店頭でグリルしている有名店。炭火でゆっくりと焼かれた肉は、上の肉から滴り落ちる脂で揚げ焼きにになる。外側がクリスピーで肉はふっくら。

Map 別冊P.6-B2 マリエン広場周辺

Sparkassenstr. 6, D-80333 ☎089-2166540 11:00～24:00 休無休 予€50～ Card M.V. 英あり 交マリエン広場から徒歩5分 URL www.kuffler.de/de/haxnbauer.php

創作ドイツ料理店

☑イチオシメニュー
シュニッツェルのポテトサラダ、ジャム添え €12のコースのメイン

Gegrillter Lachs auf Umbrischen Berglinsen und Limettenschaum
ゲグリルター・ラックス・アウフ・ウムブリッシェン・ベルクリンゼン・ウント・リメッテンシャウム

☑イチオシメニュー
サーモンにムースをトッピングしておしゃれに！ €12のコースのメイン

Wiener Schnitzel vom Kalb mit Münchner Kartoffelsalat und Preiselbeeren
ヴィーナー・シュニッツェル・フォム・カルプ・ミット・ミュンヒナー・カルトッフェルザラート・ウント・プライゼルベーレン

Maishuhnsupreme mit Süßkartoffelmousseline und buntem Mangold
マイスフーンシュプリーム・ミット・ズースカルトッフェルムスリーネ・ウント・ブンテン・マンゴルト 夜のコース€41のメイン

☑イチオシメニュー
ドイツ定番のチキンのグリルに甘さがピッタリのマンゴーのソース

ラスト・サパー
Last Supper

シュニッツェルひとつとっても驚くほど洗練された味。カメラマンでもあるシェフは見た目も味のひとつと考えて美しさも追求している。ランチメニューは2品コース€12とお得。

おすすめポイント
素敵な雰囲気
おしゃれな料理
ワインが豊富

ワインも試してね！

フロア担当マラさん

Map 別冊P.5-C1 カールス広場周辺

Karlstr. 10, D-80333 ☎089-28808809
11:00～1:00、金11:00～3:00、土18:00～翌3:00 休日、12/24・25・26、7月の3週間
予€12～（ランチ） Card 不可
交U4,5Karlsplatz下車徒歩6分
URL restaurant-lastsupper.de

モッツァレラとマンゴーサラダ€12.50、ムースとキャラメライズしたパイナップルにチョコレートクランブルを散らしたデザートはコースの1品。ディナーは3コース€41。
※ランチもディナーもメニューは日替わり

最初に飲み物を聞かれるので「炭酸なし（あり）の水ください=ミネラールヴァッサー・オーネ（ミット）・コーレンゾイレ、ビッテ」と言おう。

料理の持ち込みOK！ビアガーデンはミュンヘンスタイルで

天気のいい日は外でビール！が気持ちいい♪　ドイツならではのビール愛に満ちたバイエルン州ならではのスタイルで楽しんじゃおう！

晴れた日のビアガーデンは空いている席を見つけるのが難しいほど大にぎわい

これが ミュンヘンスタイル 1

食べ物の持ち込みOK　収入にかかわらず誰もが楽しめる場とすること。

Kartoffel-Ecken,paniene Knoblauchgarnelen und Fisch Nuggets mit Cocktailsauce
カルトッフェル エッケン、パニーネ・クノーブラウフガルネーレン・ウント・フィッシュ・ヌゲッツ・ミット・コックテイルザウセ
€3.90
ポテト、エビ、タラのフライボックス
Seelachs-Ei-Baguette
ゼーラックス・アイ・バゲット
€2.60
タラと卵のサンドウィッチ
Weißbier
ヴァイスビーア
€3.60/500mL

隣接する店から持ち込み。フライなどつまみ系も充実

町の中心から近くて便利 ヴィクトアーリエンマルクトのビアガーデン

Biergarten am Viktualienmarkt

マリエン広場や繁華街の近くで利用しやすい。常設市場の真ん中にある広場だから市場で軽食や食材を調達して食べよう。

学生だからコーラだよ

Map 別冊P.6-A3 マリエン広場周辺

Viktualienmarkt 9, D-80331
089-297545　9:00～22:00　休日、冬期、天候によって閉まる日もある　Card不可　交マリエン広場から徒歩5分　URL www.biergarten-viktualienmarkt.com　★広場にあるフィッシュサンドの店　ノルトゼー NORDSEE　8:00～19:00（土～18:00）　休日、冬期

ビールと法律

ビール純粋令
1516年制定され現在もドイツ全土で有効な法律。原料を大麦、ホップ、水のみ（のちに酵母が加わる）にし、品質を向上させた。

年齢制限
ドイツではビールやワインなら16歳以上で飲める。保護者のもとであればそれ以下でも可能。スピリッツ類は18歳以上。

ビアガーデン条例
1999年に施行されたバイエルン州独自のルール。内容は「これがミュンヘンスタイル」①～③を参照。

グラスの目盛
ドイツではビールやワインのグラスに目盛が入っている。この目盛まで泡を含まず液体を入れなければならない。

How to order

大(1L)/小ビール/をひとつください
eine Maß Bier/Ein kleines Bier/,bitte.
アイネ・マース・ビーア/アイン・クライネス・ビーア/・ビッテ

（指さして）これください
Das, bitte.
ダス・ビッテ

ビールを注文
料理とビールは別棟になっていることがある

ビールを受け取る
混んでいるときはすでに注がれて置いてあることも

カフェテリア方式で料理を取る
自分で取れるものを選ぶ

冬でも天気がよければオジサマたちは昼からビール！　ミュンヘンおそるべし！（長野県・ミケ）

ビアガーデンはミュンヘンスタイルで

広くて緑いっぱい

英国庭園中国塔のビアガーデン

Biergarten am Chinesischen Turm

東洋風の東屋が印象的なビアガーデン。広々とした芝生があり子ども連れの利用も多い。塔の屋根の下でテーブルクロスのかかったエリアは持ち込み禁止。

Map 別冊P.5-D1 北部

Englischer Garten 3, D-80538 089-38387319 10:00～23:00 休日・祝 冬期は休業（気温天候により開店） Card A.M.V. 交バス54,154番でChinesischer Turm下車1分 URL www.chinaturm.de

ガレリア・カウフホーフで紙皿を買い、ダルマイヤーでパン、果物、前菜などを揃えた。写真の料理で€30ほど

Hofbräu Original Hell
ホーフブロイ・オリギナル・ヘル
€3.90/500mL

外で飲むのは最高よ！

これが ミュンヘンスタイル 2
緑に囲まれた「庭」都市に住む人の憩いの場とすること。

中国の塔の上階に楽団が入る。屋根のあるエリアは普通のビアレストラン

これが ミュンヘンスタイル 3
バンド演奏は22:00まで、ラストオーダーは22:30

お惣菜はココで買えるよ！

高級食材店

ダルマイヤー Alois Dallmayr

日本にも出店している元王室御用達のデリカテッセン。マリエン広場近くの本店で食材を調達。

Map 別冊P.6-A2 マリエン広場周辺

Dienerstr. 14 D-80331 089-21350 9:30～19:00 休日・祝 Card M.V. 交マリエン広場から徒歩5分 URL www.dallmayr.de

大型デパート

ガレリア・カウフホーフ Galeria Kaufhof

マリエン広場に面したデパート。ピクニック用品のほか、デパ地下も充実しているので持ち帰りの料理も揃う。

Map 別冊P.6-A3 マリエン広場周辺

Kaufingerstr.1-5 D-80331 089-231851 9:00～20:00 休日・祝 Card A.D.J.M.V. 交マリエン広場から徒歩1分 URL www.kaufhof.de

半分の量にしてください
Bitte machen Sie eine halbe Portion.
ビッテ・マヘン・ズィー・アイネ・ハルベ・ポルツィオーン

(複数人いるときに)私がまとめて払います
Ich ezahle alles zusammen.
イッヒ・ツァーレ・アレス・ツザメン

(ジョッキを見せて)これを返却したいのですが
Den möchte ich zurückgeben.
デン・メヒテ・イッヒ・ツリュックゲーベン

食器はどこへ返却するのですか？
Wo soll ich das Geschirr zurückgeben?
ヴォー・ゾル・イッヒ・ダス・ゲシア・ツリュックゲーベン？

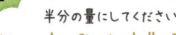

料理を注文

サーブしてくれる料理もある

フォークとナイフはどこにあるの？
Wo ist Besteck?
ヴォー・イスト・ベシュテック？

カトラリーを取る

調味料もここにある

Kasse

会計

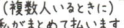

トレイを見せれば値段を言ってくれる。レジにも表示される

Pfand

返却

ドイツのセルフレストランでは食器の返却は自分で。グラス代にはデポジットが入っているので渡されたメダルとともに返却

ビアガーデンでもクロスがかかったテーブルはセルフではないので持ち込み禁止。

Point
ファブリックや家具に素朴なかわいさがあふれる。リーズナブルな値段も魅力。
ガーリー！

ガーリーなロマンティッ

バイエルンの
ホテル選びにも
ミュンヘンの夜を
おすすめは

カントリー＆クラシックの宿

ザイベル・ホテル
Seibel Hotel

1897年に建設されたアールヌーヴォースタイルの建物。クラシック＆ガーリーテイストなのはオーナー夫人の熱意から。廊下などの置物にも随時手を加えている。部屋はシャワーのみ、エレベータはない。

Map 別冊P.4-B2　テレージエンヴィーゼ周辺

Theresienhöhe 9, D-80339
089-2319180　料S€59～210 W€79～299　Card M.V.　室50室
交U4,5Theresienwiese駅下車徒歩2分
URL www.seibel-hotels-munich.de

1. アンティーク調が女子のココロをつかむ　2. 白い家具でまとめられた朝食ルーム　3. ゆったりくつろげるダブルルーム

ようこそ！

王侯貴族風御殿

ケーニヒスホーフ・ホテル
Kōninghof Hotel

窓からフラウエン教会が！

カールス広場正面に面しており、マリエン広場も中央駅も徒歩圏内。格式のある高級ホテルでレストランはミシュランガイドの星付き。客室はエレガントにまとまっており、高級感たっぷり。

Map 別冊P.5-C2　カールス広場周辺

Karlsplatz 25, D-80335　089-551360　料スーペリア€190～、デラックス€245～570、スイート€360～620　Card A.D.J.M.V.　室87室　交マリエン広場から徒歩15分、Karlsplatz下車徒歩1分
URL www.koenigshof-hotel.de

1. スパでリラックスタイムを　2. バスアメニティはイタリアのエトロ　3. 336号室デラックスルーム

Point
王侯気分にさせてくれる豪華さ。スリッパやネスプレッソなど部屋のアメニティも充実。

中級クラスの宿ではコンディショナーがないので持参しましょう。ドラッグストアdmで買うのも◎。（富山県・ライチョウ）

ホテルで
クな夢を

都での滞在なら
こだわりたい。
過ごす今宵の宿、
こちら！

Point
ホーフブロイハウスの裏で立地は最高。朝食ビュッフェはスパークリングワインや白ソーセージも。

バイエルンのかわいい館

プラッツル・ホテル
Platzl Hotel

ご宿泊をお待ちしてます

ロビーでの伝統音楽の演奏や、バイエルンスタイルのレストランなど、そこここにバイエルンのおもてなしが感じられるホテル。バイエルンスイートはアルプスを連想させる木彫の家具など、暖かみがある。

Map 別冊P.6-B2 マリエン広場周辺

住Sparkassenstr. 10, D-80331　☎089-237030
料S€145～　W€215～　Card A.D.M.V.　室167室
交マリエン広場から徒歩5分　URL www.platzl.de

1. ミュンヘンのライフスタイルブランド「ボグナー」のアメニティ　2. 179号バヴァリアン・スイート　3. オリエンタルな雰囲気のスパ　4. アルプスの山小屋のような雰囲気のバヴァリアン・スイートのリビング

モダン&スイートホテル

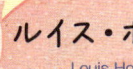

ルイス・ホテル
Louis Hotel

冷蔵庫だわ！

Point
ヴィクトリアーリエンマルクトに面する一等地。日本食フュージョンのレストランも人気。部屋の内装の素材にも注目。

2009年9月9日9時にオープンしたデザイナーズホテル。コンセプトは“世界中の旅を終えて戻る我が家”。大きなトランクを思わせる家具やクローゼットがユニーク。床はリラックス効果があるアルプスの松の木の一種だそう。バスルームにはオーガニックアメニティを準備している。

Map 別冊P.6-A3 マリエン広場周辺

住Viktualienmarkt 6, D-80331
☎089-41119080　料SW€179～639
Card A.M.V.
室75室　交マリエン広場から徒歩5分
URL www.louis-hotel.com

LOUIS
HOTEL

小さな看板見逃さないで

1. マーケットデラックスの210号室　2. 教会が見える部屋も　3. 客室内にある“コンビニエントボックス”にはストッキングなどが入っている

駅の周辺にはビジネス向けの中級ホテルが多い。駅構内のインターシティ・ホテル URL en.intercityhotel.com/Munichも利用価値が高い。

凡例
鉄道
ロマンティック街道
ロマンティック街道バス
路線バス

おとぎの国のような町をつなぐ

Romantische Straße

ロマンティック街道

ミュンヘンの西側を南北に走るロマンティック街道は、ヴュルツブルクから南のフュッセンまで全長400kmあまりの道。木組みの家が並ぶかわいい町や、赤い屋根が連なる村、古城などドイツらしい風景が続く、人気のルートだ。
URL www.romantischestrasse.de

ハンブルク
ベルリン
フランクフルト
ミュンヘン

Map 別冊P.2-B3

フランクフルト
Frankfurt
P.92
70分
ヴュルツブルク
Würzburg
P.71
45分
シュタイナハ
Steinach
15分
ローテンブルク
Rothenburg
P.74
20分
アンスバッハ
Ansbach
40分
ニュルンベルク
Nürnberg
P.118
60分
30分
35分
ディンケルスビュール
Dinkelsbühl
P.72
トロイヒトリンゲン
Treuchtlingen
20分
ネルトリンゲン
Nördlingen
P.73
30分
ドナウヴェルト
Donauwörth
20分
アウクスブルク
Augsburg
P.73
30分
ミュンヘン
München
P.54
30分
ブーフローエ
Buchloe
50分
ロマンティック街道
70分
ヴィース教会
P.88
フュッセン
Füssen
P.80
ノイシュヴァンシュタイン城
P.20

おすすめPoint
木組みの家並みがかわいい人気の町

おすすめPoint
マイン川沿岸、規模の大きい古都

おすすめPoint
観光客が少なく落ち着いた木組みの家並み

PRS通信社

おすすめPoint
隕石落下跡地にできた円形の珍しい町並み

おすすめPoint
ローマ由来の規模の大きい町

おすすめPoint
ノイシュヴァンシュタイン城の起点となる町

おすすめPoint
世界遺産の教会。内部は驚嘆の美しさ

おすすめPoint
白亜の城はドイツ屈指の絶景スポット

ロマンティック街道を回るコツ

交通手段 **鉄道** ヴュルツブルクはフランクフルトから、アウグスブルクはミュンヘンから直通で行ける。それ以外の町はローカル線の乗り換えとなる。P.71〜73に掲載した町をすべて見学するなら3泊はほしい。
ロマンティック街道バス 夏期は1日1往復ロマンティック街道バスが運行する。同じバスで途中観光が可能なのは、ローテンブルク（停車時間35〜45分）、ディンケルスビュール(45分)、アウグスブルク（30〜45分）。ヴィース教会はフュッセン発のみ見学可能。

ロマンティック街道バス時刻表 2015年

毎日	↓	都市名（乗り場）	↑	毎日
8:00	発	フランクフルト Frankfurt（中央駅南側のバス停7〜9番乗り場）	着	20:30
9:35	着 発	ヴュルツブルク Würzburg（中央駅前バスターミナル13番乗り場）	発 着	18:55
12:05 13:00	着 発	ローテンブルク Rothenburg（シュランネン広場 Schrannenplatz）	発 着	17:05 16:20
13:50 14:35	着 発	ディンケルスビュール Dinkelsbühl（シュヴァイネマルクト Schweinemarkt）	発 着	15:10 14:25
15:10 15:25	着 発	ネルトリンゲン Nördlingen（市庁舎 Rathaus）	発 着	13:50 13:35
16:30 17:00	着 発	アウクスブルク Augsburg（市庁舎 Rathaus）	発 着	12:30 11:45
18:05	着 発	ミュンヘン München（中央バスターミナルZOB 17番乗り場）	発 着	10:40
19:35 19:50	着 発	ヴィース教会 Wieskirche	発 着	8:55 8:35
20:20	着 発	シュヴァンガウ Schwangau（観光案内所 Tourist information ）	発 着	8:10
20:25	着 発	ホーエンシュヴァンガウ Hohenschwangau（観光案内所 Info Point）	発 着	8:05
20:30	着	フュッセン Füssen（駅前バス停3番乗り場）	発	8:00

※2015年は4月10日〜10月18日まで運行。
上記は主要停留所のみ表記、時刻は毎年変わるのでWEBで確認を。道路事情により観光時間が確保されない場合がある。チケットは運転手からその場で買える。URL www.romantic-road.com

ローカル線の旅も地元の高校生が乗っていたり、のんびりしていて楽しい！（広島県・チエ）

ヴュルツブルク Würzburg

ヴュルツブルクへの行き方
フランクフルト中央駅からICEで約1時間10分、€35。ミュンヘン中央駅からICEで約2時間5分。

ロマンティック街道の北の起点で、マイン河の両岸に開けた教会の多い古都。8世紀からこの町に司教座が置かれ、その後町は大いに発展した。フランケンワインの産地としても有名。

これが大聖堂なんだね
アルテ・マイン橋から市の中心部を望む。左右対称の2本の塔は大聖堂

中央駅の i
Im Hauptbahnhof D-28195 ☎0421-3080010 ⏰9:00〜19:00（土・日9:30〜17:00）URL www.wuerzburg.de

観光ポイント

1 マリエンベルク要塞 Festung Marienberg
1253〜1719年まで使われていた歴代の大司教の居城兼要塞。

Festung Marienberg Nr.240 URL www.schloesser-bayern.de

2 世界遺産 レジデンツ Residenz
1720〜44年に建てられた大司教の宮殿。

Residenzplatz URL www.residenz-wuerzburg.de

川に張り出したテラスが人気 アルテ・マインミューレ Alte Mainmühle
17世紀に建てられた水車小屋を改装し、煉瓦作りのシックな内装のレストラン。川に張り出したテラス席からアルテ・マイン橋越しにマリエンベルク要塞が眺められる。料理はカワマスなど魚料理が豊富で人気も高い。

Map 本誌P.71

Mainkai 1, D-97070 ⏰9:30〜24:00（料理11:00〜22:30）休無休 予€15〜 Card A.J.M.V. 交大聖堂から徒歩5分 URL www.alte-mainmuehle.de

定番の焼きソーセージ

市庁舎地下で郷土料理を ラーツケラー Würzburg Ratskeller
市庁舎の地下にあるワインレストラン。重厚なインテリアだが値段は良心的。夏ならばテラス席で広場のにぎわいを眺めながら食べるのもおすすめ。

館内は歴史ある雰囲気

白身魚のムニエル

Map 本誌P.71

Langgasse 1, D-97070 ☎0931-13021 ⏰10:00〜24:00（料理11:00〜22:00）休無休 予€15〜 Card A.D.J.M.V. 交大聖堂から徒歩2分 URL www.Wuerzburger-ratskeller.de

N
0 150 300m
ヴュルツブルク中央駅 Hauptbahnhof
バス停
ロマンティック街道バス
カイザー通り Kaiserstr.
Juliuspromenada
Theaterstr.
ラーツケラー P.71
マルクト広場 Markt
アルテ・マインミューレ P.71
アルテ・マイン橋 Alte Mainbrücke
大聖堂 Dom
レジデンツ Residenz P.71
ツム・ヴィンツァーメンレ P.71
レープシュトック P.71
マリエンベルク要塞 P.71 Festung Marienberg
ヴュルツブルク Würzburg

部屋はモダンテイスト レープシュトック Hotel Rebstock
ロココ調のファサードが美しい4つ星ホテル。1階にあるレストラン、KUNO1408は歴史的な雰囲気を残しながらも、モダンなテイストを大胆に加えたインテリアが美しく、受賞歴のある人気店。

Map 本誌P.71

Neubaustr. 7, D-97070 ☎0931-30930 FAX 0931-3093100 料S €118〜W €157〜、朝食€15 Card A.D.J.M.V. 室72 交大聖堂から徒歩5分 URL www.rebstock.com

ロケーションのいい手頃な宿 ツム・ヴィンツァーメンレ Hotel Zum Winzermännle
大聖堂近くにある好立地の3つ星ホテルで、ピンクの外観がとりわけ印象的。ツインは小さなリビングと寝室の2室からなるタイプと、リビングと寝室が合わさった広い1室のタイプがある。

Map 本誌P.71

Domstr. 32, 97070 ☎0931-54156 FAX 0931-58228 料S€65〜79、W€90〜110 Card M.V. 室22 交大聖堂から徒歩1分 URL www.winzermaennle.de

大聖堂からアルテ・マイン橋の間の道にはワインスタンドが並ぶ。

ディンケルスビュール
Dinkelsbühl

ディンケルスビュールは帝国自由都市として、手工業や交易で繁栄した。外敵からの攻撃に備えて築いた城壁に囲まれている。毎年7月になると町は子供祭りで大いににぎわう。

しっとりしたいい風情ね

小さな路地に入ると緑で飾られた一角に出くわす

ディンケルスビュールへの行き方

ニュルンベルクからICでアンスバッハAnsbachへ行き、805番のバスに乗り換え。所要約2〜3時間。

ディンケルスビュールの i

Altrathauplatz 14, D-91550 ☎09851-902440 5〜10月9:00〜18:00（土・日・祝10:00〜17:00）、11〜4月10:00〜17:00 休無休 URL www.dinkelsbuehl.de

観光ポイント

1 中世の街並みを歩く

2 夜警ツアー

中世の頃に町を守っていた夜警を再現し、夜の町をウオーキングで回る。

独語だけど楽しめる！

5〜10月は毎日21:00、11〜4月は土のみ21:00、聖ゲオルク教会前集合 料無料（チップを気持ち次第で）

手作りのかわいいおみやげ
カフェ・アム・ミュンスター
Café am Münster

手作りクッキーなどを中心に、かわいらしいおみやげが置いてある。カフェも人気で、日替わりの手作りケーキが甘さ控えめでおいしい。

ケーキも10種類ほどある

Map 本誌P.72

Weinmarkt 2, D-91550 ☎09851-555676 9:00〜18:00 休無休 Card不可 英なし 図観光案内所から徒歩1分 URL www.cafeammuenster.de

1.ハンドペイントのマグカップ€10.90 2. ディンケルスビュール製のはちみつ€3.25/小 3. ヌガーとシャンパン味のハート型チョコレート€6.95/125g

軽食からガッツリお肉まで
マイザーズ
Meiser's

手頃なランチからしっかりしたドイツ料理まで、手頃な値段で食事ができる。1品のボリュームは多いのでシェアするのがおすすめ。

Map 本誌P.72

Weinmarkt 10, D-91550 ☎09851-582900 8:00〜24:00（料理は11：30〜） 休無休 Card M.V. 英あり 図観光案内所から徒歩1分 URL www.meisers.com

ケーキもありますよ！

1.厚切り豚の煮込み€16.80 2. バンズがクリスピーで美おいしいハンバーガー€12.80

古い木組みの宿
ドイチェス・ハウス
Deutsches Haus

1440年代の建物を改装して宿泊施設にしている。黒光りした階段や手すりにも年代を感じる。1〜2月は休業期間がある。

Map 本誌P.72

Weinmarkt 3, D-91550 ☎09851-6058 FAX 09851-7911 料S€79〜100、W€109〜149 Card A.J.M.V. 図観光案内所から徒歩1分 URL www.deutsches-haus.net

ディンケルスビュール
Dinkelsbühl
N
0 50 100m
ローテンブルク門
Rothenburger Tor
Obere Schmiedgasse
Pfluggasse
Russelberggasse
Untere Schmiedgasse
Dr.-Martin-Luther-Str.
Nikolaus-Eseler-Str.
Bleichweg
R マイザーズ P.72
C カフェ・アム・ミュンスター P.72
緑の塔
Grüner Turm
ロマンティック街道バス停留所
Koppengasse
Steingasse
H ドイチェス・ハウス P.72
Weinmarkt
聖ゲオルク教会
St. Georgkirche
市庁舎
Rathaus
マルクト広場
Marktplatz
Ledermarkt
歴史博物館
Haus der Geschichte
ヴェルニッツ門
Wörnitz Tor
Wörnitz
Wörnitzstr.
Am Stauferwall
Luitpoldstr.
バス停
城壁内交通規制時、ロマンティック街道バスはここに発着
Segringer Str.
S Dinkelsbühler Keramik
ゼークリンガー門
Segringer Tor
Nestleinsberggasse
Obere Mauerweg
Föhrenberggasse
Lange Gasse
Turmgasse
ネルトリンガー通り
Nördlinger Str.
泉
Schweden-wiese
ヴェルニッツ川
Mühlgraben
Alte Promenade

子供祭り

三十年戦争（1618〜48年）の際に子供たちが敵の将軍に向かって慈悲を乞うた逸話にちなみ、毎年7月「キンダーツェッヘ（子供たちのもてなし）」が催される。
URL www.kinderzeche.de

夏の土・日、天気がよければ聖ゲオルク教会の塔に上れます。階段は222段だけど上る価値あり！（長崎県・元気）

ネルトリンゲン Nördlingen

隕石のクレーターにできた円形の町。城壁はほぼ完全な形で残され、中世そのままの雰囲気がある。ダニエル塔から旧市街を眺めると赤レンガの屋根を眺めることができる。

ネルトリンゲンへの行き方

ミュンヘンからREまたはRBでドナウヴェルトDonauwörth乗り換え、約2時間。

丸い市壁に囲まれている
クレーターの上に町ができた様子がよくわかる航空写真

ネルトリンゲンの i

Marktplatz 2, D-86720 ☎09081-84116 夏期9:30～18:00（金9:30～16:30、土・日10:00～14:00）、冬期9:30～17:00（金9:30～15:300） 休復活祭～6・9・10月の日、11月～復活祭の土・日 URL www.noerdlingen.de

観光ポイント

1 マルクト広場の聖ゲオルク教会の塔

愛称ダニエルで親しまれる塔からはオレンジ屋根が並ぶ広場が見下ろせる。

2 バイエルン鉄道博物館 Bayerisches Eisenbahnmuseum

駅の使わなくなった操車場を利用し、150もの古い車両を動態保存している。

（夏期のみ） URL www.bayerisches-eisenbahnmuseum.de

「進撃の巨人」のモデルって本当？

円形の城壁の中に中世の町並みが保存されたネルトリンゲン。近年この町は、『別冊少年マガジン』で連載中の漫画『進撃の巨人』のモデルの町ではないかと噂されている。コミックでは城壁の高さは50m、本物は約10mだが、オレンジの切り妻屋根が印象的な町並みは作品のイメージそのまま。旧市街を歩きながらファンタジーの世界に浸ってみてはいかが？

一番大きな高級ホテル
クレースターレ Hotel Klösterle

13世紀まで遡る歴史ある修道院の教会部分を利用したホテル。部屋は茶を基調としたシックな雰囲気。

Beim Klösterle 1, D-86720 ☎09081-87080 FAX 09081-8708100 料S€84～、W€99～ Card A.M.V. 交観光案内所から北へ徒歩3分 URL www.nh-hotels.de/hotel/nh-klosterle-nordlingen

アウクスブルク Augsburg

ローマ皇帝アウグストゥスの時代、紀元前15年にローマ人によって建設された町。15～16世紀にはフッガー家やヴェルザー家といった豪商や銀行家たちの財力により、町にはルネッサンス文化が花開いた。

双頭の鷲が描かれている
アウクスブルクの中心、ドイツ・ルネッサンスの最高傑作といわれる市庁舎

アウクスブルクへの行き方

ミュンヘンからICEで約30分。

アウクスブルクの i

Rathauplatz, D-86150 ☎0821-502070 4～10月9:00～18:00（土10:00～17:00、日10:00～15:00）、11～3月9:00～17:00（土10:00～17:00、日10:00～15:00） 休無休 URL www.augsburg-tourismus.de

観光ポイント

1 市庁舎 Rathaus

繊細な彫刻や金の装飾で輝く黄金のホールGoldener Saalが見られる。

Rathausplatz 1

2 大聖堂 Dom

11世紀後半の作とされる世界最古のステンドグラスがある。

URL www.bistum-augsburg.de

併設のレストラン「マキシミリアンズ」も人気
シュタイゲンベルガー・ドライ・モーレン Steigenberger Drei Mohren

マクシミリアン通りに面したアウクスブルクでいちばん高級なホテル。ベージュのファブリックで明るい部屋。スパも完備。

Maximilianstr. 40, D-86150 ☎0821-50360 FAX 0821-5036888 料S€155～、W€189～ Card A.D.J.M.V. 交観光案内所から徒歩7分 URL www.augsburg.steigenberger.de

ロマンティック街道バスは市庁舎の近くに停車する。15～30分しか停車しないが市庁舎の外観は見られる。

中世の面影を色濃く残す
ローテンブルク・オブ・デア・タウバー
Rothenburg ob der Tauber

木組みの家が並ぶおとぎの国のような町並みはロマンティック街道のハイライト。のんびりと歩いてみよう。

1 町の中心 12:00
市庁舎塔と市議宴会館 Rathausturm und Ratstrinkstube

マルクト広場の西側にある大きな建物が市庁舎。左端に高さ60mの鐘楼があり、220段ほどの階段を上ると360度の眺めが楽しめる。北に隣接するのが市議宴会館で、時計の両側の窓から10:00～22:00の毎正時にマイスタートルンクにちなんだ仕掛け時計が動く。

Marktplatz D-91541
4～10月9:30～12:30、13:00～17:00、1～3・11月12:00～15:00、クリスマスマーケット開催中は10:30～14:00、14:30～18:00（金・土～20:00）
休1～3月・11月の月～金
料€2 交マルクト広場から徒歩1分

1. 左が市庁舎塔、右が市議宴会館 2. 窓からワインを飲む人形の姿が見える 3. 市庁舎の塔からは緑豊かな表情も 4. 塔の上は360度見晴らせる

TOTAL 1.5時間

旧市街さんぽ
TIME TABLE

- 12:00 仕掛け時計を見たら市庁舎塔に上って街並みを展望
- ↓ 徒歩1分
- 12:30 ホプフのリンゴジュース屋台
- ↓ 徒歩2分
- 12:45 聖ヤコブ教会
- ↓ 徒歩5分
- 13:15 マルクス塔へ
- ↓ 徒歩2分
- 13:30 マルクト広場に戻りプレーンラインへ

ハンブルク
ベルリン
フランクフルト
ローテンブルク
ミュンヘン

Map 別冊P.2-B3

ローテンブルクへの行き方

フランクフルトからICEでヴュルツブルクWürzburgへ、REに乗り換えシュタイナッハSteinachでさらに乗り換え。1時間に1便程度、€49。ミュンヘンからはニュルンベルク、アンスバッハAnsbach、シュタイナッハで乗り換える。€65。

2 絞りたてで甘い！ 12:30
ホプフのリンゴジュース屋台 Otto Hopf

1952年創業の名物屋台。水も糖分も一切添加していない100%の天然果汁。ホプフさん父娘が、ローテンブルク郊外の自宅果樹園で採れたリンゴを、目の前で丸ごと搾る。

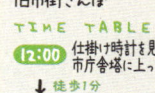

市庁舎通路、水・土はマルクト広場側の青空市で出店
8:00～12:00（水14:00～18:00）
休天候不良の日
料€2～ Card不可 交マルクト広場から徒歩1分

生搾りよ！
2-€

駅のコインロッカーは午後にはいっぱいでした。利用するなら朝早い列車がいいかも。（東京都・ララ）

3 聖ヤコブ教会 12:45

祭壇の彫刻は必見

St. Jakobskirche

中世ドイツを代表する彫刻家リーメンシュナイダーが1500～1505年頃に彫った傑作「聖血の祭壇」があることで名高い。

祭壇の場面、左はエルサレム入城のイエス、右はゲッセマネのイエス、中央は最後の晩餐

聖ヤコブのシンボルホタテ貝を持ってます

🏠Klostergasse 15, D-91541 ☎09861-700625 ⏰4～10月9:00～17:15、11月と1～3月10:00～12:00、14:00～16:00、12月10:00～16:45 休無休 料€2 交マルクト広場から徒歩2分 URL www.rothenburgtauber-evangelisch.de

4 マルクス塔 13:15

カフェやショップを覗きながら

Markusturm

夏に来るコウノトリ

12世紀頃にレーダー門とともに建てられた塔。マルクト広場からマルクス塔方面へ東へ向かう通りはカフェが多いエリア。西へ向かうとクリスマスショップのケーテ・ヴォールファールトやぬいぐるみのテディランドなどのショップがある。

ケーテ・ヴォールファールト→P.76

5 プレーンライン 13:30

パンフレットによく登場する撮影スポット

Plönlein

プレーンラインは木組みの家が並ぶ坂の三差路とシュピタール門が美しい撮影ポイント。日中は逆光になるので真夏は少し遅い時間がおすすめ。

グロッケ・ヴァインラーデン→P.76
クンストゲヴェーベ・スミコ・イシイ→P.76

クリンゲン門
Klingengasse
Klostergasse
N
0 100m
Schmidtgäßchen
Förstergäßchen
ガルゲン門
Hirtengasse
Judengasse
Klosterweth
Galgangasse
郷土博物館
→P.77
ティルマン・リーメンシュナイダー
Stollengasse
アム・ヴァイセン・トゥルム
→P.77
ルートヴィヒ・バイスバールト
マルクト広場
ヴァルター・フリーデル →P.79
→P.78
Marktplatz
Herrngasse
Hafengasse
Rödergasse
ディラー・シュネーバレントロイメ
ブロード&ツァイト
→P.79
→P.77
ケーテ・ヴォールファールト
→P.76
レーダー門
ローテンブルク駅
Ansbacher Str.
ブルク門
トレンドハウス・レーブ
→P.76
Obere Schmiedgasse
Wenggasse
→P.76
クンストゲヴェーベ・スミコ・イシイ
Röderschütt
グロッケ・ヴァインラーデン
→P.76
Mühlaker
Spitalgasse
シュピタール門

小花が素朴な焼物はいかが

レーダー門などから町を市壁に登ってほぼ1周できる

ローテンブルクのℹ

🏠Marktplatz 2, D-91541 ☎09861-404800 ⏰11～4月は月～金9:00～17:00、土10:00～13:00、クリスマスマーケット期間中のみ日も10:00～17:00、5～10月は月～金9:00～18:00、土・日10:00～17:00 休クリスマスマーケット期間を除く11～4月の日曜 URL www.tourismus.rothenburg.de

マイスタートルンクの伝説

1631年、30年戦争のときにティリー将軍が攻め込んできた。彼は3.25リットルものフランケンワインを示し「これを飲み干す者がいたら、町を焼き払わずにおいてやる」と言った。受けて立ったヌッシュ市長は見事ワインを一気飲みし、ローテンブルクを救った。それにちなんで、ローテンブルクでは、毎年初夏に「マイスタートルンクの祭り」が盛大に催される URL www.meistertrunk.de

市議事会館の窓 左が将軍右が市長

ローテンブルク夜警ツアー

Der Rundgang mit dem Rothenburger Nachtwächter

中世に実在した町を見回る夜警に扮したガイドが、昼間とはまた違った町の表情を案内してくれる。

ライトアップされた町も美しいぞ

🏠Marktplatz 5, D-91541 ☎09861-92413 ⏰20:00～(英語)、21:30～(ドイツ語)。所要約1時間 休クリスマス～3月 料€7(英語) 交マルクト広場の市庁舎前集合。観光案内所から徒歩1分 URL www.nightwatchman.de

ローテンブルクという名の町が他にもある。ホテルや列車予約の際は「ob der Tauber (タウバー川の上という意)」を付けて。

Shop
ローテンブルクのかわいいおみやげ

Trendhouse Reeb

キャンドルを灯すと光がこぼれてクリスマスのシーンが光る 各€3.95（3つ€10）

キラキラ光るキャンドルホルダー
トレンドハウス・レーブ
Trendhouse Reeb

店頭には時計や貴金属が並ぶが、奥にはきれいなガラス細工がたくさんある。中世の街並みをイメージした絵付けのキャンドルスタンドなどが手頃な価格で手に入る。

Map 本誌P.75

Obere Schmiedgasse 17, D-91541
09861-3064　5〜12月9:00〜19:00（日10:00〜18:00）、1〜4月10:00〜18:00
休1月〜イースターの日、12/25・26
Card M.V.　図マルクト広場から徒歩1分

くるみわります！

1年中クリスマス
ケーテ・ヴォールファールト
Käthe Wohlfahrt

世界で初めてクリスマス用品を1年中販売した店。木製のパイプ人形や天使のモチーフなど、店内はクリスマスグッズでぎっしり。ドイツ・クリスマスミュージアムも併設している。

Map 本誌P.75

Herrngasse 1, D-91541
09861-4090　9:00〜17:30
休日・祝、イースター（ミュージアムは日曜営業）　料€4（ミュージアム）
Card A.D.J.M.V.　図マルクト広場から徒歩1分　URL wohlfahrt.com

記念撮影はマストね

この車が目印！

1. クリスマス飾りくるみ割り人形€54.95　2. クリスマスアーチのランプ€69.95

Tauberzeller Bacchus Auslese 2011
タウバーツェラー・バックス・アウスレーゼ €15.50/0.75ℓ
Rothenburger Eich Regent 2012
ローテンブルガー・アイヒ・レゲント €9.50/0.75ℓ

1. 店の地下にあるワイン蔵では試飲会が行われている　2. 赤はドライでフルーティー、白は最上級の甘口　3. ワイン52%のオリジナルジャム。クラッカーに乗せて食べるのがおすすめ。€3.20/225g、€1.20/50g　4. アウスレーゼのジャム€4.80/225g

フランケンワインの店
グロッケ・ヴァインラーデン
Glocke Weinladen am Plönlein

自家所有の畑で採れたぶどうからフランケンワインを製造するヴァイングートホテル・グロッケのワイン直営店。ワインを使った菓子など関連のおみやげも見つかる。

飲みやすいワインよ

Map 本誌P.75

Plönlein 1, D-91541
09861-958990　4〜12月9:00〜18:00、1〜3月10:00〜18:00
休12/25・26　Card A.J.M.V.　図マルクト広場から徒歩3分　URL www.glocke-rothenburg.eu

GLOCKE

質のいい手工芸が揃う
クンストゲヴェーベ・スミコ・イシイ
Kunstgewerbe Sumiko Ishii

ドイツの手工芸品、アンティークがある。質の良いものを扱い、商品についてだけでなく伝統や文化を説明してくれる(英語)。

Map 本誌P.75

Wenggasse 2, D-91541
09861-4806　夏期8:00〜20:00　冬期8:30〜18:30（12月のみ8:00〜19:30、日・祝10:00〜18:00）　休12/24〜イースターの日・祝　Card M.V.　図マルクト広場から徒歩3分

Käse Box
Honig Box

1. レーダー門の意匠が施された錫製ショットグラス€23.50　2. 鶴の楊枝入れ。€18.95。犬やフクロウなどのデザインもある（€20〜）　3. マッチ箱のようなオルゴール各€34.60

道路の表示が読みにくい書体なので、建物や門で聞いたほうがわかりやすかったです。（滋賀県・ケーキ好き）

Restaurant ローテンブルクのおいしい店

トマトソースのペンネ €5.20

サラミと玉子のサンドウィッチ€2.50

地元の人でにぎわうパン屋さん

ブロート＆ツァイト Brot und Zeit

朝から焼きたてのパンを持ち帰る人で大にぎわい。丸パン2種・チーズ・ハム・サラダ・バター・ジャムの朝食セット€1.50、玉子料理€1、ランチメニューなどがある。

Map 本誌P.75

Hafengasse 24, D-91541 ☎09861-9368701 月～土6:00～18:30、日・祝7:30～18:00 休なし 料€1.50～ 交マルクト広場から徒歩3分

Brot & Zeit

アップルチップスにトライしてみて！

自然食品なのよ！

ローテンブルク近郊にはりんごの農園が多く、町のみやげ店ではアップルチップスが人気。オーガニック加工食品の直営店レーベ・ゲズント・ラーデンLebe Gesund-Laden URL www.lebegesund.deでは、無農薬有機栽培のりんごでチップスを作っている。

店の名物ニュルンベルガー・ソーセージ €12.50

古い旅籠のレストラン

アム・ヴァイセン・トゥルム Am weißen Turm

レストランの正式名称はヴルストヴィルトシャフトWurst wirtschaft（ソーセージ食堂）で、略してヴヴィwuWi。その名のとおりソーセージが名物。チーズやベーコンが入ったローテンブルガー・バーガーも人気。

Map 本誌P.75

Georgengasse 2, D-91541 ☎09861-9764044 FAX09861-9764045 14:00～23:00 休日 Card A.D.M.V. 料€5.40～ 交マクルト広場駅から徒歩3分 URL www.wuwi-rothenburg.de

Gasthof am weissen Turm

Hotel ローテンブルクのおすすめホテル

Hotel
Tilman
Riemenschneider

メルヘンチックな宿

ティルマン・リーメンシュナイダー Hotel Tilman Riemenschneider

1559年に建てられたビール醸造所の古い建物を利用している。ドイツらしいカントリースタイルの調度でローテンブルクの滞在を盛り上げてくれるはず。朝食ルームにはリヒトホイザー（陶器のライトハウス）が飾られている。

Map 本誌P.75

Georgengasse 11-13, D-91541 ☎09861-9790 FAX09861-2979 料S€90～180、W€125～270 Card A.D.J.M.V. 交マルクト広場から徒歩5分 URL www.tilman-riemenschneider.de

シュネーバルもあります！

1. 窓辺を陶器のミニチュアハウスで飾った朝食ルーム 2. 中庭も中世の雰囲気バツグン 3. ハネムーンツインの202号室 4. 花いっぱいのカフェ

Schneeball

aruco調査隊が行く①!!

ローテンブルクのシュネーバル 名店の味を食べ比べ

いろんな種類を食べてみてね!

シュネーバル(スノーボール=雪玉)は古くから親しまれてきた素朴なスイーツ。
町に何軒もあるお菓子屋さんからおいしいと評判のお店をイザ調査!

地元っ子の朝食がわり!

ルートヴィヒ・バイスバールト
Bäckerei&Cafe Ludwig Beisbart

Kaffee
コーヒー
€1.90
Flöckchen mit Fettglasur schwarz
ダークチョコ
€1.70
Schneeflöckchen mit zimt
シナモン(好みで粉糖)
€1.20
Flöckchen mit Fettglasur brau
ミルクチョコ
€1.70

ほんのり甘いわ

講評
バリエーション
基本の味を厳選
味&食感
甘さ控えめで少し固め。粉糖がけがベストマッチ。

この店ではシュネーフロッケン(スノーフレイク)という商品名で売っている。口の中で割ると、ほどけるような食感。ベーシックな味で種類は少ないが朝食として食べる人も多い人気店。

Map 本誌P.75

Klostergasse 22, D-91541
09861-7327 5～12月7:00(日・祝7:30)～18:00 1～4月7:30～14:00 休無休 料€1.20～ Card不可 交マルクト広場から徒歩2分

店舗の工房で手作り

ヴァルター・フリーデル

TauberKugelt Zartbitter
ダークチョコ
€1.80
Kaffee
コーヒー
€2.10

講評
バリエーション
非常に多彩
味&食感
卵など素材の甘み。口の中でホロホロと崩れるような口当たり。

サクサク感が長く続くよ

1882年に日常的な菓子として初めてシュネーバルを売り出した老舗。以来、町の菓子屋であることにプライドを持ち、手作りを続けている。ローテンブルク銘菓として、オリジナルレシピと品質を守るべく、いくつかのブランドを商標登録している。

what's Schneeball? シュネーバルとは

大は1個で満腹~!

シュネーバルは300～400年前ぐらいから結婚式など特別な時に食べられていたお菓子。日持ちするから贈り物にもなった。日常食として初めて売り出したのはヴァルター・フリーデル。今ではローテンブルク名物として広く愛されている。

1個ずつ揚げる道具もあるよ

小サイズ

約3.5cm

大サイズ

約8～10cm

others

Nugat Crene
ヌガークリーム+ヘーゼルナッツ
€3.30

Nuß
ナッツ
チョコレート
€2.50

Rum Marzipan
ラムとマジパン+ダークチョコ
€3.30

小さいサイズはいろんな味が選べるから2～3個は食べられちゃいます。(秋田県・さわ)

How to make

材料
小麦粉
卵
砂糖
塩
サワークリーム

生地をしっかりと平らにのばす
外側を残して切り込みを入れる
空気を含ませて丸めふんわり軽く
丸い専用の揚道具で揚げる
ジュワジュワ～
粉糖掛けがポイント。これが雪玉！
できあがり

Bäckerei Konditorei Cafe Walter Friedel

TauberKugelt Krokant
ミルクチョコ＋クラッシュヘーゼルナッツ
€1.80
Vanille
ホワイトチョコ
€1.80

Map 本誌P.75

Markt 8, D-91541 ☎09861-7818 ⏰月～土6:00～18:00、日・祝 10:00～18:00 休1/1、12/25・26、夏と冬に1週間程度閉まることもある Card不可 交マルクト広場から徒歩1分 URL www.original-rothenburger-schneeballen.de

大手の確かな味

ディラー・シュネーバレントロイメ Diller Schneeballenträume

Original Schneeballen
柑橘ピールとスパイス入り＋粉糖がけ
€1.50
Kaffee
コーヒー
€1.90
Ballen mit Erdbeerfüllung
イチゴ風味のホワイトチョコがけ（季節商品）
€3.00
Mandelballen
ダークチョココート＋アーモンドスプレー
€2.50

講評
バリエーション
多彩
味＆食感
カリッと歯ごたえを感じる生地。フレーバーの味が立っている

わたしがお出迎え

季節商品も含め、常時約30種類のシュネーバルが楽しめる専門店。バイエルン州に複数店舗があるので一括生産をしているが、店頭で昔ながらの製法を見せてくれる。

Map 本誌P.75

Obere Schmiedgasse 7, D-91541 ☎09861-938563 ⏰4～12月9:00～21:00（金・土～22:00）、1～3月10:00～18:00 休無休 料€1.50～ Card不可 交マルクト広場から徒歩2分 URL www.schneeballen.eu

others

Kokos
ダークチョコ＋ココナッツ
€2.60

Mandel
ダークチョコ＋アーモンド
€2.50

Eierlikör Marzipan
アドフォードのマジパン
€3.30

Amaretto-Marzipan
アマレットのマジパン入り＋チョコ
€3

Zimt
シナモンシュガー
€2.50

Butter
バター生地＋砂糖
€2.50

Nuss-Nugat
ナッツヌガー入り
€3

Apfel
つぶつぶリンゴのコンポート入り
€2

シュネーバルは缶入りのおみやげ用もある。賞味期限は1ヵ月程度。

ノイシュヴァンシュタイン城の起点の町①

町の目抜き通り、ライヒェン通りとホーエス城

ロマンティック街道の終点
フュッセン Füssen

ヴュルツブルクから南下したロマンティック街道は南のフュッセンで終点となる。白鳥のように美しいノイシュヴァンシュタイン城にもうすぐ会える！

フュッセンでやりたい3つのこと

1. ロマンティック街道の終点に行く
2. ホーエス城でだまし絵を見る
3. パステルカラーの街並みをぶら〜り

1 ロマンティック街道の終点に行く

「ロマンティック街道の終点」と書かれた門が、聖シュテファン教会の西側にある。

◷見学自由　図観光案内所から徒歩12分

Romantische Straße
ロマンチック街道

「ロマンティック街道の終点」とフュッセン市の紋章

フュッセンへの行き方

🚃ミュンヘンからREで所要約2時間

ハンブルク
ベルリン
フランクフルト
ミュンヘン
フュッセン

フュッセンの ℹ Map 別冊P.2-B3

🏠Kaiser-Maximilian-Platz 1, D-87629 ☎08362-93850 FAX08362-938520 ◷7〜9月 月〜金9:00〜18:00、土10:00〜14:00、日10:00〜12:00、10〜6月 月〜金9:00〜17:00、土10:00〜14:00 休10〜6月の日 URL www.fuessen.de

出窓に見えても実はだまし絵

2 ホーエス城でだまし絵を見る

アウグスブルク司教の夏の居城として建てられ、現在の形になったのは16世紀頃。窓の縁飾りのだまし絵が楽しい。城の北棟はバイエルン州立映画館分館および市立絵画館になっている。

中庭がおもしろい
ホーエス城 Hohes Schloss

🏠Magnusplatz 10, D-87629 ◷中庭には自由に入れる　図観光案内所から徒歩10分

3 パステルカラーの街並みをぶら〜り

ノイシュヴァンシュタイン城観光の起点の町として、ツアー客もたくさん訪れる町だけにショップやレストランが充実。かわいらしいパステルの家を眺めながら散策したい。

✉町の南のバウムクローネンヴェクは歩いていくと、途中からオーストリアに入る楽しい遊歩道。（沖縄県・美樹）

Shop フュッセンのおみやげ

Ringelblumen Handcreme
赤ちゃんにも使えるほど肌に優しいハンドクリーム €3.50/50g

Tiroler Latschen-Kiefern Muskel und Gelenk Einreibung
歩き疲れたときの消炎鎮痛、関節痛の緩和に €4.50/250ml

Füssener Klosterlikör
フュッセン修道院伝統のレシピで作られたリキュール €2.95/50ml

Berg Blüten Honig
咳止めによい高山植物のハチミツ €2.95/250g

自然素材のコスメ

シュタット・アポテーケ

Stadt-Apotheke

この土地で採れたハーブを使ったオリジナルの基礎化粧品やハチミツがある。だまし絵の描かれた建物も風格がある。

まかせて!

Reichenstr. 12, D-87629 ☎08362-6252 FAX 08362-38419 月〜金8:00〜18:30、土8:00〜16:00 休日、1/1、イースター、12/25・26、・31 Card M.V. 観光案内所から徒歩4分 URL www.stadtapotheke-fuessen.de

雑貨がぎっしり

リラ・ハウス

Lila Haus-Geschenke und Genuss

テーブルウエア、キッチンツール、乾物、調味料など食をテーマとしたセレクトショップ。ちょっとしたおみやげ探しに。

Sebastianstr. 4, D-87629 ☎08362-9390978 FAX 08362-39997 夏期9:30〜18:00（土9:00〜16:00） 冬期10:00〜18:00（土9:30〜16:00） 休日、1/1、12/24・25・31 Card 不可 観光案内所から徒歩2分 URL www.lilahaus-fuessen.de

1. シカ柄のショットグラス。€8 2. オレンジ・トフィーの香りを配合し、ヤギのミルクを使った石鹸。ヤギのミルクは肌の保水力を高め、余分な角質を取るのだとか。€3.90 3. シカをあしらったフェルト製のカラフルなカトラリーケース。€21.50

Cafe フュッセンのおいしい店

生地に卵も小麦粉もバターも使わず、アカスグリの甘みを生かしたこだわりのケーキ（€2.95） 豆乳から作ったホイップクリーム（€0.50）をそえて

健康的!

ビーガンカフェ

カーサ・ヴェーダ

Casa Veda

フランクフルト出身のオーナーが、アーユルヴェーダの理論を実践すべく地場産の野菜やくだものでスイーツを作っている。

Brunnengasse 21, D-87629 ☎08362-5056736 火・水11:00〜19:00、木〜土11:00〜21:00 休日・月、1/1、12/24・25・31 予€3.80〜 Card 不可 観光案内所から徒歩5分 URL www.casa-veda.de

フュッセン駅
Bahnhof
バス停
ロマンティック街道バス、ホーエンシュヴァンガウ行きなど
ホテル・シュロスクローネ P.81
ガレリア・バヴァリア
N
0 50 100m
Reichenstr.
リラ・ハウス P.81
カーサ・ヴェーダ P.81
シュタット・アポテーケ P.81
時計塔
Uhrturm
ホーエス城 P.80
Hohes Schloss
フュッセン市博物館
Museum der Stadt Füssen
ロマンティック街道終点の門 P.80
聖マング市教区教会
Stadtpfarrkirche
St.Mang
フュッセン
Füssen

Hotel フュッセンのホテル

メルヘンな夢を

ホテル・シュロスクローネ

Hotel Schlosskrone

日本人にはうれしい、全室バスタブ付き。皇妃エリザベトの名を冠したトルテや新作ケーキなどティータイムを彩るスイーツも充実。

Prinzregentenplatz 4, D-87629 ☎08362-930180 FAX 08362-930185 料S€100〜110 W€120〜130 Card M.V. 観光案内所から徒歩1分 URL www.schlosskrone.de

かわいいピンクでまとめられた143号室、ハネムーンスイートルーム

フュッセン市の紋章には、北、北東、そしてイタリアへ続く南へ延びる街道を意味する3本の足（ドイツ語でフューセ）が描かれている。

ノイシュヴァンシュタイン城の起点の町②

ノイシュヴァンシュタイン城が見える ホーエンシュヴァンガウ

Hohenschwangau

白亜の城に一番近く、朝から晩までその姿を楽しめる。
ルートヴィヒ2世ファンならずともこの村のステイは魅力的。

ノイシュヴァンシュタイン城が見えるよ！

これで安心！

ホーエンシュヴァンガウの ℹ

Alpseestr. 2, D-87645
☎08362-819765
夏期10:00～17:30　冬期10:00～16:00
休1/7～カーニバルの土曜
URL www.schwangau.de

ホーエンシュヴァンガウへの行き方

フュッセンから73、78、9606、9651番のバスで所要約10分、€2.10。タクシー€10程度。

ハンブルク
ベルリン
フランクフルト
ミュンヘン
ホーエンシュヴァンガウ

Map 別冊P.2-B3

ホーエンシュヴァンガウからノイシュヴァンシュタイン城へ

1 ウェブでチケットを予約する

城の入場チケットは現地で当日買えるが、6～10月は長い列ができるので事前にウェブで日時を指定して予約しよう。オンライン予約は訪問2日前の現地時間15：00まで。

URL www.hohenschwangau.de　料予約料は城ひとつにつき€1.80。

2 チケットセンターに引換えに行く

ノイシュバンシュタイン城とホーエンシュヴァンガウ城内部の見学は、英語かドイツ語のガイドツアーで回る。事前にチケットセンターで時刻の指定されたチケットを購入の上、ツアー開始までに城門に到着しておくこと。ウェブで予約をしていた人は、専用の列があるのでそちらに並ぼう。

城の見学前に必ず立ち寄る
チケットセンター
Ticket-center-Hohenschwangau

Map 本誌P.83

Alpseestr.12, D-87645　☎08362-930830
FAX 08362-9308320（予約専用）　4/1～10/15 8:00～17:00　10/16～3/31 9:00～15:00　休1/1、12/24・25・31　交ホーエンシュヴァンガウの観光案内所から徒歩5分　URL www.hohenschwangau.de

7月初旬のシャトルバスは30分待った。見学希望時間は余裕をもって。（神奈川県・2世）

3 ノイシュヴァンシュタイン城へいざ出発！

行き方は次の3つから選ぶ。なお、レンタカー、乗用車、タクシーなどは乗り入れ禁止となっている。

至テーゲルベルク
ロープウェイ山
Tegelbergbahn
P.21
N
Colomanstr.
ロマンティック・
ペンション
アルブレヒト
P.85
シュヴァンガウ
P.81
フュッセン駅
ヴィラ・ルートヴィヒ
P.84
Schwangauer Str.
学校
レストラン・カインツ P.83
P.85 シュロスブリック
P.83 エム・スーベニアズ・
アム・パーク
ノイシュヴァンシュタイン城
Schloss Neuschwanstein
P.22
ロマンティック街道バス停留所
フュッセン行き
テーゲルベルク山
ロープウェイ乗り場行き
バス停
チケットセンター
Alpseestraße
Neuschwansteinstr.
マリエン橋
P.84 ホテル・ミュラー
アルプゼー通り
ノイシュヴァンシュタイン城行き
シャトルバス
シャトルバス
停留所
ホーエンシュヴァンガウ城
Schloss Hohenschwangau
P.86
ホーエンシュヴァンガウ
Hohenschwangau

シャトルバス＋徒歩　所要5分

バスのチケットも並ぶよ！

ホテル・ミュラーの向かいにあるバス停とマリエン橋近くのバス停をシャトルバスが結んでいる。マリエン橋まで徒歩2分、城まで徒歩15分。

料上り€1.80、下り€1、往復€2.6
休冬期運休

馬車＋徒歩　所要10分

ホテル・ミュラー前から城の約300m手前まで馬車で行ける。城までさらに徒歩5分。

料上り€6、下り€3

徒歩　所要40分

ハイキングをするつもりなら、坂道を40分ほど。冬期は地面が濡れていたり凍結することもあるので注意。

郊外を回るなら…

タクシードライバーのマリアさん

タクシーチャーター

フュッセンかホーエンシュヴァンガウでタクシーを手配し、ヴィース教会（→P.88）やテーゲルベルク山（→P.21）などバスでは行きにくい郊外の見どころを回るのも効率的。ヴィース教会なら往復€55、待機30分毎に€30。

4 ノイシュヴァンシュタイン城を撮影＆見学！

見学時間に合わせて外からの写真を撮るか、先に内部を見学するか決める。なお城の中は撮影禁止。

お城のベストショット撮影ポイントは → P.20
お城の内部は → P.22

城に行く前や後に 立ち寄りたいカフェ＆ショップ

城の見えるカフェ
レストラン・カインツ
Restaurant Kainz

山小屋風の店内は220席と広いので、グループツアーも多い。テラス席はノイシュバンシュタイン城が見える。

Map 本誌P.83

住Alpseestr. 5, D-87645　電08 362-505234　営9:00～18:00
休12/23～1/31
料€15～
Card A.J.M.V.
交観光案内所から徒歩1分
URL www.restaurant-kainz.de

センスのいい小物が見つかる
エム・スーベニアズ・アム・パーク
M Souvenirs am Park

観光案内所前にある、立地の良いみやげ店。バラエティに富んだ品揃えで錫製品なども多数取り扱っている。

Map 本誌P.83

住Schwangauer Str. 1a, D-87645
電08362-81649　営9:00～18:00　休11月中旬～3月　Card A.J.M.V.　交観光案内所から徒歩1分

1. 表裏がきちんと彩色された錫細工€35　2. オルゴール€28　3. アルプスの風景を描いたタペストリー€15

お城の見える部屋を予約したい
Ich möchte ein Zimmer mit Schlossblick reservieren.
イッヒ・メヒテ・アイン・ツィマー・ミット・シュロスブリック・レゼルヴィーレン

カフェからライトアップした城を眺められる

城を見上げるホテルでお目覚

ホーエンシュヴァンガウに泊まれば、城のライトアップを遅くまで楽しめたり、朝からお城を見上げたり、城と一緒に過ごせてハッピー！

モダンな部屋から歴史を眺める ヴィラ・ルートヴィヒ

Villa Ludwig Suite Hotel

全室スイートだから客室は35～48㎡とゆったりしている。モダンでスタイリッシュな内装。ほとんどの部屋からノイシュヴァンシュタイン城が望める。サウナやジャクージもある。カフェは併設されているがレストランはない。

Map 本誌P.83

Colomanstr. 12, D-87645
08362-929920 FAX 08362-9299240
休1/11～1/28 料SW€159～340
Card A.J.M.V. 室18室 交観光案内所から徒歩5分 URL www.suitehotel-neuschwanstein.de

1. コンディショナーも完備 2. ローエングリン・スイート 3. 朝食はバラエティ豊か

町の中心にある名家経営の老舗 ホテル・ミュラー

Hotel Müller

1900年からゲストハウスを経営している老舗で、廊下の調度や客室ドアは当時のままだそう。もちろん、客室は随時改装していて快適。ツアーでの利用も多い。村の中心にあり、城への馬車やバス停が近くて便利。城が見えるのはスーペリアorスイートルームの10室。

Map 本誌P.83

Alpseestr. 16, D-87645 08362-81990 FAX 08362-819913 料SW€140～270
室40室 Card A.D.J.M.V.
交観光案内所から徒歩5分
URL www.hotel-mueller.de

1. テラスでスパークリングワインを 2. 63号室のデラックススイート 3. スーペリアの30号室

インテリアもこだわってます

初冬の朝、霧に包まれる城を見られたのが幻想的でいちばんの感動！（山梨県　さっちゃん）

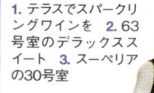

め時も、眠る前も、ロマンティックビュー♥と一緒！

あ！見えた！

小さくて家庭的 花いっぱいの宿
ロマンティック・ペンション・アルブレヒト
Romantic Pension Albrecht

部屋は簡素だが明るくて居心地がよい。6室中4室がノイシュヴァンシュタイン城が見られるキャッスル・ビューになっている。朝食は付いているが、レストランやカフェは併設していない。城のベストビューは5号室。トイレとシャワーが室外にある部屋もある。

Map 本誌P.83

住 Pfleger-Rothut-Weg 2, D-87645
電 08362-81102
FAX 08362-9297464
料 SW€60～
Card A.J.M.V.
室 6室
交 観光案内所から徒歩5分
URL www.albrecht-neuschwanstein.de

6号室からはバルコニーに出て城を見よう

1. 部屋から正面にお城が見える5号室　2. 広々とした6号室からもお城が見える　3. 最上階の廊下は屋根裏部屋のようにかわいくアレンジ

リーズナブルで 若い旅人が多い
シュロスブリック
Hotel Garni Schlossblick

城が見えるホテルではここが最もリーズナブル。部屋は広くないが屋根裏の雰囲気があったり、かわいらしいペイントの家具があったり、いろいろ工夫されている。朝食ルームから見る城は、真っ白に輝いて爽やか。

Map 本誌P.83

住 Schwangauer Str.7, D-87645
電 08362-81649
FAX 08362-81259
料 S€25～W€45～
Card A.D.M.V.
交 観光案内所から徒歩4分
URL www.schlossblick-neuschwanstein.de

テラスから一望できます！

1. 各部屋から出入りできるパブリック・バルコニー　2. 32号室は天窓付き　3. 朝食時にも城を見ながら！

Ludwig II.

ルートヴィヒ2世
(1845~1886)

悲劇
ルートヴィヒ

わずか19歳で即位し芸術
40歳で謎に満ちた不慮
数々の城の建築に賭け

1845年
8月25日 生誕

ミュンヘン郊外にあるヴィッテルスバッハ家の夏の離宮であるニンフェンベルク城で生まれた。3歳のとき、祖父の死により父マクシミリアン2世が即位。

1855年頃
幼少時代

バイエルン王として多忙な父にかまってもらえず弟オットーとホーエンシュヴァンガウ城で子供時代を過ごした。中世の騎士伝説や神話を好んでいた。16歳でワーグナーのオペラ「ローエングリン(白鳥の騎士)」を鑑賞し、心酔する。

1864年
3月10日 即位(19歳)

父王マクシミリアン2世の死去にともないバイエルン王に即位。陶酔していたワーグナーを宮廷に呼び寄せ支援する。芸術・文化事業に力を入れヨーロッパから称賛を得る。

1867年
婚約破棄(22歳)

オーストリア皇后エリーザベトの妹と婚約するも破棄。王家や政治に興味を失い、耽美的な中世という夢の実現を追うべく城の建築に没頭する。

A ヴィッテルスバッハ家の夏の離宮
ニンフェンブルク城 Schloss Nymphenburg

1664年にフェルディナント・マリア候が建築し、19世紀半ばまで増改築がすすめられ「妖精の城」の名にふさわしいたたずまいとなった。

詳しくは→P.59

B 子ども時代を過ごした
ホーエンシュヴァンガウ城
Schloss Hohenschwangau

マクシミリアン2世が夏の狩猟館として整備。シュヴァンガウの地は、「ローエングリン」で有名な白鳥伝説ゆかりの地。ルートヴィヒ2世が呼び寄せワーグナーが演奏したピアノがある。

Map 本誌P.83 ホーエンシュヴァンガウ

Alpseestr.24, D-87645 3/28~10/15 9:00~17:00 10/16~3/27 10:00~16:00 休1/1、12/24 料€12 チケットはノイシュヴァンシュタイン城と同じチケットセンターで購入する→P.82 交チケットセンターのそばから馬車(上り€6、下り€3)で5分、または徒歩20分

Hohenstaufenzimmer/音楽室。ルートヴィヒ2世やワーグナーも演奏した、美しいピアノが置かれている。

Autharizimmer/アウターリーの部屋。ワーグナーはいつもこの部屋に泊まった。

Schwanrittersaal/白鳥の騎士ローエングリーンの一場面を描いた壁画がある。

Arbeitszimmer/書斎。革張りのソファはルートヴィヒ2世のお気に入り。

黄色に輝く
お城!

ミヒャエル教会のルートヴィヒ2世の棺の前には花束がたくさんあって人気を実感。(岩手県 ココ)

の王
2世の生涯

を愛したルートヴィヒ2世。
の死を遂げた生涯から、
る思いが伝わってくる。

N
ミュンヘン
0
30km
シュタルンベルク湖
キーム湖
プリーン
フュッセン
オーバーアマガウ
ガルミッシュ・パルテンキルヒェン

C 王の“夢の城” ノイシュヴァンシュタイン城 Schloss Neuschwanstein

ルートヴィヒ2世の居城。1886年に建築途上ながら住み始め、ベルク城に幽閉されるまで使われた。

詳しくは → P.22

D ルイ王朝に心酔して建築 リンダーホーフ城 Schloss Linderhof

ルートヴィヒ2世が建築し、唯一完成した城。ルイ14世への憧れからフランス風のロココや後期バロック様式を取り入れている。人間嫌いの王は召使に会わなくてすむよう、テーブルごと2階へ配膳させる「魔法の食卓」を作った。

Map 別冊P.2-B3 オーバーアマガウ

Linderhof 12, D-82488 ☎08822-92030 ⏰3/28～10/15 9:00～18:00 10/16～3/27 10:00～16:00 休12/24・25・31、1/1、カーニバルの火曜 料€8.50（10～3月€7.50） 交鉄道駅オーバーアマガウOberammergauから9622番のバスでSchloss Linderhof下車、所要30分 URL www.schlosslinderhof.de

E 未完に終わった最後の城 ヘレンキームゼー城 Schloss Herrenchiemsee

ルートヴィヒ2世が建てた最後の城で、王の死により未完成のまま終わっている。ルードヴィヒ2世博物館も併設。

Map 別冊P.2-B3 キーム湖

Herrenchiemsee D-83209 ☎08051-68870 ⏰見学はツアーのみ 4月～10月中旬9:00～18:00 10月中旬～3月9:40～16:15 休12/24・25・12/31、1/1、カーニバルの火曜 料€10 交キーム湖に浮かぶヘレンインゼル島にある。鉄道駅プリーンprienから1.5km離れた桟橋で遊覧船に乗り20分 URL www.herrenchiemsee.de

F 謎を残す最後の地 ベルク城とシュタルンベルク湖 Schloss Berg und Starnberger See

ルートヴィヒ2世が幽閉されたベルク城は個人所有のため見学できないが、シュタルンベルク湖には遺体発見現場近くに十字架と記念教会が建てられている。

Map 別冊P.2-B3 シュタルンベルク

交シュタルンベルクStarnberg駅前の桟橋からベルクBerg行きの遊覧船で12分 URL www.seenschifffahrt.de（シュタルンベルク湖の遊覧船）

G ヴィッテルスバッハ家の墓所 ミヒャエル教会 Michaelskirche

1583～1597年に建てられたルネッサンス様式の教会。正面祭壇から地下へ下りたところにヴィッテルスバッハ家の地下墓所がある。ルートヴィヒ2世の棺の前は現在も花束が絶えることがない。

Map 別冊P.5-C2 ミュンヘン

Neuhauser Str.22, D-80333 ⏰月～土10:00～19:00、日7:00～21:00 ヴィッテルスバッハ家の地下墓所 月～木9:30～16:30、金10:00～16:30、土9:30～14:30 休ヴィッテルスバッハ家の地下墓所は日・祝 料無料 地下墓所€2 交マリエン広場から徒歩5分

ここで眠ってます

1869年
ノイシュヴァンシュタイン城建築開始（24歳）

少年の頃に憧れた騎士伝説やワーグナーの世界観を表現する、理想の城の建築を開始する。高名な建築家を使わず舞台美術家を登用するなど、細部へのこだわりが発揮されたが未完成に終わった。

1878年
リンダーホーフ城完成（33歳）

ヴェルサイユ宮殿内の大トリアノン宮殿に傾倒し、リンダーホーフ城建築。ルイ14世やマリー・アントワネットの像に話しかけるような夢想的な生活を好む。

ヘレンキームゼー城建築開始（33歳）

ヘレンキームゼー城の建築に着手、鏡の間にルイ14世の肖像を25も配するなど傾倒はますますすすむ。王の死により未完成となった。

1886年
ベルク城に軟禁（40歳）

居住部分が出来上がったことから、建築途上のノイシュヴァンシュタイン城に居を移す。プロセイン戦争での賠償を抱え、城の建築により財政は破綻、周囲から「狂王」といわれる。6月には形だけの精神鑑定によりベルク城に軟禁される。

6月12日 シュタルンベルク湖で謎の死（40歳）

拘束からわずか数日後、侍医とともに湖にて水死体となって発見される。

埋葬（40歳）

ルートヴィヒ2世の棺はミュンヘン市内のミヒャエル教会に安置されている。

ルートヴィヒ2世の生涯に興味を持ったら映画を。1972年の『ルートヴィヒ』が復元完全版としてDVDになっている。

まばゆい光を放つ奇跡の世界遺産ヴィースト教会

緑豊かな草原にひっそりとたたずむ小さな教会。内部に一歩入れば、その豪華な装飾と美しいフレスコ画に誰もが驚く。奇跡を呼んだ不思議な空間を体感しよう。

青い柱は天から降る神の慈愛

開かれる時を待つ閉じられた天国の門
十字架を指している
虹の玉座に座る復活したイエス
天国の鍵を持つペテロ
大天使ミカエル
救い主を待つ空席の玉座
5
6
4
2
3
9
7
8
1
すごい迫力!
天井を見上げると…

8

福音者ヨハネ

イエスが鞭打たれる場面の福音書を開いている。

9

福音者マタイ

左のヨハネと対をなす。ルカとマルコも主祭壇を囲んでいる。

柱の赤はキリストの犠牲の血

アルプスを望む周囲の牧歌的な風景にも感動しました。(京都府・さや)

華やかなロココ装飾

ヴィース教会 Wieskirche

「鎖で繋がれた奇跡のキリスト像」の評判が知れわたり、巡礼者が多くなったことからツィマーマン兄弟の手により1754年に完成した。

Map 別冊P.2-B3 シュタインガーデン

Wies 12, D-86989 ☎08862-932930 FAX08862-9329310 夏期8:00～19:00、冬期8:00～17:00 休無休 図教会前のバス停から徒歩3分 URL www.wieskirche.de

ヴィース教会への行き方

ロマンティック街道バスはヴィース教会の駐車場に停車。路線バスはフュッセンからシュタインガーデンSteingaden経由で教会入口まで行く。直通で35分、シュタインガーデン乗り換えの場合もある。平日1日6本、学校休校日は本数が減る。€2.50。

ハンブルク
ベルリン
フランクフルト
シュタインガーデン
ミュンヘン
フュッセン
ヴィース教会

Map 別冊P.2-B3

ヴィース教会詳細解説

ヴィース教会の奇跡

その昔、聖金曜日の聖体行列のために木製の受難像が作られた。すでに使われなくなっていたこの像を近所の農夫が引き取って礼拝をしていたところ、1738年6月14日、木製の主の像の目から涙が流れた。この奇跡はヨーロッパ中に広まり、巡礼で病気が治ったという者も現れ、大勢の人が訪れるようになった。

1 鎖で繋がれた奇跡のキリスト像

巡礼の起源となった主祭壇にある像。

究極の愛を体現

2 ペリカン

ペリカンは餌がなくなると自らの心臓を子に差し出すという伝説からキリストを象徴している。

4 高挙された子羊

子羊はイエス自身。イエスの犠牲と神性を表す。

6 説教段上部

聖霊降臨を表す。輪の中央に神の目が、下に十戒を授かる天使が見える。

7 説教壇下部

魚（イルカとも）と少年の友情に題材をもつギリシア神話がモチーフ。水は洗礼による神との結びつきを表す。

3 中央祭壇画の聖家族

イエスが伸ばした手は磔刑を暗示し、天上の天使の衣は王者の緋色をしている。

5 天使

フレスコ画に、左足だけ立体的なスタッコ（化粧漆喰）を組み合わせている。ヴィースならではの技法。

名物スイーツを試してみて！

絶品の揚げパン

ガストホーフ・シュヴァイゲル Gasthof Schweiger

ヴィース教会前のカフェレストラン。窓から丸い揚げパン、ヴィース・キュヘルWies Kücherlを揚げているのが見える。テイクアウトで1個€2。バターで揚げるので風味よくシナモンシュガーとの相性もバツグン！

Wies 9, D-86989（ヴィース教会の向かい） ☎08862-550 9:00～18:00（ドーナッツの揚げはじめは10時過ぎ） 休11月中旬～3月 料€3.80～ Card不可 図ヴィース教会から徒歩1分

毎週水・土・日曜などに行われるミサの最中は見学ができないことがあるので注意。

おうちに連れて帰りたい♥ ドイツプロダクツ

こだわりのデザイン

ドイツが世界に誇る質のいいグッズから
かわいくて役に立つaruco女子におすすめの
3ブランドをご紹介！

Reisenthel
ライゼンタール

小分けになってる！

Bottlebag
ボトルバッグ
リサイクル瓶やペットボトルを9本運べる €29.95

Shoppingbasket
ショッピングバスケット
パっとたためて収納に便利な優れもの €29.95

Carrybag キャリーバッグ
丈夫なフレームとラバーの持ち手がポイント €45

軽くて丈夫、汚れてもサッと拭けばきれいになる手入れの簡単な素材で人気急上昇中。カラフルでポップなデザインと、ドイツらしい花のモチーフ、どちらにするか迷いそう！

URL reisenthel.jp

ビキニ・ベルリン → P.149

Steiff
シュタイフ

このタグが本物の証。表にはブランドマーク、裏には製品番号が書かれている

テディベアで有名な1880年創業の老舗ぬいぐるみブランド。職人によって一つひとつ手作りされるこだわりの製品は、「ボタン・イン・イヤー」と呼ばれるシュタイフ・タグがトレードマーク。

URL www.steiff.co.jp
URL www.steiff.com

手作りなので、みんな少しずつ表情が異なる

ガレリア・カウフホーフ → P.67

Weck
ヴェック

WECK
Rundrand-Glas 100

いちごの模様がかわいい！

Mold Shape
モルド・シェイプ
80ml €1.20

ドイツの主婦に長年愛用されてきたキャニスター。ゴムパッキンで密閉できて、瓶ごと煮沸すればジャムやピクルスが超長持ち！ リサイクルガラスが使われているのもエコなドイツならでは。

URL www.marcs.co.jp/weck
（参考：日本の代理店）

キチュノット → P.136

ドイツのカフェではこんな風に使ってます！

朝食用のミューズリを入れて冷蔵庫へ

Koziol
コジオル

フチにかけれる！

Tassenutensilo
タッセンウテンシーロ
鹿のモチーフのティーレスト。クッキーを入れても €4.65

Schneidebrett
シュナイデブレット
端のニャン子がかわいいカッティングボード €8.95

Salz- & Pfefferstreuer
ザルツ&プフェッファーシュトロイアー
小枝に止まった鳥のソルト＆ペッパー入れ €28.95

Party-Piekser-Set mit Baum
パーティ・ピークサー・セット・ミット・バウム
カラフルなピックでピクニックランチが盛り上がる！€19.45

プラスチックの特性を生かしたカラフルでユニークなデザインの生活雑貨。料理が楽しくなるようなキッチン用品や、ウィットのきいたパーティグッズが揃う。

URL www.koziol.co.jp
URL www.koziol.de

ガレリア・カウフホーフ → P.67

古城が続く
絶景の旅へ!

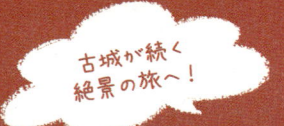

フランクフルト、ライン川周辺の町と古城街道

ゲーテゆかりのフランクフルトで、芸術三昧のステイ。
ライン川沿いの素敵な町の郷土料理やスイーツを堪能♪
世界遺産のぶどう畑でできたワインの試飲もマストかな。
ハイデルベルクの絶景に、時間を忘れてしまいそう。

デュッセルドルフ→P.114
ケルン→P.110
フランクフルト→P.92
リューデスハイム→P.108
ニュルンベルク→P.118
ハイデルベルク→P.122

THOMY

フランクフルトへのアクセス

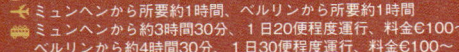

✈ ミュンヘンから所要約1時間、ベルリンから所要約1時間
🚆 ミュンヘンから約3時間30分、1日20便程度運行、料金€100〜
ベルリンから約4時間30分、1日30便程度運行、料金€100〜

レーマー広場周辺をぐるり 基点の町フランクフルトの王道&トレンドをチェック！

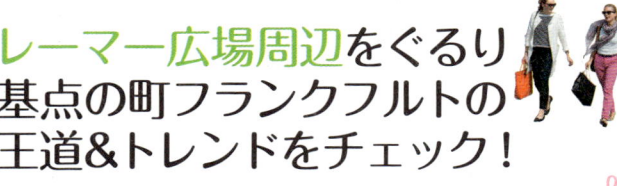

**フランクフルト観光の中心は旧市庁舎のあるレーマー広場。
まずはここからスタートして
かわいい雑貨探しやおしゃれなカフェへ！**

TOTAL 2時間30分

レーマー広場周辺さんぽ

TIME TABLE

10:00 市庁舎と正義の女神を鑑賞
↓ 徒歩1分
10:15 ヴェルクシュタットラーデンでおみやげ探し
↓ 徒歩2分
10:45 カフェバー・イム・クンストフェラインでブレイク
↓ 徒歩5分
11:30 ナッシュマルクト・アム・ドームでキッチン雑貨
↓ 徒歩10分
12:15 アイゼルナー橋を渡って対岸から大聖堂の雄姿を見る
↓ 徒歩12分
12:45 マルガレーテでランチ

挙式するカップルも！

この大きいのが旧市庁舎だよ

1 3軒並びの真ん中 10:00
旧市庁舎レーマー Römer

神聖ローマ帝国の皇帝が戴冠する際、祝宴が行われた由緒ある建物。レーマー広場の中央には正義の女神ユスティシアの噴水がある。

Map 別冊P.9-C～D2

Römerberg 27, D-60311 皇帝の広間カイザーザール10:00～13:00 14:00～17:00 休行事の行われている日 料€2 交レーマー広場から徒歩1分

2 素朴な手工芸品 10:15
ヴェルクシュタットラーデン Werkstattladen Frankfurt Forum

フランクフルトらしいマグカップなどのほか、ハンディキャップをもつ人たちが手作業でつくりあげたオリジナル商品を扱う。

Map 別冊P.9-D2

Römerberg 32, D-60311
069-212 36579 月～金10:00～18:00、土11:00～16:00 休日・祝、12月下旬～1月上旬 Card M.V. 交レーマー広場から徒歩1分 URL www.reha-werkstaetten.de

1. ベンベルというリンゴ酒用ピッチャー€9.90 2. リンゴ酒グラス€4.75とグラス用ふた€6 3. もじゃもじゃペーターのカップセット€9 4. りんごの木のおもちゃ€13.10

まってます！

レーヴェ →P.105
Hauptwache駅
デパートの並ぶツァイル通りをお散歩
カタリーナ教会
Holzgraben
ノイエ・クレーメ通り
Neue Kräme
Töngegasse
マギー
→P.96
ゲーテハウス
ベルリナー通り
Berliner Str.
パウルス教会
Kornmarkt
Bethmannstr
レーマー広場
Römerberg
Römer駅
1 2 3 4 5 6
愛を誓ってかけた南京錠がズラリ
マイン川
アイゼルナー橋

市内どこからでも高層ビルが見える

レーマー広場から観光用のホップオンバスに乗れる

ノイエ・クレーメNeue Kräme通りにあるマギーの直営店は料理好きには見逃せない品揃え！（山口県・たぬき）

メッセタワー
レーマー広場
フランクフルト中央駅
マイン川

Map 別冊P.9-C〜D2

3 カフェバー・イム・クンストフェライン

天井が高くて居心地がいい　10:45

Cafebar im Kunstverein

レトロな内装のカフェ。気候のいい日には爽やかなテラス席は路地裏の雰囲気を楽しめる。フランクフルトのデザイングッズや手工芸品も販売。

Map 別冊P.9-D2

Markt 44, D-60311　069-84770863
火・木・金11:00〜18:00、水11:00〜19:00、土10:00〜19:00　休月日€3.40〜
Card A.D.M.V.　交レーマー広場から徒歩2分
URL www.fkv.de

素朴な焼き菓子おいしいよ

1. ベリーのタルト€3.10とカプチーノ€2.70　2. やさしい光が入る店内

市庁舎の形ですよ！

SchoppeGummi
Die Gerippte zum kauen!

4 ナッシュマルクト・アム・ドーム

メルヘン♪な雑貨がいっぱい　11:30

Naschmarkt am Dom

2014年7月にオープンしたショップ&カフェ。ドイツをメインにヨーロッパからセレクトしたキャンディーやキッチン雑貨がかわいい。

Map 別冊P.9-D2

Domstr. 4, D-60311
069-27279663
10:00〜19:00　休不定期　Card A.M.V.　交レーマー広場から徒歩5分
URL www.naschmarktamdom.de

1. キノコのソルト&ペッパー容器　2. カップケーキ型の小物入れ　3. レーマーのレープクーヘン　4. アップルワインキャンディー レッドサイダー入り€3.95　5. アップルワイン・ジェリー€4.50　6. アップルワイングミ€2.10

5 大聖堂 Dom

マイン川越しの姿が美しい　12:15

16世紀半ばから神聖ローマ帝国の皇帝の選挙や戴冠が行われ、「カイザードーム（皇帝の大聖堂）」と呼ばれている。マイン川越しの姿を見るならアイゼルナー橋を渡って。橋に掛けられた「愛の錠前」も必見。

Map 別冊P.9-D2

Domplatz 14, D-60311 Frankfurt am Main
069-2970320　9:00（金 13:00）〜20:00　休無休（行事や礼拝が行われているときは見学不可）　料無料（寄付歓迎）　交レーマー広場から徒歩2分

内陣右の礼拝堂で皇帝選挙が行われた

イワナのソテーと後ろはラム腰肉のグリル各€28.50

6 マルガレーテ

ネオ・ドイチェ料理を　12:45

Margarete

フランクフルトでもっとも旬のレストラン。文化交流のスペースとしても利用され、フランクフルトのトレンドウォッチングが楽しめる。オーナーのジモンさんは、料理本も出す実力派。

MARGARETE

1. タコのサラダ€6.80
2. スタイリッシュな店内
3. コックのヨーザさん

Map 別冊P.9-D2

Braubachstr. 18-22, D-60311　069-13066500　月〜水11:00〜23:00、木・金11:00〜翌0:30、土10:00〜翌0:30、日10:00〜22:00　ランチは平日12:00〜14:30、週末は10:00〜12:00に朝食メニューあり、ディナーは18:00〜　休クリスマス、1月初旬　料ランチコース€9.50　Card M.V.　英あり　交レーマー広場から徒歩10分　URL www.margarete-restaurant.de

もじゃもじゃ頭の正体は

フランクフルトみやげの絵柄として、あるいは繁華街の像など、ちょくちょく目に入る「もじゃもじゃ頭」のキャラクター。これはフランクフルト出身のハインリッヒ・ホフマンが書いた童話、Struwwelpeter（もじゃもじゃペーター）の登場人物。世界各国語に翻訳され、フランクフルトには博物館（MAP 別冊P.8-B1）もある。

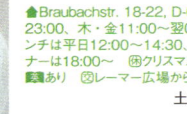

土曜（休日前）のツァイルは人がいっぱい。スリや置き引きに注意。

週末はリンゴ酒電車で市内観光&人気の居酒屋へ！

フランクフルトの地酒といえばアプフェルヴァイン（リンゴのワイン）。真っ赤な路面電車を改造したエッベルヴァイ・エクスプレスに乗って町の名所とグルメを一度に楽しもう。

ミニ・ブレーツェルとドリンク各1点が料金に含まれている

リンゴ酒

リンゴは市場にも食卓にもいつも並ぶほど人気の果物。リンゴ酒はフランクフルト近郊でドイツ全土の70%が消費され、醸造所も多い。シードルほど炭酸が強くなく、酸味と甘味のあとから苦味が広がる。アルコール度数は5%前後。9月にはアプフェルヴァイン祭りも行われる。

2
しょっぱい
ブレーツェルと
リンゴの風味が
合うのよね

リンゴ酒電車のメニュー

瓶入りのリンゴ酒
Flasche Apfelwein
Or
ミネラルウォーター
Mineralwasser
Or
リンゴジュース
Apfelsaft

ブレーツェル型のスナック菓子
Tüte Brezeln

定番のお菓子よ！

1
ein Apfel werden kann.
POSSMANN
ようこそ！
こちらが
週末に運行される
リンゴ電車よ

真っ赤なペイントのかわいい路面電車

リンゴ酒電車 Ebbelwei-Expreß

アンティークの車両をポップな赤に染め上げた特別な路面電車。ツォー駅前からレーマー広場の北、中央駅前を通り、メッセタワーで折り返し、マイン川の南側を通ってツオー駅前まで戻るコース。リンゴ酒（ミネラルウォーター、リンゴジュースも可）とブレーツェルの小袋が付いている。

乗り方

人気があるので始発のツォー駅で20分ぐらい前に並ぶといい。停留所での途中乗車もできるが座れない可能性大。途中下車も可能。切符は1回限り。

Map 別冊P.8～9

土・日・祝（除外日あり）の午後に1日10便程度運行、冬は減便
料€8　URL www.ebbelwei-express.com（日本語あり）

ザクセンハウゼン地区のリンゴ酒居酒屋

リンゴ酒は庶民が気軽に楽しむお酒。マイン川の南側にあるザクセンハウゼン地区には、リンゴ酒を出す居酒屋がたくさん並んでいるので、こちらでどうぞ。どこも店内は広くて気軽に入れる雰囲気。ベンベルというピッチャーから注ぎ、菱形にカッティングされたゲリプテスという専用グラスで飲む。つまみはソーセージなどの居酒屋メニューで。

フランクフルト・ソーセージ€4.80　牛肉の煮込みにグリーンソースを添えたもの€10.50など。リンゴ酒は€1.70/0.3ℓ

郷土料理が自慢

シュトゥルーヴェルペーター Struwwelpeter

フランクフルト市民が誇りにしている“シュトゥルーヴェルペーター（もじゃもじゃペーター）”の名を冠した店。お肉中心の典型的なドイツ居酒屋料理が並ぶ。

Map 別冊P.9-D2　ザクセンハウゼン

Neuer Wall 3, D-60594
069-611297　11:00～0:00
休不定期　料€15～　Card M.V.　英あり　交トラムTextorstraßeから徒歩2分
URL www.struwwelpeter-frankfurt.de

ザクセンハウゼンで出てくるリンゴ酒はコップ1杯で女子にちょうどいい量でした。（愛知県・ワン美）

リンゴ酒電車は1周1時間!
3
アルコール入ってるのと、ないのどっちにする?
たっぷりと飼育スペースをとった150年以上の歴史ある動物園
動物園
Zoo
始発はツォー駅から!
メッセ・タワー
Festhalle/Messe
Hohenstaufenstr.
Platz derRepublik
Hauptbahnhof
Hauptbahnhof Münchener Str.
Weser-/Münchener Straße
Willy-Brandt-Platz
ゲーテ・ハウス、ゲーテ博物館 →P.96
フランクフルト歌劇場
Römer/Paulskirche
レーマー広場 →P.92
Börneplatz
大聖堂 →P.93
Allerheiligentor
S-Bahn-Station Ostendstraße
Hospital zum Heiligen Geist
アイゼルナー橋
フランクフルト中央駅
Baseler Platz
Lokalbahnhof
Frankensteiner Platz
ザクセンハウゼンの下の2軒はココで下車!
Textorstraße
このあたりがザクセンハウゼン地区
シュテーデル美術館 →P.96
Brücken-/Textorstraße
Stresemannallee/Gartenstraße
Otto-Hahn-Platz
Schweizer-/Gartenstr.
Schwanthaler Straße
Südbahnhof
→P.98
→P.92
4
対面の席でおしゃべりも弾む。プロースト!(乾杯)
記念切符はかわいいイラスト入り。おみやげにどうぞ
楽しい1日の記念だわ
5

1. 豚肉のゼリー寄せ、ビネガー＆オイルで€8.20 2. ゆで卵のグリーンソース€7.80

150年続く老舗の酒場 フィヒテクレンツィ Fichtekränzi

創業は1849年。フランクフルトで老舗のリンゴ酒居酒屋のひとつ。地元の人にこよなく愛される。ていねいに調理された郷土料理やアルザス料理が地元の人に人気。

Map 別冊P.9-D3 ザクセンハウゼン

Wall Str. 5, D-60594 ☎069-612778 月～土17:00～23:30、日16:00～23:30 休無休 料€15～ Card不可 英あり 交トラム Textorstraßeから徒歩3分 URL www.fichtekraenzi.de

文豪ゲーテっ
フランクフルトで文

『若きウェルテルの悩み』や『ファ
ゲーテの生家と、銀行家シュ
フランクフルトの

ドイツ古典主義を代表する文豪ゲーテの生まれた家

名作が生まれた
ゲーテハウス
Goethehaus

ゲーテの生家。第二次世界大戦の空襲で完全に破壊されたが、忠実に復元された。調度品は疎開させており無事だった。執筆の部屋や妹と自作の人形劇を楽しんだ部屋が残る。

Map 別冊P.9-C2 レーマー広場周辺

Großer Hirsehgraben 23-25, D-60311 ☎069-138800 10:00～18:00（日・祝～17:30） 休1/1、復活祭前の金曜、12/24・25・31 料隣接の博物館と共通€7、オーディオガイド€3 交レーマー広場から徒歩7分 URL www.goethehaus-frankfurt.de

ヨハン・ヴォルフガング・フォン・ゲーテ
Johann Wolfgang von Goethe

1749年8月28日フランクフルトに生まれた。父は皇帝顧問、母はフランクフルト市長の娘で、屈指の名家として知られた。幼少時より語学に長け、ライプツィヒ大学法学部やストラースブルク大学に学ぶ。25歳のときに『若きウェルテルの悩み』が話題となり、本をなぞって自殺者が増加するほどの社会現象となった。1831年、ライフワークとして書き続けた『ファウスト』が完成、翌年没。「もっと光を！」が最後の言葉とされる。

丸いテーブルで一家が食事をした姿が目に浮かぶ。「青の間」ともいう

ゲーテの時代に使われていたリネンの収納棚

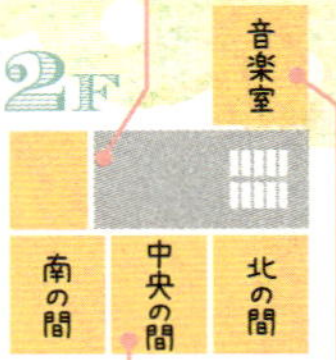

2F
音楽室
南の間
中央の間
北の間

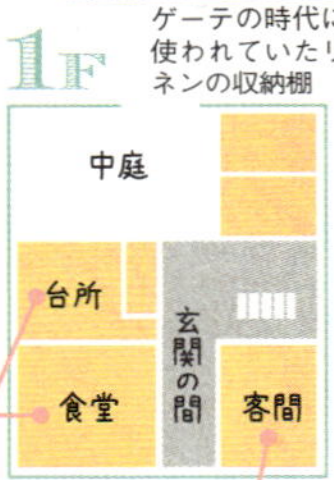

1F
中庭
台所
食堂
玄関の間
客間

ピアノやリュートを演奏して楽しんだ部屋

ゲーテの肖像画！

『女性のシルエットを眺める青年ゲーテ』はゲーテ27歳の肖像画

18世紀の上流家庭の台所の典型。かまどは食堂の暖房も兼ねていた

明るい客間は「黄色の間」と呼ばれた

中国風の壁紙が印象的な広いサロン

銀行家シュテーデルの寄付により設立された絵画館

ゲーテの肖像も展示
シュテーデル美術館
Städelmuseum

ボッティチェリやラファエロといったイタリア絵画、ルーベンスやフェルメール、レンブラントなどの巨匠の作品、ルノワールやモネなどの印象派など幅広く収集している。

Map 別冊P.9-C3 マイン川沿い

Schaumainkai 63, D-60596 ☎069-605098117 10:00～19:00（木・金～21:00） 休月 料€14 交U1,2,3,8Schweizer Platz下車徒歩7分 URL www.staedelmuseum.de

「カンパーニャのゲーテ」
ティッシュバイン

政治家として活動していたゲーテが1786年にイタリアに行ったときの肖像

フェルメールの「地理学者」はみんな写真を撮ってました。（千葉県・かせい）

てどんな人？
化芸術をチェック！

ウスト』など数々の名作を著した
テーデルの残した美術館で
文化を知ろう！

階段ホールにある大きな天文時計。精緻な仕組みでゲーテも気に入っていた

『ファウスト』や『若きウエルテルの悩み』などの名作を執筆した部屋

恋人ロッテとゲーテのシルエット

父がコレクションした絵画を展示した部屋

4F
陳列室
陳列室
陳列室
詩人の部屋
人形劇の部屋

3F
妹の部屋
ゲーテ誕生の部屋
母の部屋
絵画の間
父の部屋

ゲーテが洗礼を受けたという記録。1749年のことだった

壁に飾られた金の星と竪琴は詩人のシンボル

ゲーテ4歳の誕生日プレゼントだった！

妹と一緒に自作の人形劇を上演して遊んだという人形劇場

母の趣味がうかがえる家具や調度、食器が並ぶ

書棚には父の所蔵本がぎっしりと並ぶ

巨匠の作品をチェック！

ゆっくり見てね！

「地理学者」
フェルメール

オランダを代表する17世紀の画家。鮮やかなブルー、巧みな光の表現で人気が高い。三十数点の寡作として知られる。

「オーケストラの楽士たち」
ドガ

フランス印象派の巨匠。舞台や踊り子を好んでモチーフにした。

「朝食の終わり」
ルノワール

人物を多く手掛けたフランス印象派の画家。

「ザーン川沿いの家」
モネ

睡蓮やポプラ並木の連作で知られるフランス印象派の大家。

ゲーテはライプツィヒ大学に行く16歳までをフランクフルトで過ごし、その後もワイマール公に迎えられた26歳の頃までたびたびこの町で暮らした。

ソーセージ

Wursthelden
ヴルストヘルデン

URL www.wursthelden.de

wursthelden

ちょこっと食べたいときはココへ！

Imbiss

aruco調査隊が行く②!!

フランクフルおいしい駅ナカ

鉄道が充実しているドイ
超充実！　いろんなジャ
列車に乗らなくて

ジュウジュウ焼けたソーセージをパンに挟んでもらおう。
マスタードはセルフで。

ドイツ語ではヴルスト！

定番

€2.70

焼きソーセージ（パン付）
シンプルイズベスト
Bratwurst mit Brot
ブラートヴルスト・ミット・ブロート

どのソーセージにする？

24本のプラットホームがある商都の玄関口

フランクフルト中央駅
Frankfurt Hauptbahnhof

フランクフルト構内にある軽食の屋台をご紹介。実は、大きい駅ならミュンヘンでもベルリンでも同じような品ぞろえ。駅で何が食べられるか憶えておくとイザというとき心強い。

中華・アジア

Asia Gourmet
アジア・グルメ

URL www.asiagourmet.de

Thank You

チャーハンや焼きそばなど定番が揃う。
中華は全般に甘め。ベトナムのフォーがある店も。

asiagourmet

お皿に盛ってみました

焼きそば
プレーンな具の少ないタイプ
Gebratene Nudel (klein)
ゲブラーテネ・ヌーデル（クライン）

小€2.50

生春巻き
みずみずしい皮もおいしい
Sommerrolle ゾンマーロレ

オススメ

2本€3.50

一度食べたらやみつきさ！

サンドウィッチ

Le Crobag
ル・クロバグ

URL www.lecrobag.de

具がはみだすぐらい入っているのがドイツ流。
パンの種類も豊富だからマイ定番が見つかるはず。

レーズンペストリー
みんな大好きレーズンパン
Pudding Rosinen Brot
プディング・ロジーネン・ブロート

€1.55

ゴマ付パンに生ハム&チーズ
香ばしいゴマが口いっぱいに広がる
Landpartie ラントパルティー

€3.45

Haberers Snackin coffee
ハベラーズ・スナックン・コフィー

URL www.haberer.de

チーズサンドウィッチ
オランダのゴーダチーズ入り
Holländer ホレンダー

€3.35

列車に乗るときにもコーヒーやフルーツジュースを専門店で買えるのはいいですね。（岐阜県・さーや）

im Bahnhof

ト中央駅のグルメはどれ？

ツの駅はチョイ食べグルメが
ンルの料理が揃うから
も利用価値大！

Map 別冊P.8-B2 中央駅周辺

駅は24時間開いていて、切符がなくても構内に入れる。駅ナカグルメの営業は10:00～20:00ごろ。店舗によっては平日は6:00から営業しており、夜も22:00まで開いている。

シーフード Gosch ゴーシュ

URL www.gosch.de

いろんなフライを試してね！

酢漬けのニシンや生の青魚も意外にパンに合う。
グリルやフライはできたてを単品で注文することもできる。

パンと魚は意外によく合うよ！

酢漬けニシンのサンド
さっぱりした味わい
Brot mit Matjes
ブロート・ミット・マティエス
€2.60
オススメ

白身魚フライのサンド
淡白な白身魚のフライ
Brot mit Backfisch
ブロート・ミット・バックフィッシュ
€3.90

寿司 My Indigo マイ・インディゴ

URL www.myindigo.com

醤油のケースもさかな型だよ！

ごはんが固い場合があるが、巻物はまあまあいける。
マグロとサーモン程度だが握りもある。
このチェーン店はカレーもある。

鮭中太巻
鮭の脂身がごはんになじむ
Lachs Roll
ラックス・ロール
€2.90

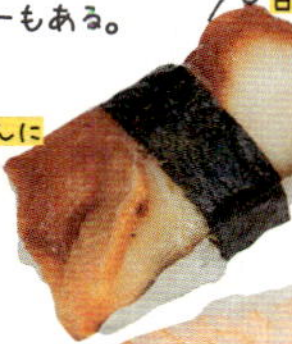

穴子握り
甘い穴子とのりは定番
Anago
アナゴ
€1.90

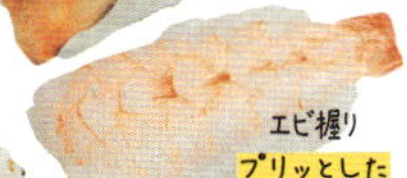

エビ握り
プリッとしたエビの風味
Ebi エビ
€1.90

€0.90
太巻き
アボカドと鮭の巻寿司
Futomaki フトマキ

一貫ごとにパックされている

ベジ&フルーツ Mr. Clou ミスター・クロウ

URL www.mrclou.com

カットフルーツや野菜のラップサンド、ジュースやヨーグルトなど、
カップタイプで手軽なビタミン補給にぴったり！

クスクスサラダ
挽き割り小麦のヘルシーサラダ
Couscous Salat
クスクス・ザラート
€3.60

€3.00
イタリアンラップ
チーズとトマトをラップでくるり
Italia Wrap イタリア・ラップ

オススメ
€2.30
カットフルーツ
新鮮なフルーツ盛り合わせ
Obst Salat オーブスト・ザラート

駅に入っているお店は、大きな駅なら同じチェーンの店も多いので、お気に入りを見つけておくと便利！

metzgerei imbiss

トマトのサラダ
Tomatensalat トマーテンザラート
€1.80/100g
ギリシア風サラダ
Griechischer Salat
グリーヒッシャー・ザラート
€2.45/100g
ソーセージサラダ
Wurstsalat ヴルストザラート
€1.96/100g
グリルドチキン
Hähnchen gegrillt
ヘンヒェン・ゲグリルト
€12/個
A
100g
€1.40
B
キュウリのサラダ
Gurkensalat
グルケンザラート
薄切りのキュウリにディルのドレッシング
ソーセージ
Wurst
ヴルスト
ソーセージやハムはパンに挟んでもらっても
1本
€2.00
B
100g
€2.25
A
インゲンのサラダ
Grüne-Bohnen-Salat
グリューネ・ボーネン・ザラート
インゲンをマヨネーズドレッシングで
キャベツのサラダ
Krautsalat
クラウトザラート
酢のきいたサッパリとした千切りキャベツ
100g
€1.40
B
arucoスタッフイチオシ!

お肉屋さんのテイクアウト
メッツゲライ・インビスで家庭の味にトライ！

ママの味！

ドイツのお肉屋さんにはソーセージだけじゃなくお惣菜も置いてあることが多い。ポテトやキャベツなどのサラダも充実。人気店の味を試してみよう！

ドイツのお肉屋さん
Metzgerei Imbiss
メッツゲライ・インビス

毎日の食卓にちょっとプラスするサラダや、ランチに食べるハンバーグなど気取らないメニューが揃うお肉屋さん。テイクアウトはもちろん、ベンチやテーブルを用意している店ではイートインもできる。

バランスよく！
Täglich neues Mittags-menü

便利な会話

こんにちは
Hallo./Tag.
ハロー またはターク

(指をさして) これを100gください
Hundert Gramm, bitte.
フンダート・グラム・ビッテ

シュニッツェルをパンに挟んでください
Schnitzel mit Brötchen, bitte.
シュニッツェル・ミット・ブレートヒェン・ビッテ

ここで食べます
Ich esse hier, bitte.
イッヒ・エッセ・ヒーア・ビッテ

持って帰ります
Zum Mitnehmen, bitte.
ツム・ミットネーメン・ビッテ

(注文は) これで全部です
Danke, alles.
ダンケ・アレス

いくらですか
Was kostet das?
ヴァス・コステット・ダス

じゃあね
Tschüß.
チュス

肉屋さんの惣菜は意外にもサラダが充実していて旅のビタミン補給に便利でした。(静岡県・ジュビ子)

Metzgerei imbiss

左:山羊チーズ入りハンバーグ/右:ハンバーグ
Frikadelle mit Schafskäse/Frikadelle
フリカデッレ・ミット・シャーフケーゼ/フリカデッレ
€2.10/€1.90/個

チキンのコルドンブルー
Hähnchen Corden-Bleu
ヘンヒェン・コルドン・ブルー
€2.30/個

シャンピニオンのハムなど各種
Champignon Aufschnitt
シャンピニオン・アウフシュニット
€1.70～/100g

aruco スタッフイチオシ!

ホームメイドサラミなど各種
Haugemachter Salami
ハウスゲマハター・ザラーミ
€2.29～/100g

豚のシュニッツェル
Schweinschnitzel
シュヴァインシュニッツェル
€2.14/100g

100g €2.25 (A)

チキン入りサラダ
Geflügelsalat
ゲフリューゲルザラート
チキンのハムとキャベツのマヨネーズサラダ

100g €2.05 (A)

キャロットサラダ
Karottensalat
カロッテンザラート
荒く削ったにんじんが、甘酸っぱいドレッシングとベストマッチ

100g €2.25 (A)

aruco スタッフイチオシ!

パスタのサラダ
Nudelsalat
ヌーデルザラート
ペンネとモッツァレラチーズ＆トマト。主食にもおすすめ

100g €1.20 (B)

ポテトサラダ
Kartoffelsalat
カルトッフェルザラート
じゃがいもを煮崩してドレッシングであえたサラダ

(A) エーベァツ・ファインコスト

ヘルシーフードも充実

Eberts Feinkost

通称フレッスガス(食いしん坊通り)の中央にある人気店。常時20種類以上の惣菜が並び、その半数はサラダなど野菜というのもうれしい。歩道に面したテラス席あり。

Map 別冊P.9-C1 ハウプトヴァッヘ

Große Bockenheimer Str.42, D-60313 ☎069-288555 ⌚月～金9:00～19:00、土8:00～18:00 休日・祝 予€5～ Card M.V. 交レーマー広場から徒歩10分 URL www.ebert-feinkost.de

テイクアウトのパッケージ

(B) マイン・ヴュルシュトゥル

家庭的な味で人気

Main Würschtl

ホームメイドのお惣菜のなかでも、フリカデレFrikadelleというハンバーグが自慢。日替わりのパスタやシチューでのクイックランチにもおすすめ。

Map 別冊P.9-D2 レーマー広場周辺

Braubach Str.37, D-60311 ☎069-282217 ⌚月～木9:00～18:00、金9:00～16:00 休土・日、12月下旬～1月上旬 予€2～ Card 不可 交レーマー広場から徒歩1分 URL www.main-wuerschtl.de

テイクアウトのパッケージ

かむほどに味わいが増す ドイツパンにやみつき！

黒くて固いライ麦パン。ハートの形をしたかわいいブレーツェル。パンの種類はたくさんあるけど、どれもが風味があって、噛むほどに味わいを増してくる。知れば知るほどおいしくなるドイツのパンワールドへようこそ。

ドイツのパン屋
Bäckerei
ベッケライ

ドイツには300種とも、数え方によっては1000種ともいわれる種類のパンがある。パン屋さんの数も多く、どの店も店頭にサンドウィッチや甘い菓子パンを並べている。チェーン店でも最後の焼き上げは店でやるのが当たり前。香り高いできたてを味わいたい。

ドイツパンは最高だぜ！

便利な単語

全粒粉	Vollkorn フォルコルン
ライ麦パン（ライ麦の配合が多いほど黒くなる）	
ライ麦90〜100%配合	Roggenbrot ロッゲンブロート
小麦とライ麦各50%配合	Mischbrot ミッシュブロート
オーガニック/有機認証（Bio-）	
有機全粒粉パン	Bio-Vollkornbrot ビオ・フォルコルンブロート
有機材料を使用したパン屋	Bio-Bäckerei ビオ・ベッケライ

何が入っているの？（サンドウィッチの材料を聞く）
Was ist drin ?
ヴァス・イスト・ドゥリン

キルシュ・マルチパン・シュネッケ
Kirsch Marzipan Schnecke
渦巻きパンをシュネック（カタツムリ）という
€2.50

€1.60
ロジーネン・クノーテン
Rosinen Knoten
甘酸っぱいレーズンが小麦の風味によく合う

€2.35
ケーゼ・シュトゥレ
Käse Stulle
トマトやルッコラ葉などが入ったイタリア風

€2.45
トーフ・シュトゥレ
Tofu Stulle
日本の豆腐よりも水分が少なくて固い

€0.95
ディンケル・ブレートヒェン
Dinkel Broetchen
歯ごたえがあって香りも豊か

（指をさして）これをください
Das, bitte.
ダス・ビッテ

オリーヴェン・サンドウィッチ
Oliven Sandwich
クリームチーズとオリーブの風味が絶品
€4.20

キッシュ・マフィン
Quiche Maffin
ふわふわの生地でも食べ応えあり
€3.90

パン工房が見える
ツァイト・フュア・ブロート Zeit für Brot

材料はすべてビオ認証。豆腐や豆などサンドウィッチの具もヘルシーだから、女性に人気。イートインもできて、ホットドリンク€1.90〜、コールドドリンク€2.30〜。

Map 別冊P.9-C1 エッシェンハイマー塔周辺

Oeder Weg 15, D-60318　069-56998150　月〜金7:00〜20:00、土8:00〜19:00、日8:00〜18:00　休祝　予€0.95〜　Card不可　交U1,2,3,8Eschenhelmer Tor下車徒歩3分　URL www.zeitfuerbrot.com

持ち帰りでよろしく！

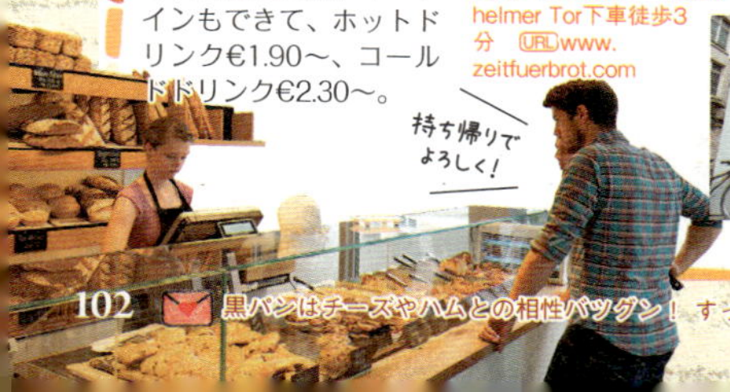

ZEIT FÜR BROT

袋もスタイリッシュ！

※左ページのパンはすべて「ツァイト・フェア・ブロート」のもの

黒パンはチーズやハムとの相性バツグン！すっかりハマりました。（石川県・すず）

ドイツパンいろいろ

黒パン Roggenbrot

ライ麦をサワー種で発酵させて作る、酸味のあるパン。目が均一に詰まっているので固いがかんでいくうちにほどよい甘さが出てくる。

おすすめの食べ方 ＋バターやクリームチーズを塗って ＋サーモンをのせて

ブレーツェル Brezel

ミュンヘンやシュトゥットガルトなど南部が本場だが、全国で食べられる。生地を一度ゆでてから焼くのでモチモチした口当たり。白い粒の塩は適宜落として食べる。

＋バター＆シブレット（ネギの一種）をサンド ＋ビールのつまみに

テーブルパン Brötchen

朝のテーブルに欠かせない白いパン。南では丸型、北では楕円形が好まれる。屋台でソーセージや総菜を挟む基本のパン。

＋ソーセージにマスタード ＋硬質チーズと野菜

€4.10

ベーグル・ミット・カマンベール
Bagel mit Camembert

厚切チーズとベーグルのモチモチでおなかいっぱいに

€1.45

ヴァルヌスヴェッケン
Walnusswecken

少し焦げたくるみが香ばしくておやつに最適

クラフト・バラスト・ブレートヒェン
Kraft-Ballast-Brötchen

€0.69

雑穀やケシの実のプチプチ感もやみつきに！

このパンは甘いですか
Schmeckt das Brot süß ?
シュメクト・ダス・ブロート・ズュース

ファラフェル・バーガー
Falafel Burger

中近東風のひよこ豆のコロッケ入り

€4.10

ヌスクナッカー
Nussknacker

ヌスクナッカーは「くるみ割り人形」。ナッツがいっぱい

€2.05

クッキー・ショコ・オランジェ
Cookie Schoko-Orange

全粒粉を使ったヘルシークッキー

€1.99

ラウゲンシュタンゲ
Laugenstange

シュタンゲは棒という意味。モチモチの食感でほんのり塩味

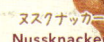

€0.95

定番

ビーガン（完全菜食）のサンドウィッチはどれ？
Haben Sie Sandwich für Veganer ?
ハーベン・ズィー・サンドウィッチ・フュア・ヴェガーナー

ルバーブプルンダー
Rhabarberplunder

赤い野菜（ルバーブ）を甘く煮て練り込んだパン

€1.99

素材に自信あり カイザー KAISER

ウェブにスタンダード商品の材料をすべて公開するほど、こだわりのビオ素材に自信をもっているベーカリー。イートインのスペースも広くランチタイムにはスープも出す。

Map 別冊 P.9-C1 ハウプトヴァッへ

Börsenplatz 1, D-60313
069-15342489　月～金8:00～19:00、土8:00～18:00　休日・祝　予€0.7～　Card不可　交レーマー広場から徒歩6分　URL www.ihre-bio-baeckerei.de

kaiser

外でも食べられるよ！

ドイツでは北に行くほどライ麦比率の高いパンがよく食べられている。

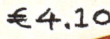

Super
スーパーマ
ドイツの味を

ソーセージに欠かせない
日本でも人気のハ
スーパーマーケットでプチ

mit Wurst ソーセージのお供
国民食といわれるソーセージに添えて

ストライプに絞り出せる!
€1.99

Ketchup&Mayo
ケチャップ＆マヨ
ケチャップ＆マヨネーズがストライプになって出てくる！

€1.79

Curry Gewürz Ketchup
クリー・ゲヴュルツ・ケチャップ
カレーヴルスト用のケチャップ

€0.95

Süßer Senf
ズューサー・ゼンフ
バイエルン地方の白ソーセージに付ける甘いマスタード

€1.69

Gurken-Snack
グルケン・スナック
ベルリン名物、太い１本入のキュウリのピクルス

スパイシーな揚げポテトに!
€1.49

Kartoffel& Pommes Salz
カルトッフェル＆ポンメスザルツ
フライドポテト専用ソルト

ケチャップの種類は豊富

Süßigkeiten スナック＆菓子
独特の食感があるグミは誰もが好きな菓子

やめられない止まらない…
€0.99

Sticks
スティックス
スティック型のプレーツェル菓子。ビールに合う！

各€0.90

Amacado / Grenada / El Guador
アマカド ／ グレナーダ ／ エル・グアドール
手軽に食べられるスティックチョコレート

ハリボは国民的菓子
€0.95

Saft Goldbären
ザフト・ゴルトベーレン
果汁25%ジュースのグミ

€1.79

Hustenbonbon Mischung
フステンボンボンス・ミッシュング
のど飴ミックス

€1.59

Mango-Orange
マンゴー・オランジェ
マンゴーオレンジキャンディー

€0.89

Yogurette
ヨーグレッテ
ヨーグルト味のチョコレート

€0.75

Brause-Bonbons
ブラウゼ・ボンボンス
シュワシュワキャンディー

スーパーでは入口からは出られず、買うものがなくてもレジの横から出ないといけないことが多かった。(宮崎県・コッコ)

markt

ーケットで まるごとGet!

ドイツならではの調味料や リボHARIBOなど。 プラみやげハンティング!

ドイツ料理が再現できちゃう魔法の素 Deutsch küche 定番料理

Kräuter Salz クロイター・ザルツ

日本ではアルペンザルツで知られるメーカーのハーブソルト €1.49

Bad Reichenhaller
Kräuter Salz

Erasco
Heisse Tasse
Natürlich

Heisse Tasse Lauch-Creme ハイセ・タッセ ラオホ・クレーメ €0.95

ネギクリーム味のカップスープ、他にマッシュルームや白アスパラ味もおいしい

Fleischklößchen フライシュクレスヒェン

おかずスープの定番、肉団子 €1.79

LEIMER
Fleischklößchen

ごろんとしたフォルムです

THOMY
Remoulade

Remoulade リムラーデ €1.25

芋のメニューは多彩、ポテトサラダ用のレモンソース

Panat パナート €1.19

シュニッツェル用のとても細かいパン粉

LEIMER
Panat
Fix & Fertig Paniermischung
Mit Ei und Gewürzen

ドイツ版のトンカツ!

庶民的なスーパーマーケット レーヴェ Rewe

REWE

ドイツでも有数の店舗数を誇るスーパーマーケット。ドイツの一般家庭で使うようなものが揃う。陳列もわかりやすくて探しやすい。

Map 別冊P.9-C1 ハウプトヴァッヘ

マイ・ツァイル地下の店舗 Zeil 106-110, D-60313
069-21936546 7:00〜24:00 休日・祝 Card M.V.
U1,2,3,6,7,8Hauptwacheから徒歩3分 URL myzeil.de

REWE

レジ袋は有料ですよ!

ミューズリーは種類豊富で迷いそう zum Frühstück 朝食にピッタリ

Zimtzucker ツィムトツッカー

シナモンシュガーをパンにたっぷりふりかけて軽く焼くのもおすすめ €2.99

Zimtzucker

mymuesli2Go マイミュズリートゥーゴー €1.99

ミューズリーはチョコ味が人気

mymuesli2Go

ジャストサイズだね!

KIRSCHMUESLI
mymuesli2Go

mymuesli2Go マイミュズリートゥーゴー €1.79

チェリー味のミューズリー、85gのカップ入りで1食分にぴったり

Schnitt Vollmilch-Nuss シュニット・フォルミルヒ・ヌス

eszet Schnitten

トースト用チョコプレートミルクナッツ味(左) ビタースイート味(右) ビターなチョコがトロ〜リ溶けてパンとなじむ

Schnitt Zartbitter シュニット・ツァートビター €0.89

eszet
Schnitten
ZARTBITTER

Extra

€1.29

Extra エクストラ

いろいろな味を試せる1食分ずつのフルーツジャム詰め合わせ

Kamillentea カミレンティー

カモミールティー €1.29

Meßmer
Kamille

レジ袋がほしいときは精算が終わる前に「アイネ・テューテ・ビッテEine Tüte, bitte」と言おう。

個性派デザインに注目！ フランクフルトのホテル案内

ビジネス需要の多いフランクフルトでもここ最近は、個性的なホテルが注目されてきた。デザイナーズホテル＆眺望自慢の宿を3軒ご紹介！

フランクフルトのメッセ開催時期に注意

ドイツでは見本市や国際会議（メッセ）が頻繁に行われる。その期間はホテルが予約で埋まり、料金も2～6倍に高騰する。メッセのスケジュールをチェックしよう。URL www.messefrankfurt.com

POINT
コンセプトは古き良き時代の懐かしさ。有名なジーンズブランドの世界観を表現。
スヤスヤ…
私を使う間節水してね！

古き良きアメリカ～ンが好きさ！

1. 50年代のXLルームの306号室　2. ロビー脇のバー　3. 70年代のLルームの507号室　4. 部屋のティーセット　5. 外壁もリーヴァイス

レトロ＆モダン

25hours Hotel by Levi's

25アワーズ・ホテル・バイ・リーヴァイス

各部屋はアメリカの50、60、70年代をコンセプトにしている。レストランバーは宿泊者以外の利用も多く、トレンドに敏感な地元っ子に人気。自転車の無料レンタルも利用価値大。

Map 別冊P.8-B2 中央駅周辺

Niddastr. 58, D-60329　☎069-2566770　FAX 非公開　料 部屋カテゴリーはM、L、XLで表示　€68～　Card A.M.V.　交 中央駅から徒歩4分　URL www.25hours-hotels.com

体を洗う一番小さなタオルがないホテルが多かったのにはびっくり。（京都府・たべちゃん）

高層ビル群が眺められる

Mainhaus

マインハウス

2年間におよぶ大改装後、2013年にリオープンしたホテル。清潔感のあるフローリングの室内が心地よい。朝食会場になる併設のビストロでのベジタリアンメニューも評判。

Map 別冊P.9-D1 ランゲ通り

Lange Str. 26 D-60311 ☎069-299060 料SW€65～ Card A.M.V. 交U4～7、S1～6,8,9Konst-ablerwache下車徒歩10分 URL mainhaus-frankfurt.de

POINT
フランクフルトの広い空を独り占め。長い時間いても飽きない部屋。

ロビーでウエルカムドリンクを

この景色が一望できる!

1. コンフォートルームの701号室 2. スタイリッシュな洗面台 3. ビジネススタンダード617号室

1. アメニティはシャンプー、乳液、シャワージェル、石鹸 2. カセットタイプのコーヒーメーカー 3. 106号室はガラス張りのシャワー

遠くのビルが金融の中心!

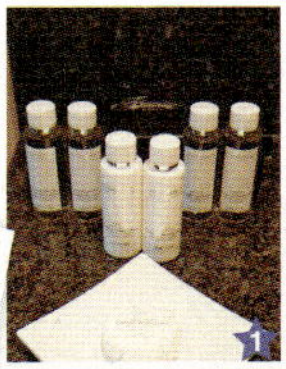

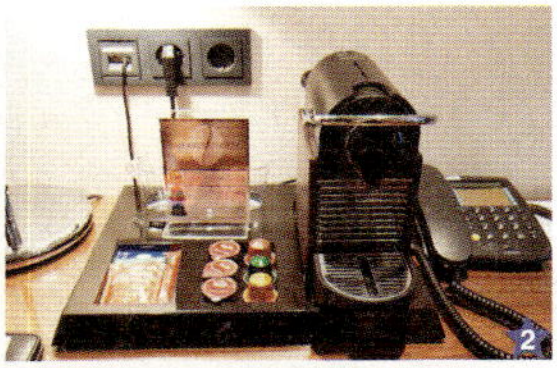

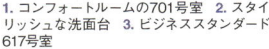

開放的で眺めがいいバー窓際へ!

POINT
シャープなデザインの部屋でもホスピタリティは柔らか。バーで素敵な夜を!

スタイリッシュ

Fleming's Deluxe Hotel Frankfurt City

フレミングス・デラックス・ホテル・フランクフルト・シティー

歴史的建造物に指定されている製薬会社バイエルの元オフィスを利用したホテル。市内に2台しかないドアなしエレベーターが珍しい。最上階レストランのテラス席からはフランクフルトのスカイラインが一望できる。

Map 別冊P.9-C1 エッシェンハイマー塔周辺

Eschenheimer Tor 2, D-60318 ☎069-4272320 FAX 069-427232999 料SW€140～ Card A.M.V. 交U1～3,8Escheinheimer Tor下車徒歩1分 URL www.flemings-hotels.com

ブドウ畑に囲まれたワイン醸造の町
リューデスハイム Rüdesheim

"ラインの真珠"とも呼ばれる美しい小さな町。
ワインの名産地で、町のまわりにはブドウ畑が広がる。
「つぐみ横丁」でおいしい白ワインを試してみて！

リューデスハイムへの行き方

フランクフルト中央駅から私鉄VIAが1時間に1便、所要約1時間10分、€11.60。

ハンブルク
ベルリン
フランクフルト
リューデスハイム
ミュンヘン

Map 別冊P.2-A2

リューデスハイムでやりたい3つのこと

1. ニーダーヴァルトの丘から町とぶどう畑を見下ろす
2. ブレムザー城でワイン博物館を見学
3. つぐみ横丁でワインをテイスティング

TOTAL 3.5時間

リューデスハイムおさんぽ TIME TABLE

- 14:30 ニーダーヴァルト展望台へ
- ↓ ゴンドラリフト10分+徒歩2分
- 15:30 ブレムザー城でワイン博物館見学
- ↓ 徒歩5分
- 16:00 エンゲルでブランデーコーヒー
- ↓ 徒歩3分
- 17:30 おみやげ探し ドロッセル・ケレライ
- ↓ 徒歩3分
- 18:00 リューデスハイマー・シュロスでディナー

1 ブドウ畑を見下ろす 14:30
ニーダーヴァルト展望台 Niederwald

この町に着いたら、まずはゴンドラリフトに乗って展望台を目指そう。リューデスハイムの町とブドウ畑が一望できるビュースポット。

詳しくは→P.30

ブドウ畑を見守るわ！
1871年ドイツ統一のシンボルゲルマニアの女神像

リューデスハイムの ℹ

Rheinstr. 29a, D-65385 ☎06722-906150 4～10月 8:30～18:30（土・日10:00～16:00） 11～3月 9:00～16:30 休祝、11～3月の土・日（クリスマスマーケット時は開業） URL www.ruedesheim.de

Weinlerpfad
Oberstr.
Burgstr.
2
リューデスハイム駅
ビンゲン行きフェリー船着場

ワイン醸造の歴史が学べる

2 内部はワイン博物館 15:30
ブレムザー城 Brömserburg

ローマ時代からここには城があったという説もあるが、現在の城は11～12世紀に造られたものが基盤となっている。現在、内部はワイン博物館となっており、ワイン造りで使用していた古い道具や貴重なワイングラスなどが展示されている。

寒いドイツでブドウの栽培に苦心した先人の知恵を学ぼう

Rheinstr. 2, D-65385 ☎06722-2348 10:00～18:00
休月、11月～3月中旬 料€5 図観光案内所から徒歩7分
URL www.rheingauer-weinmuseum.de

 高台のブドウ畑を走る観光ミニトレインからの眺めもおすすめですよ！（福岡県・めん）

DROSSELGASSE
ブドウの看板が目印だよ

「世界で最も愉快な小路「つぐみ横丁」

つぐみ横丁は、ライン川の桟橋と高台の山側のオーバー通りを結ぶ150mあまりの小さな道。沿道のワイン酒場からは生演奏が流れ、陽気で活気にあふれている。年間300万人以上もの観光客が訪れるリューデスハイムで、誰もが訪れる名所になっている。

Drosselgasse

さあどうぞ！
1

3 16:00

クラシカルな正統カフェ

エンゲル Engel

地元のメーカーのコニャックを使ったリューデスハイマーカフェを注文するとテーブルで実演してくれる。アイスパフェの種類も豊富。

Drosselgasse, D-65385
06722-4024780
10:00～0:00 休12月下旬～イースター 予€2.8～
Card不可 英あり 交観光案内所から徒歩5分

コニャックを入れ火をつけてフランベ
コーヒーを注ぎ
クリームをのせる
コニャック小1本入る！
Asbach

リューデスハイマーカフェは町のカフェならたいてい飲める

2
3
Asbach & COLA
PRALINEN-VARIATION

4

1. つぐみの絵が入った店オリジナルワイン€7.90 2. ワインチョコ€7.50 3. コニャックのコーラ割り缶€3.50 4. 試飲は4種で€8～

4 17:30

試飲をしておみやげを探そう

ドロッセル・ケレライ Drossel Kellerei

地元産のワインを試飲して選べる店。オリジナルのチョコやワインゼリーもおみやげにぴったり。ワインに含まれる香りの成分を種類別に体験できるコーナーもある。

Amselstr.4, D-65385
06722-91305 11:00～0:00 休12月下旬～4月下旬
予ワインのテイスティングは4種類€8～ CardA.M.V. 英なし 交観光案内所から徒歩3分 URL www.drosselkellerei.de

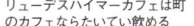

町は急な坂ひと休みしよ♪
Rドームス・トルクロルム
→P.31
0 100m
N
1へ
ニーダーヴァルト行きゴンドラリフト乗り場
Schmidtstr.
Löhrstr.
マルクト広場 Marktplatz
市庁舎
Drosselgasse つぐみ横丁
5
4
3
観光案内所
ライン通り
Rheinstr.
自慢のワインいかがですか
KDライン観光船船着場

ワイナリーオリジナルをどうぞ

1. 緑いっぱいの中庭 2. 手前はタパス8種の盛り合わせ1品€3。奥はニジマスのムニエル€16.50とシュニッツェル€12.50

1

5 18:00

中庭の仕掛け時計が楽しい

リューデスハイマー・シュロス Rüdesheimer Schloss

老舗ワイナリーが経営するホテルレストラン。オーナーが育てたエディブルフラワーをあしらうなどの工夫が素晴らしい。季節感を大切にメニューは6週間ごとに変えている。

Steingasse 10, D-65385
06722-90500 12:00～22:00 休12月下旬～2月中旬
予€25～ CardA.V. 英あり 交観光案内所から徒歩5分 URL www.ruedesheimer-schloss.com

名物料理を試してね！
2

対岸のビンゲンBingenとの間にはフェリーFähreが運航、数分の船旅を楽しめる。

ライン川周辺の町②

世界最大のゴシック建築がそびえる歴史ある町

ケルン Köln

ケルン中央駅前にそびえる大聖堂はドイツ人観光客も多数訪れるマストスポット！ フランス語で「ケルンの水」を意味するオーデコロン発祥の地としても知られている。

ハンブルク
ベルリン
ケルン
フランクフルト
ミュンヘン

Map 別冊P.2-A2

ケルンへの行き方

フランクフルト中央駅からICEで約1時間10分～約2時間30分。€50～71。

ケルンの i

Kardinal-Höffner-Platz 1, D-50667 ☎0221-346430 ◷9:00～20:00（日・祝10:00～17:00） 休無休 URL www.cologne-tourism.com

ケルンでやりたい3つのこと

1. 大聖堂の聖遺物を見て、全貌をカメラに！
2. 老舗の香水店でオーデコロンを買う
3. 伝統料理とご当地ビールを試す

まずは ケルン大聖堂を見に行こう

世界遺産 ゴシック建築の最高峰 ケルン大聖堂

Der Kölner Dom

1248年に着工し400年以上の歳月を費やして造られた。高さ157m、2本の塔がそびえる姿は圧巻。外壁に施された彫像やファサードのレリーフも美しい。南塔には階段で上れる。

Map P.110

Domkloster 3, D-50667 ☎0221-17940200 ◷5～10月6:00～21:00 11～4月 6:00～19:30 塔 5～9月 9:00～18:00 3・4・10月 9:00～17:00 11～2月 9:00～16:00 宝物館 10:00～18:00 休無休 料塔€3、宝物館€5 塔と宝物館の共通券€6 交中央駅から徒歩1分 URL koelner-dom.de

メッセ会場
Messe
P.113 ヒルトン・ケルン
ケルン中央駅
Hauptbahnhof
P.113 エクセルシオール・ホテル・エルンスト
トリアングルパノラマ展望台
Köln Triangle Panorama
P.111
ケルン大聖堂 P.110
Der Kölner Dom
ホーエンツォレルン橋
Hohenzollernbrücke
ローマ・ゲルマン博物館
P.112
ルートヴィヒ美術館 P.112
Museum Ludwig
ケルン・ドイツ駅
Bf. Köln-Deutz
ハウス・オブ・4711
P.112
KDライン川観光船船着場
ビアハウス・アム・ライン
P.113
ファリナ・ハウス
P.112
ワインハウス・ブルングス
P.113
P.112 ヴァルラーフ・リヒャルツ美術館
ドイツァー橋
Deutzer Brücke
ケルン
Köln
P.112 チョコレート博物館
Schokoladenmuseum
ライン川
Rhein
N
0 100 200m

ケルン大聖堂のお宝拝見 treasure of Köln

内部には東方の三博士の聖遺物が入った黄金の聖棺がある。ほかにも祭壇や絵画などがたくさんあるのでゆっくり見て回りたい。

身廊
天井までの高さは43.5mあり、奥行き以上の広さが感じられる

東方三博士の聖棺
三博士の頭蓋骨が入った世界最大の黄金の棺

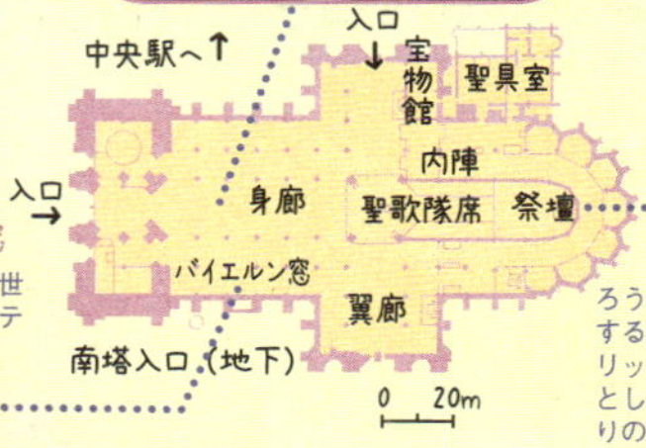

中央駅へ↑
入口
宝物館
聖具室
内陣
入口
身廊
聖歌隊席
祭壇
バイエルン窓
翼廊
南塔入口（地下）
0 20m

バイエルン窓
ルートヴィヒ1世が寄進したステンドグラス

ろうそくを奉納する家族。カトリックの大聖堂として現役の祈りの場だ

大聖堂周辺で記念撮影を呼びかける人は法外なモデル料を請求するので注意！（秋田県・1番）

ケルン大聖堂のベストビュー

best view of Cologne

高い尖塔をもつ大聖堂は、近づきすぎると全景がよく見えない。おすすめはライン川の対岸から。ドイツを象徴する高速列車とのツーショットもぜひカメラにおさめて。

高いところから全貌を見れば大聖堂の大きさがよくわかる

ここで見れるよ!

メッセ地区の高層ビル

トリアングルパノラマ展望台 KölnTriangle Panorama

Map 本誌P.110

Ottoplatz 1, D-50679　☎0221-355004100
11:00（土・日・祝10:00）～22:00　冬期は（土・日・祝10:00）～18:00　㊡ケルナー・リヒター（2015年は6/11）、バラの月曜日（2016年は2/8）、12/31
㊑€3　㊋ケルン・ドイツ駅から徒歩2分
URL www.koelntrianglepanorama.de

橋の向かいのビルの上から
見ごたえ満点の世界遺産!
右下がホーエンツォレルン橋♪

好きな人とずっと一緒に

愛を誓うホーエンツォレルン橋

ライン川に架かるホーエンツォレルン橋は、恋が実る錠前の橋として有名なところ。二人で一緒に鍵をかけ、はずれないように鍵を川に投げ捨てるのがお約束。橋には二人の名前を彫った幸せの錠前がたくさんかかっている。

鉄道と大聖堂のコンビネーション
ICEが来たらシャッターチャンス♪

ここで見れるよ!

中央駅内からも大聖堂が見える

ホーエンツォレルン橋の近く

中央駅の北口を出て、ホーエンツォレルン橋の手前で、列車と大聖堂のツーショットが撮れる。

Map 本誌P.110

対岸のメッセ地区はビジネス街で夜は寂しい感じ。日没後のライトアップされた大聖堂は中央駅側で撮ろう。

いい香りよ！

オーデコロン発祥の地で
好みの香りを見つけて！

パッケージがかわいい

イタリアの調香師伝統のレシピよ

ドイツを代表するブランド
ハウス・オブ・4711
House of 4711

オーデコロン発祥の店のひとつ。店内にはオーデコロンの泉がわき出るしかけがあって楽しい。英語でのガイドツアーや香りセミナーはウェブから問い合わせを。

Map 本誌P.110

Glockengasse 4, D-50667 ☎0221-27099911
月～金9:30～18:30、土9:30～18:00 休日・祝
Card D.M.V. 交大聖堂から徒歩3分 URL www.4711.com

蛇口からオーデコロンが出てくるの

香りはすべて同じシトラス系 1. ミニコロン2本入り缶€5 2. 薬品用瓶€49 3. 懐中時計フォルムの瓶€6.50/25ml 4. 昔から使われてきた定番のモラヌス瓶€25.50/150ml

オーナーは名誉市民
ファリナ・ハウス
Farina-Haus

4711より100年早い、と主張するライバル店。アルコール分が少ないので濃厚な香り。パッケージは女性らしいチューリップ柄。小さな博物館で香水の歴史が学べる。

Map 本誌P.110

Obenmarspforten 21, D-50667 ☎0221-3998994
10:00～19:00、日11:00～16:00 休祝 Card A.J.M.
交大聖堂から徒歩3分
URL www.farina-haus.de

1. シトラスの香りのミニボトル 2. 古い製造器具や宣伝用ポスターが展示 3. 店舗カラーは赤

ケルンのおすすめ
博物館&美術館

モザイクが美しい
ローマ・ゲルマン博物館 Römisch-Germanisches Museum

2世紀頃のモザイク画がこの場所で見つかり、博物館の目玉となっている。そのほか1世紀から5世紀にかけてのローマ時代の遺跡の出土品や美術品を所蔵。

Map 本誌P.110

Roncalliplatz 4, D-50667 10:00～17:00（木～22：00） 休月、カーニバル期間、11/1、12/24・25・31、1/1 料€8
URL www.museenkoeln.de

宗教画の名作を収蔵
ヴァルラーフ・リヒャルツ美術館
Wallraf-Richartz-Museum

14世紀から16世紀の、ケルン派と呼ばれる画家たちの宗教画を中心に、クラーナハ、デューラー、レンブラント、ルーベンス、ゴッホ、ルノワール、マネなど、ヨーロッパの各時代の名画を所蔵している。

Wallraf

Map 本誌P.110

Obenmarspforten, D-50667
10:00～18:00（木～21:00）
休月、1/1、カーニバル期間、11/1、12/24・25・31
料€13 URL www.wallraf.museum

人気チョコの秘密がわかる
チョコレート博物館 Schokoladenmuseum (Imhoff-Stollwerk-Museum)

ケルンの有名チョコレートメーカーImhoff-Stollwerkの工場兼博物館。ライン川にせり出したガラス張りの船のような建物も印象的。大聖堂前広場から工場までSL型の観光車両（片道€4）が運行。

Map 本誌P.110

Am Schokoladenmuseum 1a, D-50678 火～金10:00～18:00
土・日・祝11:00～19:00
休月、カーニバル期間、12/24・25・31、1/1 料€9
URL www.schokoladenmuseum.de

©Schokoladenmuseum Köln

現代アートの殿堂
ルートヴィヒ美術館 Museum Ludwig

ドイツ表現主義からピカソ、ウォーホル、リキテンシュタインをはじめとするアメリカのポップアートなど、20世紀美術コレクションを誇る。ケルン・フィルハーモニーのコンサートホールも同じ建物に入っている。

Map 本誌P.110

Heinrich-Böll-Platz, D-50667
10:00～18:00 休月、カーニバル期間、12/24・25・31、1/1
料€11
URL www.museum-ludwig.de

MUSEUM LUDWIG

大聖堂裏のライン川沿いにはレストランが並ぶ。夏は外の公園にまでテーブルが！（東京都・パンダ）

地元料理を楽しめる伝統的なレストランへ

プファルツ風豚の胃詰め
マッシュポテト添え
Pfälzer Saumagen mit Kartoffelpüree
プフェルツァー・ザウマーゲン・ミット・カルトッフェルピュレー
€13.90
€14.90
アンズ茸のソテー、
スクランブルエッグ添え
Pfifferlinge mit Rühreri, Speck
プフィッファリンゲ・ミット・リューアイ・シュペック
€3.90
モーゼルワイン辛口
Moselwein trocken
モーゼルヴァイン・トロッケン
€14.90
カレイのムニエル
ベーコン添え
Schollenfilet mit Speck
ショレンフィレ・ミット・シュペック
€22.90
豚のコテレット
季節の野菜添え
Kotelette mit Saisongemüse
コテレッテ・ミット・セゾンゲミューゼ

ケルシュ

女子好みのライトなのどごし

ケルシュKölschという地ビールは、軽い口当たりで、ほどよい苦味のある味わい。200mlの細長いグラスだから量も見た目も◎。ただしグラスが空になる頃合いでおかわりを注ぐわんこ方式。「いりません！」のサインはグラスにコースターで蓋をする。

ライン川を眺めて乾杯！

ビアハウス・アム・ライン Bierhaus am Rhein

ライン川沿いのかわいいデルフト（オランダ）風の建物。テラス席があり、内装もかわいらしい。料理は古きよきビアハウスのスタンダード。女性2人なら1皿でもシェアOK。

Map 本誌P.110

Frankenwerft 27, D-50667
0221-8001902 夏期11:00〜23:00 冬期15:00〜23:00（土・日11:00〜） 休1月上旬〜中旬 予€25〜 Card A.M.V. 英あり 交大聖堂から徒歩5分 URL www.bierhaus-am-rhein.de

5種の前菜盛り合わせ
5 Kölsche Tapas
フュンフ・ケルシュ・タパス
黒パンの上にチーズやニシンが乗っている
€6.90
€14.80
ポテトのオーブン焼きサーモンとサワークリーム添え
Ofenkartoffel mit Lachs
オーフェンカルトッフェル・ミット・ラックス
€6.20
ライン風じゃがいもネギスープ
Rheinische Kartoffel-Lauchsupper
ライニッシェ・カルトッフェル・ラオホズッペ
豚フィレ肉とグリル野菜のフライパン盛り
Altstadtpfännchen
アルトシュタットプフェンヒェン
€19.50
ビール
Kölsch
ケルシュ/0.2L
€1.80

名店の誉れ高い

ワインハウス・ブルングス Weinhaus Brungs

16世紀のケルンにおける典型的な商家の名残をそのまま残す、伝統のあるワインレストラン。同市を訪れる要人が案内されることも多い。日替わりのランチメニューは€7.95で大変お得。

Map 本誌P.110

Marsplatz 3-5, D-50667 0221-2581666 12:00〜24:00 休無休 予€25〜 Card M.V. 英あり 交大聖堂から徒歩5分 URL www.weinhaus-brungs.de

ケルンに泊まるならココへ！ 実用重視の安心ホテル

駅前の老舗ホテル

エクセルシオール・ホテル・エルンスト Excelsior Hotel Ernst

かわいいファブリックの客室

大聖堂に近い、ケルンでもっとも格式があるホテル。アジアンレストランの評判もよい。

Map 本誌P.110

Trankgasse 1-5, Domplatz, D-50667 0221-2701 FAX 0221-2703333 料S€220〜 W€260〜 Card A.D.J.M.V. 室142 交大聖堂から徒歩2分 URL www.excelsiorhotelernst.com

ジムやフィットネス完備

ヒルトン・ケルン Hilton Cologne

アメリカの大手資本だけあって、ビジネスやツアー利用が多いホテル。

機能的なスタンダードルーム

Map 本誌P.110

Marzellenstr. 13-17, D-50668 0221-130710 FAX 0221-130720 料S€109〜 W€119〜 Card A.D.J.M.V. 室296 交中央駅から徒歩4分 URL www.hilton.de/koeln

ケルン中央駅付近は鉄道工事の影響でICE、ICがよく遅れるのでスケジュールには余裕をもって。

活気ある商業タウンの3大名物を制覇！
デュッセルドルフ Düsseldorf

ライン川沿いに位置する商工業がさかんな町。
日系企業も多く、ドイツのなかで最も日本人在住者が多い。
駐在員もイチオシの老舗マスタードや名物スイーツはマストバイ！

デュッセルドルフでやりたい3つのこと

1. 名物マスタードを手に入れる！
2. 人気スイーツを食べ歩き
3. ご当地ビール、アルトビーアにトライ！

ハンブルク
ベルリン
デュッセルドルフ
フランクフルト
ミュンヘン

Map 別冊P.2-A2

デュッセルドルフへの行き方

フランクフルト中央駅からICEで所要1時間40分～2時間50分、€55～82。

デュッセルドルフ中央駅前の i

Immermannstr. 65b, D-40210 ☎0211-17202844 9:30～19:00（土～17:00） 休日 URL www.duesseldorf-tourismus.de

マルクト通りの案内所 10:00～18:00 休無休

名物のマスタードを手に入れる！

大手メーカー「レーベンゼンフ」の本拠地だけに直営店の品揃えは豊富。小さな町のスパイスショップも訪ねてみて！

レーベンゼンフ直営販売店
デュッセルドルファー・ゼンフラーデン
Düsseldorfer Senfladen

Map 本誌P.115

Bergerstr. 29, D-40213 ☎0211-325788 月・火10:00～14:00 15:00-19:00、水～土10:00～19:00 休日、12/24～26・30・31、1/1 Card不可 交トラム701番Heinrich-Heine-Allee駅から徒歩5分 URL www.loewensenf.de

どのスーパーでも見かけるライオンマークのブランドのフラッグショップ。マスタードミュージアム併設。味比べコーナーでいろいろ試してみよう。

ORIGINAL
Löwensenf
gegr. 1903
DÜSSELDORF

定番
1 オリジナル・マスタード Original Löwensenf €7.50/300g

Düsseldorfer Radschläger
SENF

2 側転マン・マスタード Düsseldorfer Radschläger €4.30/200g

original
Löwensenf
gegr. 1903
Düsseldorf

オリジナル・マスタード Original Löwensenf €6.70/100g

1.容器のみでも買える€5.40　2.デュッセルドルフでよく見かけるキャラクター側転マンのパッケージ　3.ドレッシングも豊富

秘伝の調合でファンをつかむ
ゲヴュルツハウス・アルトシュタット
Gewürzhaus-Altstadt

Map 本誌P.115

小さな店内に漢方薬店のように天井までぎっしりスパイスが並ぶ。料理に合わせたオリジナルの調合もOK、地方のこだわりマスタードも多数取り揃えている。

Mertensgasse 25, D-40213 ☎0211-325788 月～金9:30～14:00 15:00～18:00 土9:30～15:00 休日、1/1、11/11、12/25・31、12月最終の土、カーニバルの月・火・木・金 Card不可 交トラム701番Heinrich-Heine-Allee駅から徒歩3分 URL www.gewuerzhaus-altstadt.de

GEWÜRZHAUS

Moutarde de Montjoie
MONSCHAUER SENF-MÜHLE
Gegründet 1882
335 ml
Guido Breuer

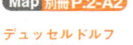

1 トマト・マスタード Monschauer Senf-Tomate €8.50/335ml

2 ビールマスタード Monschauer Senf Biersenf €6.50/200ml

1.トマトパウダー配合の地中海マスタード　2.豊かなモルトの香りが肉料理に合う　3.コルク栓付きABBマスタード

3 手塗り陶器入りマスタード ABB Mostert Handbemalt Mostertpöttche mit Korkverschluß €7.50/400ml

エコな常連さんは空き容器持参でマスタードを買うみたい。（北海道・ちゃお）

人気スイーツを食べ歩き

国際空港の免税売店で人気の菓子ハイネマンと、素朴なスイーツが楽しめるカフェをはしご！

大人気

シャンパントリュフ
Champagne-Trüffel
€17.80/250g
1968年に販売され、今ではハイネマンの代名詞。パッケージもいろんな種類がある

エコバッグもいかが？

社長のハイネマンさん

駐在員のクチコミで人気
ハイネマン Konditorei Chocolatier Café & Restaurants Heinemann

ラインラント地方の有名菓子店。シャンパントリュフはドイツでいちばんおいしいと評判。13店舗の各工房で作る生菓子は新鮮さも自慢。

Map 本誌P.115

Martin-Luther-Platz 32, D-40212 ☎0211-132535
月～金9:00～19:00、土9:00～18:30、日・祝10:00～18:00 休12/25・26、1/1 予€3.30～
Card不可 交トラム701番Steinstr./Königsallee駅から徒歩3分
URL www.konditorei-heinemann.de

Map 本誌P.115

Ackerstr. 113, D-40233 ☎なし
月～水8:00～19:00、木・金8:00～22:00、土9:00～22:00、日10:00～22:00、祝 10:00～19:00 休12/24～1/2 予€2.20～ Card不可
交トラムBirkenstraße駅から徒歩2分

懐かしい素朴なケーキ
ヒュフトゴルト Hüftgold

オーナー、パトリシアさんの新作ケーキとおばあちゃん秘伝のレシピを再現した伝統的なケーキ、どちらも体に優しい素材で味わい深い。

しあわせ♡
なくなったら焼き立てを次々と出すよ

ラズベリーとポピーシードのケーキ
Himbeere Mohn
€2.20

いちばん人気

おばあちゃんのクランブルケーキ（レーズン、リンゴ入り）
Apfelkuchen mit Nüsse Rosinen Zimt Marzipan Mandeln
€2.20

ローズマリーとプラムとクルミのベジタリアンタルト
Vegan Rosmarin-Pflaume Walnüsse
€2.20

アルトビーアAltbierにトライ！

上面発酵ビールの軽い味わいの名物ビール。250mlという小さなグラスで飲めるのも嬉しい。

シューマッハー・アルト
Schumacher Alt
€1.90/250ml

シューマッハーズ・ハウスプレット（4人以上向け）
Schumachers Hausbrett (ab 4P)
€18.50（1人分）

グリル肉の盛り合わせ

ビールを運ぶ陽気なダニエルさん

老舗の醸造元ビアホール
シューマッハー・シュタムハウス Brauerei Schumacher Stammhaus

1838年にアルトビーアを醸造した草分け。琥珀色のシューマッハーアルト（4.6%）は、今も伝統製法を忠実に守り醸造されている。

Map 本誌P.115

Oststr. 123, D-40210 ☎0211-8289020
10:00～24:00（金・土・祝～1:00～、12/24～14:00、12/31～17:00）＊温かい料理は12:00～、ラストオーダーは1時間前まで 休1/1、12/25、26、カーニバル火曜2/18('15) 2/10('16) Card M.V.（€50以上で利用可能、€100以上は手数料€3） 予ビール小€1.90～
交中央駅から徒歩8分 URL www.schumacher-alt.de

デュッセルドルフ Düsseldorf
ライン川 Rhein
市庁舎 Rathaus
ゲヴュルツハウス・アルトシュタット P.114
デュッセルドルファー・ゼンフラーデン P.114
シャドウ・アルカーデン
ケー・ギャラリー
ハイネマン P.115
シューマッハー・シュタムハウス P.115
ヒュフトゴルト P.115
在デュッセルドルフ日本国総領事館
デュッセルドルフ中央駅 Düsseldorf-Hauptbahnhof
インマーマン通り
Kaiserstr.
Schadowstr.
Pempelforter Str.
Bernather Str.
Steinstr.
M.-Luther-Pl.
Immermannstr.
Kölner Str.
Graf-Adolf-Str.
N
0 200 400m

歴史をひもといてみよう

Burgenstraße 古城街道

古城街道は、マンハイムからネッカー川沿いを通り、チェコのプラハへ抜けるルート。
沿道には大小70もの古城が残っている。
URL www.burgenstrasse.de

凡例
鉄道
古城街道
ロマンティック街道

ハンブルク
ベルリン
フランクフルト
ミュンヘン

Map 別冊P.2-A3～B2

フランクフルト Frankfurt am Main

P.92

ライン川 Rhein

50分

マンハイム Mannheim

マンハイムは17世紀から18世紀にかけて計画的に造られた都市。円形の環状道路の中に碁盤の目のように道路が交差している。見どころはドイツ最大のバロック様式の建築物である選帝侯宮殿。

ICEでフランクフルトから約40分。

Willy-Brandt-Platz 3, D-68161 ☎0621-2938700 月～金9:00～19:00、土10:00～13:00 休日 URL www.tourist-mannheim.de

ヒルシュホルン城 Burg Hirschhorn

古城ホテル

13世紀に起源を持つ城で現在は古城ホテルとなっている。本城（Palas）と既舎を改装した別館があり、ほとんどの部屋からネッカー渓谷を眺めることができる。敷地内にはテラス席のあるレストランとカフェも併設。

P.47

ハイデルベルクからS1でHirschhorn(Neckar)下車、所要30分、1時間に2便程度。駅から城まで約1km。

Schlossstr. 39-45, D-69434 ☎06272-92090 料S€70～98 W€96～164 Card A.M.V. 室25 URL www.schlosshotel-hirschhorn.de

110分

ヴュルツブルク Würzburg

P.71

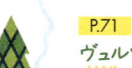

ホルンベルク城 Burg Hornberg

古城ホテル

11世紀に建築された古城を改装したホテル。ゲーテの戯曲に登場する中世の騎士・鉄腕ゲッツが晩年を過ごした城としても知られている。周囲はブドウ畑となっており、館内にはワインショップもある。

ハイデルベルクからS1でMosbach-Neckarelz乗り換えS41でNeckarzimmern下車、所要1時間、1時間に1便程度。駅から城まで約1.6km。

☎06261-92460 料S€78～100 W€110～160 室24 URL www.burg-hotel-hornberg.de

10分

ハイデルベルク Heidelberg

P.122

グッテンベルク城

45分

ハイデルベルク城 Schloss Heidelberg

見学可能

13世紀にプファルツ伯の居城として建てられ、以後ゴシック、ルネッサンス、バロックなど時代ごとに改築や増改築が行われた。館内には世界最大級のワインの大樽とドイツ薬事博物館など、見どころも多い。

P.122

バート・ヴィンプフェン Bad Wimpfen

40分

町は「下の町」と「上の町」２つに分かれており、「上の町」は中世のたたずまいを残している。町の象徴ともなっている青の塔や、赤い砂岩で造られている赤の塔などは12世紀後半に建てられたもの。

ハイデルベルクからREで約45分。

Carl-Ulrich-Str. 1, D-74206 ☎07063-97200 月～金10:00～12:00 14:00～17:00、土10:00～12:00 休日、11月～イースターの土 URL www.badwimpfen.de

15分

ハイルブロン Heilbronn

Neckar ネッカー川

55分

シュヴェービッシュ・ハル Schwäbisch Hall

12世紀にこの町で銀貨が鋳造され始め、その後大いに繁栄する。町は古来から塩の産地として知られ、現在でも塩水が沸いており、塩水浴場ではプールとサウナに入ることもできる。

ハイデルベルクからのネッカー川沿いのルートは、S1でMosbach-Neckarelz乗り換え、S41でBad Friedrichshall Hbf乗り換え、REでHeilbronn Hbf乗り換え、REでSchwäbisch Hall-Hessental下車。所要2～3時間。1～2時間に1便程度。シュトゥットガルト乗り換えなら約2時間。

シュトゥットガルト Stuttgart

ハイデルベルクから川沿いの車窓も素敵な景色！（山梨県・モモ）

古城街道の攻略法

交通手段 鉄道の場合は、ハイデルベルクとニュルンベルクを起点に日帰りで近隣の古城を訪れるといい。古城街道沿いのハイデルベルク～ニュルンベルク間は直通がなくローカル線の乗り継ぎ。1～2時間に1便程度なので、古城の訪問は1日で2～3か所が目安。

服装 城は山の上にあることが多いので、荷物は最小限にしてハイキングのつもりで歩こう。駅から遠い場合はタクシーを利用する。

旅の季節 紅葉シーズンの10月下旬～11月がおすすめ。6～7月は22時頃まで明るいので城をたくさん眺められる。

見学可能

プラッセンブルク城 Burg Plassenburg

城は12世紀には既に記録されており、長い歴史を持つ。14世紀から18世紀の終わりまでホーエンツォレルン家の城になっていた。城内には錫人形博物館をはじめ、4つの博物館がある。

バイロイトBayreuthからREでクルムバッハKulmbach下車、所要30分、30分毎。城までプラッセンブルク・エクスプレスというバスが1時間に1～2便出ている。所要約5分。駅から城まで約1.6km。

Festungsberg 26 D-95326 ☎09221-947505 4～10月9:00～18:00 11～3月10:00～16:00 休12/24・25・31、1/1 料共通券（4つの博物館を含む）€7 URL plassenburg.de

古城街道

古城街道沿いの見どころ

リヒテンフェルス Lichtenfels

20分　15分　40分　55分　30分　45分

クルムバッハ Kulmbach

ビール醸造と粗挽きソーセージでもよく知られた街。ビール造りは600年以上前から行われており、街の中心マルクト広場には地元産のビールが飲めるレストランもある。

ニュルンベルクからREで約1時間40分。

Buchbindergasse 5, D-95326 ☎0981-95880 4～10月9:00～18:00（土10:00～13:00）11～3月10:00～17:00 休4～10月の日、11～3月の土・日 URL www.kulmbach.de

バンベルク Bamberg

神聖ローマ帝国のハインリヒ2世（在位1002～1024年）の時代に宮廷がおかれ、司教都市としても発展した。世界遺産の旧市街とラオホビーアという香り高いビールで有名。

ICE特急、またはREでニュルンベルクから40～45分。

Geyerswörthstr. 5, D-96047 ☎0951-2976200 月～金9:30～18:00、土9:30～16:00、日・祝9:30～14:30 休無休 URL www.bamberg.info

バイロイト Bayreuth

音楽家ワーグナーが1872年から死去するまで住んだ町。毎年7月下旬～8月下旬に開かれる音楽祭で有名。音楽祭の時期には、世界中から約10万人のオペラファンが集まる。

ニュルンベルクからRE快速で約50分。

Opernstr. 22, D-95444 ☎0921-88588 9:00～19:00、土9:00～16:00、日10:00～14:00 休11～4月の日 URL www.bayreuth-tourismus.de

ローテンブルク Rothenburg ob der Tauber

P.74

アンスバッハ Ansbach

ニュルンベルク Nürnberg

P.118

絵本の中の世界だね

見学可能

カイザーブルク Kaiserburg

神聖ローマ皇帝の城で、12世紀に基礎が築かれ、15～16世紀に現在の形となった。皇帝専用の2重構造の礼拝堂や約60mの深さがある井戸が見どころ。旧市街を一望できるテラスもある。

P.119

ミュンヘン München

Am Markt 9, D-74523 ☎0791-751246 5～9月9:00～18:00（土・日10:00～15:00） 10～4月9:00～17:00 休10～4月の土・日 URL www.schwaebischhall.de

Romantische Straße

ロマンティック街道

P.70

このあたりは自転車でツーリングしている旅行者も多い。

城壁に囲まれた中世の面影残る古都
ニュルンベルク Nürnberg

ゴシック教会や古城があり、木組みの家が立ち並ぶ
かわいらしい旧市街を歩いていると、
まるで中世にタイムトリップしたみたい！

ニュルンベルクへの行き方

フランクフルト中央駅からICEで所要約2時間。€55。

ハンブルク
ベルリン
フランクフルト
ニュルンベルク
ミュンヘン

Map 別冊P.2-B3

ニュルンベルクでやりたい4つのこと

1. 聖ローレンツ教会で受胎告知のレリーフを見る
2. 美しの泉で金の輪を回す
3. カイザーブルク城へ行く
4. 職人広場でショッピング

ニュルンベルク、中央広場のⓘ

Hauptmarkt 18, D-90403
0911-2336135 9:00〜18:00（日10:00〜16:00） クリスマスマーケット開催時は9:00〜19:00 休クリスマスマーケット期間以外の11〜4月の日曜
URL tourismus.nuernberg.de
中央駅から地下道を出て旧市街に入ったところにもある

1 ゴシックの美を堪能 10:00
聖ローレンツ教会 St. Lorenz-Kirche

こぢんまりしているが中には精巧な彫刻が。正面右側の入口から入って。

データは→P.121

恋が成就しますように！

2 10:30 恋愛成就のおまじない
美しの泉 Schöner Brunnen

詳しくは→P.120

ラブ運アップの金の輪が大人気。少し高いところにあるけど頑張って！

TOTAL 5時間

ニュルンベルクおさんぽ TIME TABLE

- 10:00 聖ローレンツ教会
  - ↓ 徒歩5分
- 10:30 美しの泉で金の輪を回す
  - ↓ 徒歩3分
- 11:00 ブラートヴルストホイスレで早めのランチ
  - ↓ 徒歩10分
- 12:00 カイザーブルクから町を眺めて
  - ↓ 徒歩20分
- 13:30 カフェ・アム・トローデルマルクトでブレイク
  - ↓ 徒歩1分
- 14:00 フェネストラでガラス工芸をGet
  - ↓ 徒歩1分
- 14:30 ロートスでエコ雑貨を探す
  - ↓ 徒歩15分
- 15:00 職人広場をぶらり

3 11:00 小さいサイズの名物ソーセージ
ブラートヴルストホイスレ Bratwursthäusle

ホームメイドのソーセージが人気で、次から次へとお客さんが絶えない。注文は6本以上から。10本以上だとハートのプレートでサーブされる。

Rathauspl.1, D-90403
0911-227695 10:00〜22:00 休クリスマスマーケット期間中以外の日・祝
€11〜 Card不可 英あり 図中央広場の観光案内所から徒歩2分 URL www.bratwursthaeusle.de
Königstorzwinger 5a, D-90402 図駅からの地下道を出て徒歩1分

炭火焼でおいしいわよ

1. ソーセージの注文は6本〜。10本以上はハートのプレートでサーブされる。サイド1品付き€11　2. 職人広場にも支店あり

町の中心に川があり、丘の上に城がある。坂道なので距離のわりに疲れた〜。（徳島県・テンコ）

坂が多いから
たいへんなんだ
Burgstr.
旧市庁舎
Karlstr.
中央広場
Maxbrücke
Heubrücke
ペグニッツ川
Königstr.
0
100m
N
ケーニヒ通り
Königstr.
ホテル・ヴィクトリア
→P.121
ゲルマン
国立博物館
トーア塔
レープクーヘン・
シュミット
→P.121
ニュルンベルク中央駅

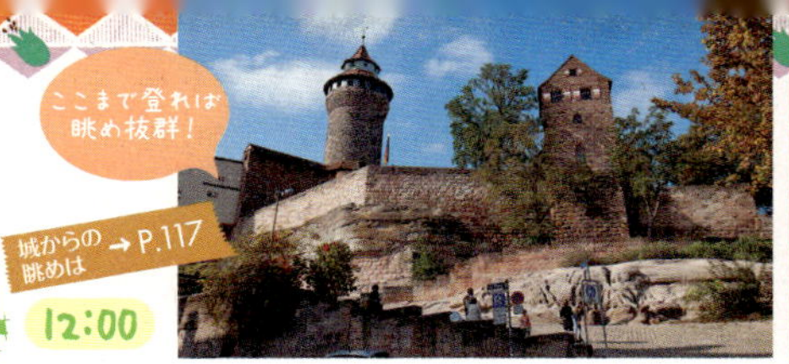
ここまで登れば
眺め抜群！
城からの
眺めは
→P.117

4 12:00

領主気分で町を眺めて

カイザーブルク Kaiserburg

町の北の高台に建つ城。15～16世紀の神聖ローマ帝国時代に強固になった。約60mの深井戸と二重構造の礼拝堂が珍しい。展望台からの眺めは最高！

Auf der Burg 13, D-90403
0911-2446590 4～9月9:00～18:00 10～3月 10:00～16:00 庭園は8:00～日没
休1/1、カーニバルの火曜(2016年は2/9)、12/24～26、12/31 庭園は11～3月 料€7 学生€6
交中央広場から徒歩10分
URL www.kaiserburg-nuernberg.de

5 13:30

川面を渡る風が心地よい

カフェ・アム・トローデルマルクト Café am Trödelmarkt

中州にあるカフェ。ペグニッツ川を泳ぐ鴨を眺めたり、岸辺の花に癒されたり。オーナー自慢のホームメイドケーキもぜひ。2階席からの眺めもいい。

Trödelmarkt 42, D-90403
0911-208877 月～土9:00～18:00、日10:00～18:00 休無休 料€2.60～ Card不可 交中央広場の観光案内所から徒歩4分

1. ホームメイドケーキ€2.80、コーヒー€2.60€ 2. おしゃれな店が並ぶ一角にある

待ってます！

1.クリストキントの飾り€49 2.グラス€29.80（6個€172） 3.ミニグラス各€17.50 4.ネックレスやリングなど€66～300ほど

6 14:00

手作りのガラス細工

フェネストラ Fenestra

オーナーのケルスティンさんがデザインしたものと、彼女の芸術仲間が手掛けたものもセレクトして置いている。お店はアトリエも兼ねており、奥で製作している。

Trödelmarkt 47, D-90403 0911-2418511 月10:00～14:00、火～土10:00～18:00 休日・祝、1/1・6、12/25・26 Card M.V. 交中央広場の観光案内所から徒歩4分 URL www.fenestra-nuernberg.de

7 14:30

エコ雑貨中心の店

ロートス Lotos

ナチュラルコスメ、自然食品、オーガニック野菜など店内はエコの雰囲気満点。ベジタリアンメニューのカフェもあり、ランチタイムは口コで身動きが取れないほどの人気ぶり。

Unschlittplatz 1, D-90403
0911-243598 月～金9;30～18:00、土9:30～16:00 休日・祝 Card不可
交中央広場の観光案内所から徒歩4分 URL www.naturkostladen-lotos.de

Wäscheseife
Rose

1.ラベンダーが香るハートの形のバスボール€9.98 2.ナチュラルせっけん各€4.89

職人小屋が
並ぶ
おとぎの国

8 15:00

中世のような異空間

職人広場 Handwerkerhof

かわいらしい木組みの家が並ぶ観光市場。ガラス、錫、銀などの細工師やアンティークショップがある。

月～金10:00～18:30、土10:00～16:00（食事系の店は10:30～22:00） 休日・祝、1～3月下旬 料無料 交駅からの地下道を出て徒歩1分 URL www.handwerkerhof.de

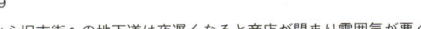

駅から旧市街への地下道は夜遅くなると商店が閉まり雰囲気が悪くなるので注意。

開運スポットへGO！ ニュルンベルクで運気アップ♪

職人の町ニュルンベルクには
ロマンティックな駆け落ちの伝説が！
世界中の女性の注目を集める
「美しの泉」へGO！

LUCKY SPOT
ラブ運UP↑
Schöner Brunnen

美しの泉 Schöner Brunnenのリング

その昔、若い見習いの鍛冶職人が親方の娘を好きになった。一人前になって継ぎ目のない丸い輪が作れるようになったら結婚させてくれると言われ、一生懸命精進した。ある日、親方は二人が駆け落ちしたことに気づく。探してみると、美しの泉に継ぎ目のない金の輪が掛けられていたそうな。

ゴシックの美を堪能
美しの泉
Schöner Brunnen

1396年、八角形の噴水の上に造られた塔。高さ17mほどの塔は、4段に分かれており、それぞれ英雄や聖人の像がある。まわりの柵に付けられた継ぎ目のない黄金のリングを3回まわすと恋が実るといわれている。

Map 本誌P.119

金の輪をクルクル3回転させよう！

継ぎ目がないので、何周回したかわからなくなるので目を離さずに！

だっこで届いたよ！
気をつけてのぼって…

ココ！
ZOOM UP!
夫婦円満で健康でいられますように…
人気スポットだから並ぶときもあるわよ！
理想の人と出会えますように…

美しの泉のリングは背伸びしても届きませんでした（泣）。恥ずかしいけどよじ登った！（佐賀県・りんご）

ゴシックの美を堪能

聖ローレンツ教会

St. Lorenz-Kirche

1270年から200年あまりをかけて建てられた教会。聖体安置塔の透かし模様や台座のレリーフは必見。天井から吊り下げられたマリア様も評価の高いレリーフだ。

Map 本誌P.119

月～土9:00～17:00、日13:00～16:00（クリスマスマーケット期間中は月～土9:00～18:00、日13:00～18:00） 休無休 料€1 交中央広場の観光案内所から徒歩5分 URL www.lorenzkirche.de

ファイト・シュトス作の受胎告知のレリーフが光っている！

この聖体安置塔を作ったクラフトです。台座を支えてます！

心洗われる美しい教会へ
St. Lorenz-Kirche

ステンドグラスから洩れる光が美しく祭壇を照らす荘厳な空間

名物スイーツレープクーヘンをお持ち帰り！

こちらが元祖です

SPEKULATIUS

レープクーヘンって何？

蜂蜜・香辛料、ナッツ類が入ったクッキー。もとはクリスマス菓子だが今では年中食べられる。ドイツじゅうにあるハート型のクッキーの元祖。

老舗の菓子屋さん

レープクーヘン・シュミット

Lebkuchen Schmidt

ニュルンベルクの名物菓子レープクーヘンの専門店。ドイツらしい絵柄の缶に入っているのでおみやげにぴったり。

スパイシーで大好き！

Map 本誌P.119

Königstorzwinger 5a, D-90402 0911-208548 9:30～19:00 休3/1～12/30の日、12/24・25・26、12/31～2/28 Card M.V. URL www.lebkuchen-schmidt.de 交駅からの地下道を出て徒歩1分 本店 Plobenhofstr.6 月～金9:00～18:30、土9:00～16:00 休日・祝 Card M.V. 交中央広場の観光案内所から徒歩2分

ニュルンベルクのおすすめホテル

職人広場の様子が見える

ホテル・ヴィクトリア Hotel Victoria

部屋はシンプルモダン

たたずまいは古いが部屋はモダン。部屋によって旧市街の街並みや職人広場が真下に見える。奥のラウンジでコーヒーやクッキーのサービスあり。

HOTEL VICTORIA

Map 本誌P.119

Königstr. 80, D-90402 0911-24050 FAX 0911-227432 料S€74～ W€94～ Card A.D.J.M.V. 室62室 交駅からの地下道を出て徒歩1分 URL www.hotelvictoria.de

クリスマスマーケットの時期とおもちゃの展示会があるときはホテル予約が必須。

ネッカー川沿いに広がるオレンジ屋根の町並み
ハイデルベルク Heidelberg

丘の上に古城がそびえるハイデルベルクは、ネッカー川と旧市街のコンビネーションが美しい古城街道きっての人気都市。ドイツ最古の大学があり、学生街ならではの名物みやげも！

ハンブルク
ベルリン
フランクフルト
ハイデルベルク
ミュンヘン

Map 別冊P.2-A3

ハイデルベルクでやりたい3つのこと

1. 昼と夜の絶景を楽しむ
2. クネーゼルで名物のチョコレートをGet
3. 金運UPのおまじない

BEST VIEW 夜

ライトアップならアルテ橋を渡って少し西にいった道路から、橋と古城を狙って

ハイデルベルクへの行き方

フランクフルト中央駅からICEで所要約1時間10分。€29。

ハイデルベルク、アルテ橋北側の i

Ziegelhäuser Landstr. 3, D-69120 ☎06221-14220 4～10月 9:00～19:00 11～3月 9:00～18:00 休日 URL www.tourism-heidelberg.com 中央駅、ハイデルベルク城近く（冬期休業）にもある

TOTAL 3時間

ハイデルベルクおさんぽ TIME TABLE

- 12:00 ハイデルベルク城で町を眺める
  - ↓ 下り坂徒歩15分
- 12:45 マルクト広場でおみやげ屋さんをのぞきつつ
  - ↓ 徒歩0分
- 13:00 クネーゼルでチョコGet！
  - ↓ 徒歩3分
- 13:30 ハックトイフェルでブレイク
  - ↓ 徒歩1分
- 14:00 金貨を持つ猿とご対面
  - ↓ 徒歩20分
- 14:40 哲学者の道で町と城のコンビをパチリ！

1 バルコニーからの眺望は必見 ハイデルベルク城 12:00

Schloss Heidelberg

13世紀頃からプファルツ伯の居城として整備された。フリードリヒ館のバルコニーからの眺めが圧巻。世界最大級のワインの大樽もユニークな展示。

Schlosshof 1, D-69117 ☎06221-658880 8:00～18:00 休12/25 料€6 学生€4（ドイツ薬事博物館、ワインの大樽、ケーブルカーの乗車料金を含む）ガイドツアーは別途€4 学生€2 交マルクト広場からケーブルカーの駅まで徒歩5分 URL www.schloss-heidelberg.de

ケーブルカーで来れるよ

ネッカー川と屋根瓦がきれい

バルコニーの端にある東屋からも絶景よ！

2 学生街のかわいいおみやげ クネーゼル Knösel 13:00

ハイデルベルクで最初にできたショコラテリア。1863年に生まれたメダル型のチョコレート「ハイデルベルク学生のキス」は、ここが本家。男子学生が深窓の令嬢を射止めるために渡したという逸話が残っている。

Haspelgasse 16, D-69117 ☎06221-22345 11:00～19:00 休無休 Card不可 交アルテ橋から徒歩2分 URL www.studentenkuss.com ✉knoesel@t-online.de

淡い初恋の物語よ

1. 人気は2個入りの小さな箱で€4.90 2. バラ売りは€1.75

駅周辺は近代的でビックリ。トラムでビスマルク広場に行き、そこから歩行者天国のハウプト通りを歩くと楽しい。（山形県・T恵）

ランチには軽食もOK

3

橋の往来を見ながらひと休み

ハックトイフェル

13:30

Hackteufel

テラス席からアルテ橋が見えるロケーション。クラシカルなインテリアの店内では食事もできる。ホテルも併設しているので夜景や夜の旧市街散策を予定しているならステイ先としてもおすすめ。

ホイップクリームを添えたホームメイドチーズケーキ€3.80

Steingasse 7, D-69117
06221-905380 11:00～23:00
休無休 料€2.50～ Card A.J.M.V. 英あり 交アルテ橋から徒歩1分 URL www.hackteufel.de hotel@hackteufel.de

4

14:00

金運UP↑のLUCKY SPOT

金貨を持つ猿

Der Brückenaffe

アルテ橋のたもとに猿の像がある。左手に持っている金貨に触るとお金に困らないとか。猿に入っちゃう荒業も流行中！

すっぽりはまった！

ウキキ
ここに触ると金運アップ！

BEST VIEW
昼

明るいうちなら対岸の丘の中腹にある「哲学者の道」がベスト。この道は街路灯がないので必ず昼間に訪れること。

5

14:40

山の中腹にある散歩道

哲学者の道

Philosophenweg

旧市街を出てアルテ橋を渡り急坂のシュランゲンゲン小道を15分ほど上ったところにある。ゲーテなどの詩人や哲学者がここからの絶景を見て思索にふけったとか。

5 Philosophenweg
昼間に行ってね！
シュランゲンゲン小道
Schlangenweg
ネッカー川
アルテ橋
Alte Brücke
Am Hackteufel
Neckerstaden
旧市街
4
3
2
中央駅
約2km
マルクト広場
Marktplatz
ハウプト通り
Hauptstr.
コルンマルクト
Kornmarkt
ケーブルカー乗り場
1
H ツム・リッター・ザンクト・ゲオルク
→P.123
N
0 100m
シュロス駅

ハンドメイドの刺繍の店

ハイデルベルガー・ヴェッシェラーデン

Heidelberger Wäscheladen

10:00～19:00 休日・祝
Card A.D.M.V. URL www.anno-1893.com

歴史的建築物に宿泊

ツム・リッター・ザンクト・ゲオルク

Zum Ritter St. Georg

精霊教会が目の前という好立地。1592年に建てられ、300年以上も宿泊施設として使われていたホテルレストラン。

Hauptstr. 178, D-69117
06221-1350 FAX 06221-135230 料S€80～ W€118～ Card A.D.J.M.V. 室37室
交ハイデルベルク城のケーブルカー下駅から徒歩5分 URL www.hotel-ritter-heidelberg.de

入口に騎士の鎧が置いてあったり、部屋も重厚なインテリアだがバスルームは新しい。

裏aruco 取材スタッフの独断TALK

「私たちの密かなお気に入りはコレ！」

ホントは内緒にしておきたい、
取材班が必ず買っちゃうグッズを大公開！

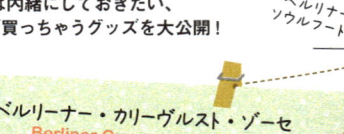

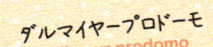

ダルマイヤープロドーモ
Dallmayr prodomo

Dallmayr
prodomo

香りがバツグン！

しっかりした味わいの深煎りコーヒー。トップブランドのダルマイヤーでもスーパーマーケットで気軽に買える。日本よりずっと安いのでオトク。(編集O)

€6.49

ダルマイヤー本店 →P.67
レーヴェ →P.105

ベルリーナー・カリーヴルスト・ゾーセ
Berliner Currywurst Sauce

ベルリナーのソウルフードよ！

WERDER
BERLINER
CURRYWURST
SAUCE

ブランデンブルク門やマスコットの熊がラベルになっているおみやげにぴったりのカリーヴルスト用ケチャップ。スパイシーで味もいい。(編集K)

€1.99

レアル real ゲスント・ブルンネン・センター店 Gesund Brunnen Center
Map 別冊P.15-C1 ベルリン

Im Gesundbrunnen-Cener, Badstr. 4,D-13357 ☎030-4930690 8:00～22:00 休日・祝 Card A.M.V. 7S1～3,45,46Gesundbrunnen駅直結のゲスント・ブルンネン・センターGesundbrunnen-Center内。ここに置いてなければ駅の反対側の大型スーパー、カウフランドKauflandで探してみて。

キュー・テン・プラス アンティ・ファルテン アウゲンプフレーゲ
Q10 plus Anti-Falten Augenpflege

NIVEA
Q10
AUGENPFLEGE

あまり知られてないけどニベアはドイツのブランド。このアイクリームは日本未発売のロングセラーのひとつ。コエンザイムQ10入りでアンチエイジングを実感。(カメラマンT)

乾燥による小じわ対策に！

€8.99

dm →P.145

ドクター・ハウシュカ ゲズィヒツトーニクム（フェイシャル・トナー）
Dr. Hauschka Gesichtstonikum (Facial Toner)

Dr.Hauschka
Gesichtstonikum
Facial Toner

目指せ！プルルン肌

ドクターハウシュカの化粧水。フランクフルトのANAのカウンターのお姉さんもご愛用とか♪空港では売り切れることもあるので確実に市内でGETして！（ライターI）

€18.50

カイザー・アポテーケ →P.145

シトラス フレック・エントフェルナー
Citrus Fleck-Entferner

環境に配慮した製品で日本にもファンが多いフロッシュ。カエルのパッケージがかわいいこれは90mlとミニサイズのシミ取り。コーヒーや袖口の汗汚れなど旅行中に便利。(編集K)

柑橘の香りに癒される～

NEU
Frosch
Citrus
Fleck-Entferner
FLECKLÖSEND mit Zitrone
Bio-Qualität seit 1986

€2.98

dm →P.145

アロス アマランサ フリューシュテュックス・ブライ
Allos Amaranth Frühstücks Brei Basis
&
アロス アマランサ フリュヒテ ミューズリ
Allos Amaranth Früchte Müsli

冬はホット必食よ！

朝食に食べるミューズリは、たくさんの種類がある。とくにBIOスーパー行くと棚一列全部がミューズリーだったり！ ブライBreiは、あったかいミルクで作る。(ライターH)

Allos
Frühstücks
brei
Früchte
Müsli

€3.99
€3.99

LPGビオマルクト →P.147

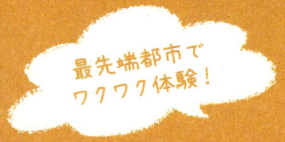

最先端都市で
ワクワク体験！

ベルリンと北ドイツ、メルヘン街道

新旧の歴史がスタイリッシュに入り混じるベルリンの街。
“エルベ川の真珠”とうたわれた美しい古都ドレスデンや
ハンザ同盟都市の栄華が残るブレーメン。
時代の鼓動を五感で感じる、スケールの大きな旅の予感☆

BERLIN

ハンブルク
→P.150
ブレーメン
→P.156
ベルリン→P.126
ハノーファー
→P.164
ドレスデン
→P.158
マイセン
→P.162

ベルリンへのアクセス

✈ フランクフルトから所要約1時間、ミュンヘンから所要約1時間
🚌 フランクフルトから約4時間30分、1日30便程度運行、料金€100～　ミュンヘンから約6時間30分、1日25便程度運行、料金€130～

ベルリンの主要スポットを自転車でぐるり、ひとまわり！

広くて急坂の少ないベルリンは、自転車で回るのがいちばん！
専用道の走り方やルールをガイドさんに教えてもらいながら
ベルリンの見どころをしっかりチェック！

自転車専用道路を走ろう

ベルリン中央駅
大聖堂
ツォー駅
ブランデンブルク門

Map 別冊P.14～15

6月17日通り
START
ツォー駅
安全運転で行こうね

所要 3時間
ガイド料 1人€280～

本日のルート
Ⓐカイザー・ヴィルヘルム記念教会
↓約2km
Ⓑ戦勝記念塔
↓約1.5km
Ⓒブランデンブルク門
↓約1.5km
Ⓓチェックポイントチャーリー
↓約2km
Ⓔテレビ塔
↓約2.5km
Ⓕイーストサイドギャラリー

ガイド申し込み先

日本語ガイドの自転車ツアー
マドベルリン MADO berlin

案内人は現地在住日本人または日本語堪能なドイツ人。ホテル近辺へ迎えに来てくれて、自転車を一緒に選ぶところからアテンド。コースは見学希望箇所や体力に合わせてアレンジするのでメールでの打ち合わせが必要。雨天時は原則中止。

Anklamerstr 8, 10115 Berlin (ULA Galerie) 料2時間コース€220、3時間コース€280（いずれも2名のときの1名分）、1名から催行、1名時の料金は応相談、レンタルバイク料金は別で€10～ ✉madoberlin.info@gmx.de URL www.madoberlin.com 注意：保険は付かないので事前に海外旅行保険に加入しておくことをお勧めします。

ガイドの必要がない人は自転車のレンタルで！

バイクレンタル店
ファットタイア・バイクレンタル Fat Tire Bike Rentals

Map 別冊P.16-B2 アレクサンダー広場周辺

Panoramastr. 1a, D-10178 ☎030-24047991 5/1～9/30 9:30～20:00、3/1～4/30と10/1～11/30 9:30～18:00 休12/1～2/28 料€10（1日～） Card M. 交S5,7,75、U2,8Alexanderplatz下車徒歩5分 URL www.berlinfahrradverleih.com/ 必要書類：パスポート等の身分証明書、滞在先の証明（ホテルの予約証）

壊れたまま残された
A カイザー・ヴィルヘルム記念教会 Kaiser-Wilhelm-Gedächtnis-Kirche

Map 別冊P.14-A3 ツォー駅周辺

Breitscheidplatz, D-10789 9:00～19:00 記念ホール10:00～18:00 土10:00～17:30 日12:00～17:30 休無休（行事や礼拝が行われているときは見学不可） 記念ホール 復活祭前の金曜、4/2 料無料（寄付歓迎） 交ツォー駅から徒歩5分 URL www.gedaechtniskirche-berlin.de

初代ドイツ皇帝ヴィルヘルム1世を記念して建てられた教会。第2次世界大戦中の1943年に空襲で破壊され、戦争を追憶するモニュメントとして塔がそのまま保存されている。記念ホールには戦渦を伝える展示が、隣には再建された新しい教会がある。

金色に輝く女神よ！

ベルリンのシンボル
B 戦勝記念塔 Siegessäule

1864～71年にかけて行われたドイツ統一戦争の勝利を祝って1873年に完成した塔。てっぺんの勝利の女神ニケ（ヴィクトリア）は、映画『ベルリン・天使の詩』で象徴的なモニュメントとして描かれた。

Map 別冊P.14-B2 ティーアガルテン

Straße des 17. Juni, Großer Stern, D-10557 4～10月 9:30～18:30（土・日～19:00） 11～3月 10:00～17:00（土・日～17:30） 休無休 料€3 学生€2.50 交100番バスでGroßer Stern下車徒歩2分

平坦な道で快適だわ～

地下鉄は乗り換え通路が意外と長く、移動に時間がかかることも。自転車は便利だと思います。（茨城県・福来）

越境スタンプ押された！

100
S+U-Bahnhof
Alexanderplatz

雨が降ったら100番バスで

100番バスを使えば、ほぼ自転車ツアーの見どころが回れる。ただしチェックポイントチャーリーへはブランデンブルク門からバスに乗らずに、ウンター・デン・リンデンを東へ、フリードリヒ通りを南へ徒歩20分。イーストサイドギャラリーへはアレキサンダー広場からS5、S7でオスト駅下車。大聖堂なども100番バスが通る。

ホルツマルクト通り

オスト駅

GOAL

テレビ塔は高いね〜

自転車の乗り捨てはできないので、ガイドと相談し走るか地下鉄でレンタル店へ戻る。

D チェックポイント・チャーリー Checkpoint Charlie

国境検問所を模した・ポイント・チャーリー

ソ連統治地区とアメリカ統治地区の境にあった検問所のひとつで、C（チャーリー）と呼ばれていた。現在あるのは復元で、アメリカ兵に扮した人が記念撮影に応じたり、有料で入国スタンプを押してくれる。

Map 別冊 P.16-A3 フリードリヒ通り

兵士に扮した人は10:00〜20:00（冬期〜18:00）にいる　休無休　料スタンプ6個セット€5、146個セット€10
交U6kochstr.下車徒歩1分

E テレビ塔 Fernsehturm

丸い形がかわいい

1969年から運用されているテレビ塔。高さ368mの203m部分には展望台が、207mにはレストランがあり、ベルリンが一望の下に広がる人気スポット。夏の観光シーズンは2〜3時間待ちになることも。

Map 別冊 P.16-B2 アレクサンダー広場周辺

Panoramastr. 1A, D-10178　3〜10月9:00〜24:00　11〜2月　10:00〜24:00　休無休　料€13　事前購入制で待ち時間なしのVIPチケットはインターネットでのみ販売。窓際のレストランの席も確保できて€23。このほかにも公式ウェブサイトではさまざまなチケットが販売されている
交S5,7,75、U2,8Alexanderplatz下車徒歩5分
URL www.tv-turm.de

C ブランデンブルク門 Brandenburger Tor

統一ドイツの象徴

1788〜91年にプロイセン王国の凱旋門として建てられた。東西に分裂していた時代は壁がすぐそばにあり、誰も近づけなかったが今では誰もが通れるようになり、東西統一のシンボルとなっている。

Map 別冊 P.15-C2 ブランデンブルク

交U55Brandenburger Tor下車徒歩1分

F イーストサイドギャラリー East Side Gallery

平和がテーマのアート

ミューレン通りに沿って1.3kmほど壁が残され、壁をキャンバスにさまざまな作品が描かれた。ブレジネフとホーネッカーの『兄弟のキス』の前で同じようにキスする観光客も多い。

Map 別冊 P.15-D3 ミューレン通り

見学自由　交S5,7,75Ostbahnhof下車徒歩1分　URL www.eastsidegallery-berlin.de

完走バンザイ！

効率よく見て回れたわ
ARTIST DMITRY VRUBEL

自転車を利用している人は多いので、駐輪スペースもあちこちにある。地下鉄にも自転車を有料で持ち込める。

キーワードでチェック！ベルリンの壁、早わかりガイド

2015年は、ベルリンの壁が崩壊しドイツが再統一されて25周年。
どうして壁ができたのか、見に行く前におさらいしておこう！

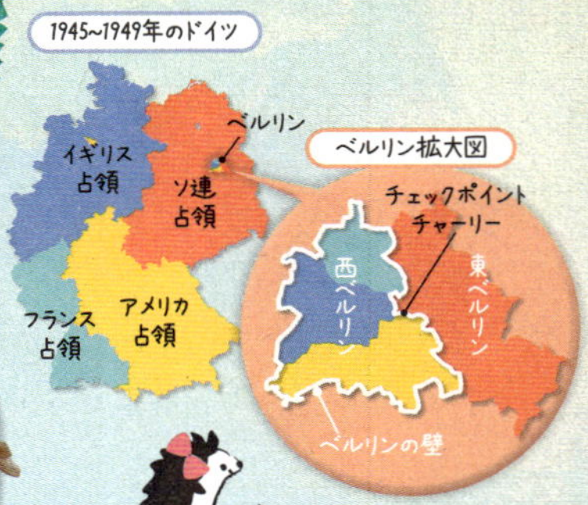

1945~1949年のドイツ
イギリス占領
ソ連占領
ベルリン
フランス占領
アメリカ占領
ベルリン拡大図
チェックポイントチャーリー
西ベルリン
東ベルリン
ベルリンの壁

ヤルタ会談

1945年、ヤルタ会談にてドイツを東西に分け、米英仏ソなどによる共同管理することを決定。ドイツ降伏後、首都ベルリンは東ドイツに編入されたが、一部を連合軍管理区域として米、英、仏が管理した。

1945

1939年、ポーランドへの侵攻を機に、英仏がドイツに宣戦布告したのが第二次世界大戦のはじまり

米ソ冷戦

1948年、西側で統制経済を市場経済に切り替える通貨改革（自由主義へ）。米ソ冷戦のなか分断国家へ。

1948

主戦場となったヨーロッパに対して、アメリカとソ連の発言力が大きくなったのね

西ベルリンは、東ドイツに囲まれた飛び地なんだね

自由通行

東西ベルリン間はUバーンやSバーンで行き来できた。道路も通れるところがあった。東から西へ通勤する人も多かった。

1950

たくさんの写真や脱出に使った改造車などが展示されている

分断の現実を知る

壁博物館 Museum Haus am Checkpoint Charlie

ベルリンの壁が町を分断していた時代に東側の人々がどのようなルートと方法で西側へ逃れてきたかを写真やパネルなどで紹介している。脱出の成功談だけでなく、失敗した人の痛ましい話もあり、当時のベルリンがよくわかる。

Map 別冊P.16-A3 フリードリヒ通り

Friedrichstr. 43-45, D-10969 030-2537250 9:00～22:00(入場は閉館の1時間前まで) 休祝、イースター、クリスマス 料€12.50 交U6Kochstr.下車徒歩1分 URL www.mauermuseum.com

壁の構造がよくわかる

ベルリンの壁記録センター Dokumentationszentrum Berliner Mauer

2014年の壁崩壊25周年に新装オープンした。ベルリンの壁がなぜ作られたのか、どのように崩壊したのかを、豊富な資料と最新のオーディオビジュアル技術を駆使しながら紹介している。壁の一部を利用して当時の様子を保存している。

Map 別冊P.15-C1 ベルナウアー通り

Bernauer Str. 119, D-13355 030-467986666 10:00～18:00 休月 料無料 交S1,2Nordbahnhof下車徒歩3分 URL www.berliner-mauer-gedenkstaette.de

壁の跡と監視塔。緩衝地帯もあり壁の規模がわかる

普通に歩いている道にも壁の跡の石が残っていて驚きました。（大阪府・たいこ）

ベルリンの壁、早わかりガイド

BERLINER MAUER

ポツダム広場にも壁の一部が展示されている

シュタージ（国家保安省）は、思想や行動を監視し市民を震え上がらせたんだ

東西の壁を今はまたげるのね

BERLINER MAUER 1961 - 1989

壁があったことを忘れないため、壁跡にプレートが埋め込まれている

→P.127

テレビ塔と世界時計は東ドイツの遺産

→P.127

有刺鉄線

1961年8月13日0時、東ドイツ政府はソ連の協力のもと有刺鉄線で西側を囲み始めた。翌朝には往来が不可能になり、2日後には石造りの壁の建設が開始された。突然の建設に家族が離ればなれになった人もいた。

頭脳流出

社会主義の東ドイツからは、毎年数十万人ともいわれる人が西ベルリンを経由して西ドイツに移住した。とくにインテリの頭脳流出が経済に打撃を与え始める。

1961

136人

壁は全長155km、最高4.1mあった。壁を乗り越えようとして射殺されたり、落下等の事故で死亡した人は136人、逮捕者は3000人あまりといわれている。一方で成功者も5000人程いた。

東ドイツにはルフトハンザは飛べなかったんだよ

1989年

東欧諸国が相次いで民主化するなか、先にハンガリー、オーストリア間の国境が解放され、ハンガリー経由で越境が可能に。ベルリンの壁は実質上機能しなくなり、11月9日出国規制緩和策を決定。深夜には人々が検問所に殺到し、壁は崩壊した。

1989

ドイツ統一

1990年10月３日、東ドイツ地域の諸州がドイツ連邦共和国に編入される形で再統一。

→P.127

1990

左の写真の上部が壁。下の展示部分のレンガは当時の地下牢

ナチス時代を振り返る

テロのトポグラフィー

Topographie des Terrors

ナチス時代のゲシュタポ（秘密国家警察）とSS（親衛隊）の本部跡。北側の通りに面して壁が築かれた。テロとは恐怖政治を、トポグラフィーとは地勢を意味する。ゲシュタポやSSの行為を展示。上部の壁も間近に見学できる。

Map 別冊P.15-C3 ポツダム広場周辺

Niederkirchnerstr. 8, D-10963 030-254509-50 10:00～20:00 休1/1、12/24・31 料無料 交S1,2,25、U2Potsdamer Platzから徒歩10分 URL www.topographie.de

ベルリンがわかる

おすすめDVD

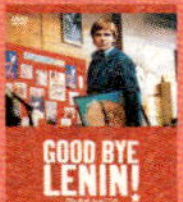
GOOD BYE LENIN!

『グッバイ、レーニン！』

2003年初公開

価格：2,800円（税抜）
発売元：ギャガ／販売元：東映・東映ビデオ

熱烈な社会主義者のクリスティアーネが昏睡状態から目覚めたとき、ベルリンの壁は崩壊していた。息子は、家族や隣人を巻き込みながら、社会主義体制が続いているように見せかけるが……。

『善き人のためのソナタ』

2006年初公開

価格：4,800円（税抜）
発売元／販売元：アルバトロス

1984年の東ドイツ。シュタージの大尉で、社会主義を理想としていた主人公は、任務から反体制派と思われる劇作家の監視、盗聴を始める。劇作家の私生活を覗いていくうちに主人公の内面にある変化が……。

善き人のためのソナタ

東ベルリンから来た女

『東ベルリンから来た女』

2012年初公開

価格：3,800円（税抜）
発売元／販売元：アルバトロス

1980年の東ドイツの田舎町。西側への移住申請が原因でこの地に左遷されてきた女医のバルバラは、シュタージの監視下、密かに亡命を計画していた。そんなある日、強制労働施設から脱走してきた少女の患者が運び込まれる。

ガイド申し込み先

オーダーメイドのギャラリー案内

マドベルリン MADO berlin

老舗からオフギャラリーまで、専門知識のある日本人アートガイドが案内する完全オーダーメイドの個人ツアー。関心のあるカテゴリーをメールで打ち合わせし、専門ガイドが最適なルートを提案してくれる。特製ギャラリーマップ付き。

Anklamerstr 8, 10115 Berlin (ULA Galerie) 料3時間コース€210（2名のときの1名分）、1名の料金は応相談（交通費・入館料実費別、ガイドの交通費のみ料金に含む）※掲載のコースはサンプルです。通常は3時間以内の設定になります ✉madoberlin.info@gmx.de URL www.madoberlin.com

B
A
C
D
E
F
アウグスト通り
ゾフィーエン通り
ゲオルゲン通り
ギャラリーが多い
待ち合わせ★ポイント
Hackescher Markt駅
シュプレー川
ポツダム広場へ
200番バス

よくわかる

日本語のプライ ベルリンの博物館&

芸術やサブカルチャーに寛容
440あまりのギャラリーがある
解説をしてもらいながら新旧さまざ

本日のルート

★ ハッケシェ・ヘーフェ集合（→P.142）
↓
A ホーフのギャラリーへ
↓
B ギャラリーが密集するアウグスト通りを歩いて
↓
C 世界遺産博物館島へ
↓
D E 大聖堂と隣接するDDR博物館
↓
F 200番バスで絵画館へ

所要 6.5時間
ガイド料 応相談

A 10:30~11:00

落書きやオブジェも楽しい

ノイロティタン Neurotitan Shop&Gallery

今回のテーマはベルリンの新旧がわかるアートめぐり！

1. 同じホーフにアンネ・フランクの展示室もある 2. 店内はアートでぎっしり 3. ハウス・シュヴァルツェンベルク入口 4. ベルリンモチーフのエコバッグ€8

中庭に落書きやモンスターのオブジェがある活気あるハウス・シュヴァルツェンベルクの2階にある。アート、書籍、雑貨、CDなど、市場に出回っていない新人アーティストの作品に注目。奥のギャラリーで、年に12回の展示会が開催される。

Map 別冊P.16-B1 ミッテ

Haus Schwarzenberg, Rosenthalerstr. 39, D-10178 ☎030-30872576 ⏰12:00～20:00（祝、クリスマス、イースターは短縮あり） 休日、1/1 Card不可 交S5,7,75Hackescher Markt下車徒歩3分 URL www.neurotitan.de

B 11:30~13:00

ギャラリー通り

アウグスト通りをぶらり Auguststraße

ここはどう？

Map 別冊P.16-A1 ミッテ

アウグスト通りは「ギャラリー通り」といわれているほど、アートなところ。ギャラリー、デザイン系の書店、レトロなダンスホールカフェなど個性的なショップが軒を連ねる。

かわいいアクセサリー

オオナ Oona

この時の展示は赤をテーマにしたアクセサリー

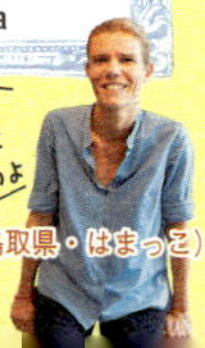

展示はガラッと変わるわよ

オーナーのアナさんは20人くらいのアーティストと交流し、季節ごとに展示の入れ替えをしている。価格帯は€50～4000と幅広い。

Map 別冊P.16-A1 ミッテ

Auguststr. 26, D-10117 ☎030-28045905 ⏰月～金14:00～18:00、土13:00～18:00 休日 Card展示による 交U8Rosenthaler Platz下車徒歩8分 URL www.oona-galerie.de

アウグスト通りは個性的な服飾雑貨店も多く、歩くだけでも楽しいですよ！（鳥取県・はまっこ）

ベートツアーで ギャラリーめぐり

なベルリンには113の美術館、
のだそう。日本語でじっくり
まなアートシーンに触れてみよう！

E 15:05~15:30

川面に映る美しい姿

大聖堂 Dom

現在の建物はヴィルヘルム2世により1905年に建てられたもの。グルフトと呼ばれる部屋にはホーレンツォレルン家の94の棺が並べられている。ドーム脇の階段を270段上ると展望台がある。

Map 別冊P.16-A~B2 ミッテ

Am Lustgarten, D-10178 030-20269136 4～9月 9:00（日12:00）～20:00 10～3月 9:00（日12:00）～19:00 入場は閉館1時間前まで 休無休（行事や礼拝時見学不可） 料€7 交S5,7,75、U2,8Alexanderplatz下車徒歩10分 URL www.berlinerdom.de

大迫力！

F 16:00~17:00

ヨーロッパの名画

絵画館 Gemäldegalerie

ラファエロのマドンナ、ブリューゲル、フェルメールなど13～18世紀のヨーロッパ絵画の名作を収蔵している。彫刻の並ぶセンターホールのまわりに展示室があり、まわりやすい。

Map 別冊P.14-B3 ポツダム広場周辺

Matthäikirchplatz, D-10785 030-20269136 火～金10:00～18:00（木～20:00）、土日祝11:00～18:00 入館は閉館の30分前まで 休月、12/24・31 料€10 交S1,2,25、U2Potsdamer Platz下車徒歩15分または200番バスPhilharmonie下車徒歩2分 URL www.smb.museum

D 14:20~15:00

東ドイツの暮らしがわかる

DDR博物館 DDR Museum

DDRとはドイツ民主共和国Deutsche Demokratische Republikの頭文字、つまり東ドイツのこと。ここでは共産主義時代の市民の暮らしぶりにスポットが当てられている。実際に触って確かめられる展示もユニーク。東ドイツの料理を味わえるレストランも併設。

DDR

Map 別冊P.16-B2 ミッテ

Karl-Liebknecht-Str. 1, D-10178 10:00～20:00（土～22:00） 休無休 料€7 交S5,7,75、U2,8Alexanderplatz下車徒歩10分 URL www.ddr-museum.de

東ドイツの家庭のリビング

1. 家庭を再現したコーナー
2. 東ドイツ製の名車トラバントにも乗れる

C 13:30~14:15

スケールの大きな展示

ペルガモン博物館 Pergamonmuseum

古代ギリシアのペルガモン王国にあったゼウスの大祭壇、ミレトスの市場門、バビロンのイシュタール門などを移設している。遺跡がそのままのスケールで収蔵されており圧巻。2019年頃まで改修工事のためゼウスの大祭壇は見学できない。

Map 別冊P.16-A2 ミッテ

Bodestr. 1-3, D-10178 10:00～18:00（木～20:00） 1/1、12/31は変更 休12/24 料€12博物館島にある博物館の共通券€18 交S5,7,75、U6Friedrichstr.下車徒歩10分 URL www.smb.museum

1. 紀元前500年頃の古代バビロンのイシュタール門
2. 古代ローマのモザイク

世界遺産 博物館島（ムゼウム・インゼル）って？

ベルリン中心部を流れるシュプレー川の中州にはペルガモン博物館やボーデ博物館など5つの博物館が集中している。1800年代の建物もあり、「博物館島」として1999年にユネスコの世界遺産に登録された。

ペルガモン博物館は大規模な改装工事中。見学可能なエリアが変わるのでウェブでチェックしておこう。

個性キラリ☆のショップめぐり ミッテから北のエリアが今、旬のスポット！

**ドイツ統一後、旧東ドイツ地域には
アーティストが多く住むようになった。
個性的なカフェやショップ、お気に入りの店を見つけよう！**

TOTAL 3時間

ミッテから北へおさんぽ

TIME TABLE

11:00 ハッケシェ・ヘーフェ（→P.142）をおさんぽ
↓ 徒歩1分
11:30 モニ・ノヴィでファッションチェック
↓ 徒歩1分
12:00 手芸好き必訪トゥカドゥへ
↓ 徒歩5分
12:30 トム・ショットでアクセ選び
↓ 徒歩1分
11:30 シェーンハウザー・デザイン
↓ 徒歩2分
13:00 クオレ・ディ・ヴェトロで甘〜いジェラートタイム

1 11:00 グリーンの外観も素敵 モニ・ノヴィ Moni Novi

オリジナルデザインよ

シンプルでセンスのいいワンピースやドレスをモニさんがデザイン。1週間あれば生地の色を変えたり丈を変えたりアレンジしてくれる。オーダーメイドも可能。

Map 別冊P.16-B1

Rosenthaler Str. 37, D-10178
030-31168234　11:00〜19:00
休日、1/1、12/24・25　Card不可
図S5,25,7,75Hackescher Markt下車徒歩2分　URL www.moninovy.de

赤のタータンがかわいいワンピース€125

緑の屋根と白壁のセンスいい店

信号機に注目！
Rosenthaler Platz駅
Torstr.
Rosenthaler Str.
Linienstr.
ツァイト・フュア・ブロート
Gormannstr.
Mulackstr.
Steinstr.
Alte Schönhauser Str.
自転車で買い物も！
Weinmeisterstraße駅
Neue Schönhauser Str.
→P.130
ノイロティアン
ハッケシェ・ヘーフェ
→P.142

Map 別冊P.16-B1

Rosenthaler Str. 46/47, D-10178　030-2836770　11:00〜20:00　休日、1/1、12/31　Card A.D.J.M.V.　図S5,25,7,75Hackescher Markt下車徒歩3分　URL www.tukadu.com

2 11:30 狭い店内にギッシリ トゥカドゥ Tukadu

アクセサリーパーツの店。ファンシーなものからヴィンテージ風まで、小さなパーツがたくさん並ぶ。もちろんバラ売り可能。ネックレスやピアスなど完成品は€15〜。

豊富なマテリアルが自慢だよ
TUKADU

1. カオスをイメージした不思議な店内　2. 3. 貝や鉱石、金属など素材は雑多。選んだパーツで製作を頼むこともできる。簡単なもので30分、€5〜

ミッテ地区

ミッテとは、中央という言葉どおり街の中心を指す。ベルリンでは、博物館島を中心に西はフリードリヒ通り、東はアレキサンダー広場のあたりを指す。近年は、住宅街だった北の地区プレンツラウアーベルクにも商業地区が広がっており、合わせてプレンツミッテ地区という言い方も定着してきた。

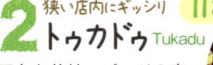

店員さんが不慣れでクレジットカードが使えなかった店もあるので、最低限の現金は必要ですよ！（富山県・きときと）

ベルリン
中央駅
大聖堂
ツォー駅
ブランデンブルク門

Map 別冊P.16-B1～2

ワンちゃんと
おさんぽよ

パリのデザイナー、セルヴァン・ギャゾットServane Gaxotteのデザインネックレス€285～485

見て！
かわいい
でしょ！

ゴージャス
なのも
あるのよ！

1. 南アフリカのアヤラ・バーAYALA BARのネックレス左€286、右€165　2. ピアス€65　3. 明るく華やかな店

3 かわいいアクセサリー　12:00
トム・ショット
Tom Shot

ヨーロッパはじめ世界から個性的なジュエリーを集めているセレクトショップ。素材やモチーフにこだわって仕入れている。動物モチーフのペンダントヘッドは種類も豊富で迷いそう！

Map 別冊P.16-B1

住 Alte Schönhauser Str. 25, D-10119　☎030-40054984
営 月～金12:00～19:00、土12:00～18:00　休 日、1/1、イースターの月曜、12/25・26　Card M.V.
交 U8Weinmeisterstr.から徒歩5分
URL www.tomshot.com

TS
Tom Shot

4 店内はいつも混雑　12:30
シェーンハウザー・デザイン
Schönhauser Design

インテリアや雑貨を扱うセレクトショップ。ドイツをはじめカラフルな北欧デザインの雑貨もある。ランプや椅子も種類豊富で、アルファベットをかたどったランプはベルリンらしい品。

ナップザック型
エコバッグ

Map 別冊P.16-B1

住 Alte Schönhauser Str. 28, D-10119　☎030-2811704
営 12:00～20:00　休 日、1/1、イースターの月曜、12/25・26
Card M.V.
交 U8Weinmeisterstraßeから徒歩2分　URL www.schoenhauser-design.de

1. 各国首脳のティー・バッグ€8.95　2. ベルリン柄のティータオル各€12.95　3. 木製まな板€16

stuff
plasti
分別ゴミ袋も
おしゃれ！

TEA TOWEL
BERLIN

1. 赤はカシス、茶はラクトーゼフリーのチョコレート、白はケシの実入りバニラ。1スクープ€1.20、3つ€3　2. 選んだアイスにエスプレッソと生クリーム、コーン、ココアパウダーをかけて。€3.30～

5 地元っ子も太鼓判　13:00
クオレ・ディ・ヴェトロ
Cuore Di Vetro

笑顔が素敵なカップルが営むカフェ。イタリア仕込みのジェラートは常時12種類以上のフレーバーが用意され、店の外に行列ができるほど人気がある。夜はワインや生ハムも提供し、大人の雰囲気。

ラブ
ラブ

Map 別冊P.16-B1

住 Max-Beer Str. 33, D-10119　☎なし　営 夏期11:30～23:00、冬期11:30～21:00　休 月、イースター、クリスマス　Card 不可　料 €1.2～　交 U2Rosa-Luxemburg-Platzから徒歩5分　URL www.facebook.com/CuoreDiVetroBerlin

パステルカラーの散歩道 プレンツラウアーベルクでぶらりショッピング♪

カラフルなアパートが並ぶプレンツラウアーベルクは緑いっぱいの公園や、趣ある路地裏がある散歩が楽しいエリア。エコやビオに敏感な子育て世代も多く、かわいい雑貨やおいしいカフェがいっぱい！

TOTAL 3時間

プレンツラウアーベルクさんぽ

TIME TABLE

11:00 パコラートでブランチ
↓ 徒歩7分
12:00 アイスディーラーでTシャツ
↓ 徒歩3分
12:30 サッチャーズで服&小物
↓ 徒歩1分
13:00 アップサイクリング・デラックス
↓ 徒歩2分
13:30 ルクサス・インターナショナルで雑貨探し

ビルがパステル色！

時折ノスタルジー車両のトラムが走る

1 パコラート Pakolat

ブランチが充実したカフェ 11:00

コーヒーも自家焙煎、パンやサラダの野菜にもこだわりの食材を使用している。ハムとチーズの盛り合わせプレートは、ホテルの朝食をパスして食べる価値あり！

Map 別冊P.15-D1

詳しくは →P.140

2 アイスディーラー Eisdieler

ユニセックスデザインの服飾 12:00

スノーボーダーをイメージしたカジュアルファッション。店構えはメンズ系だが、ベルリンファッションのひとつの特徴でもあるユニセックスのベルリンメイドのオリジナルを目指している。

Map 別冊P.15-C1

Kastanienallee 12, D-10435
030-44058344 月〜金12:00〜20:00、土11:00〜19:00 休日・祝 Card M.V.
交U2Eberswalder Str.から徒歩5分
URL www.quidproquo.de

カッチリしたデザインです

1. スポーツカジュアルなアウターやシューズ、バッグなど品揃えは多彩 2. Tシャツ各€33（デザインはリモデル予定）

気軽に試してみてね！

3 サッチャーズ Thatchers

ベルリンメイドの服 12:30

デザインも縫製もベルリン。シンプル＆アヴァンギャルドをテーマに、普段着からパーティー用ドレスまで幅広く扱う。小物は世界中からセレクト。

Map 別冊P.15-C1

Kastanienallee 21, D-10435
030-24627751 11:00〜19:00 休日、1/1、イースター、12/25・26 Card M.V.
交U8Hermannstr.から徒歩3分
URL www.thatchers.de

1. あたたかな風合いのバッグ€89 2. 首にアイスまたはホットパックを入れて巻く付け襟€29

日曜日、マウアーパークの蚤の市（→P.39）の周辺では路上にも露店が出てました。（長野県・アルプス）

ベルリン
中央駅
ブランデンブルク門
ツォー駅
ベルリン
大聖堂

Map 別冊P.15-C1～D2

プレンツラウアーベルクの楽しみ方

歩道が広くてゆったり歩け、公園や街路樹など自然を感じられるのがこの地区のいいところ。のんびりと気の向くままに歩いてみたい。

Schönhauser Allee
Pappelallee
Eberswalder
Straße駅
ベルリン柄の
小物だよ
アルコーナ広場
→P.39
Kastanienallee
Schönhauser Allee
シオン教会
Zionkirche
LPGビオマルクト
→P.147
Senefelderplatz駅
Rosenthaler
Platz駅
Torstr.
Rosa-Luxemburg-Platz駅

ベルリンをモチーフにしたグッズがある
Uhranus
URL www.uhranus.de

リサイクルは
大切だよ！
BERLIN

EL SALVADOR

1. レコードを切って時計に€59 2. コーヒーの輸入用袋をバッグに€89 3. 象の糞で漉いた紙をカードに€12

便箋や手帳も
元は象の糞
FROM BERLIN
FROM BERLIN
WITH LOVE

4 13:00

リサイクル品をアートに変える

アップサイクリング・デラックス

Upcycling Deluxe

アップサイクルとは、不要なものを別のものに作り替える形で再利用すること。楽しいデザインでリサイクルを感じさせないが、商品にまつわるバックグラウンドはしっかり掲示されている。

Map 別冊P.15-C1

Görlitzer Str. 36, D-10997 月～木11:00～19:00、金・土12:00～20:00 休日 Card A.D.J.M.V. 交U1Schlesisches Torから徒歩5分 URL www.upcycling-deluxe.com

元はビーチ
サンダルだよ

グーテン・ターク
メルケルです

5 13:30

おもしろ雑貨がいろいろ

ルクサス・インターナショナル

Luxus International

「生活に彩りを与えるかわいらしいもの」を集めた店。ベルリンみやげに文具などのセンスのよいものが見つかる。ベルリンを中心に世界のアーティストの作品を展示、販売するコーナーもある。

Map 別冊P.15-C1

Kastanienallee 84, D-10435 ☎030-44324877 11:00～20:00 休日、1/1 Card M.V. 交U2Eberswalder Straßeから徒歩8分 URL www.luxus-international.de

日本に持って
帰ってね

1. 薄い革で作った付け襟€20 2. 蝶ネクタイ€15 3. 左はポップなベルリンのノート€6、右手帳各€14

コルヴィッツ広場では毎週木曜の午後エコマーケットが開催される。土曜は9:00からエコ以外も含めた屋台が出る。

地元っ子おすすめ

BIO（ビオ）でおいしい クロイツベルクの町歩き

ベルリンの南、クロイツベルク地区にあるオーガニックを取り扱う屋内市場（マルクトハレ）を中心にキッチン雑貨やBIO（オーガニック）食材を探しに行こう！

TOTAL 3時間

クロイツベルクのおさんぽ

TIME TABLE

- **11:00** マールハイネケ・マルクトハレをぶらり
  - ↓ 徒歩3分
- **11:30** アララットで文具探し
  - ↓ 徒歩3分
- **12:00** キュチノットでキッチン雑貨
  - ↓ 徒歩2分
- **12:30** エム75でファッション小物
  - ↓ 徒歩3分
- **13:00** クノッフィーでランチ

クロイツベルクの楽しみ方

にぎやかなベルクマン通りと戦災を免れた古い住宅街との対比が面白いところ。トルコからの移民も多いのでトルコ料理の店もおいしいですよ。

1 11:00

おいしいBIO食品

マールハイネケ・マルクトハレ

Marheineke Markthalle

有機栽培の食品など、こだわりの品揃えで人気の屋内市場（マルクトハレ）。各店の後ろのイートインコーナーでは、スペイン、ギリシア、ドイツなどの味がカウンターやテラスで気軽に味わえる。

ALIMENTARI E VINI

Map 別冊P.15-C3

🏠Marheinekeplatz/Bergmannstr. D-10961 ☎030-61286146 🕘月～金8:00～20:00、土8:00～18:00 休日、1/1、イースターの月曜、12/24・25 Card不可 交U7Gneisenaustraßeから徒歩5分 URL meine-markthalle.de

1. ベルリン柄のせっけん3個で€10 2. ギャラリーやイベントスペースの2階からフロアを見渡せる 3. ガレット€5.50 4. 冬野菜のスープ€3.20/小

BERLIN
BERLIN
BERLIN DU BIST MIR NE MARKE
CONFIDENTIAL
BERLINER REICHSTAG
BERLINER DOM
Par avion

1. プレーツェルのシール€3.95 2. ノート€20.95（次入荷よりデザイン変更予定） 3. ポストカード€1.05

2 11:30

30年営業の老舗

アララット

ARARAT

店名のアララットはトルコとアルメニアの国境にそびえる山で、もともとはトルコ人アーティストの手がけたポストカードやトルコの書籍などを販売していた。今ではベルリンのポストカードやスタンプ、レターセットなど文具全般を扱っている。

BERLIN

4. ベルリンのイラスト入りティータオル€14.95 5. ミニキャンドル€1.95（10個セット）

Map 別冊P.15-C3

🏠Bergmannstr 99A, D-10961 ☎030-6935080 🕘10:00～20:00 休日、1/1、イースターの月曜、12/25・26 Card A.M.V. 交U7Gneisenaustr.から徒歩8分 URL ararat-berlin.de

ユニーク文具見つけてね

3 12:00

世界のキッチン雑貨

キュチノット

Cucinotto

楽しくクッキング～

1. ザッセンハウス社製チーズナイフのセット€19.95 2. ジャガイモ型のジャガイモ皮むき€9.95

実用的なキッチン用品から、カラフルなカトラリーまでヨーロッパ各地からセレクトしたキッチン雑貨が幅広く揃う。入口にはビネガーや蒸留酒を量り売りするコーナーも。

Cucinotto

Map 別冊P.15-C3

🏠Bergmannstr.111, D-10961 ☎030-61651281 🕘11:00～19:00、土10:00～18:00 休日・祝 Card M.V. 交U6,7Mehringdammから徒歩6分

✉ベルクマン通りはアンティーク雑貨店などもあり、短い道だけど楽しいです。（佐賀県・あけみ）

4 手作りファッション 12:30
エム75 M75

デザイナーのアナさんが立ち上げたアン・アマーレAnn Amareのアトリエ兼ショップ。小物使いが上手なのでマネキンを見ているだけでスタイリングの参考になりそう。サイズの変更なども相談してみて。

M75

端切れからも
発想するの

1. ウールのアームウォーマー€24 2. 鮮やかなピンクのトップス€140、スカート€55 3. リバーシブルのストール€135 4. 折り返しても表情が変わるアームウォーマー€24

Map 別冊P.15-C3

Mehringdamm 75, D-10965
030-61202537 12:00〜18:00
休日、1/1、12/24・31、イースターの月曜
Card M.V. 交U6,7Mehringdammから徒歩5分 URL www.m-75.de

ベルリン
中央駅
ブランデンブルク門
ツォー駅
ベルリン
大聖堂

Map 別冊P.15-C3

R ムスファタズ・
ゲミューゼケバブ
→P.139
R カリー36
→P.138
Mehringdamm駅
ビオ食品は
おいしいね
Gneiseneustr.
Gneisenaustraße駅
Mehringdamm
Nostitzstr.
Solmsstr.
Zossener Str.
デー・エム
→P.145
ベルクマン通り
Bergmannstr.
受難教会
Passionskirche
カイザー・アポテーケ
→P.145

健康でスタイリッシュなキッチンまわりを提案するコッヘハウスKochhaus。カップ＆ソーサーは€8.90 URL www.kochhaus.de

この
ボリュームで
1人前!

5 13:00
少しずつ盛り合わせで食べられる
クノッフィー・ファインコスト・ウント・キュッヒェ
Knofi Feinkost und Küche

30年ほど前にトルコ系の食料品、青果店としてオープン。現在はワインやパスタなど輸入食材を広く扱うが、カフェの料理はトルコ風。ペースト類や前菜のテイクアウトも人気。

毎日手作り
してるのよ

Map 別冊P.15-C3

Bergmannstr 98, D-10961
030-6945807 月〜土8:00〜24:00、日9:00〜24:00
休一部の日曜、1/1、イースターの月曜、12/24・25 Card 不可
交U7Gneisenaustr.から徒歩5分
URL knofi.de

1. 朝食プレートのクノッフィー・フリューシュトゥックKnofi Frühstück€5、紅茶€1.5 2,3. 指さしで選べるショーケースには野菜メニューがたくさんある

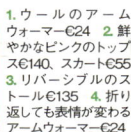

How to make

秘伝のオリジナルスパイス
皮つき（ソーセージ）で
mit Darm
ミット・ダルム
辛くして（=カレー粉増量）
scharf bitte.
シャルフ・ビッテ
1 ソーセージを焼く
2 オリジナルのカレー粉をドバッ
3 特製ケチャップもりもり
4 さらにカレー粉

完成でーす！

CURRYWURST

焼きソーセージにピリッと辛いカレーケチャップの組み合わせで、今やドイツ全土に広がった定番。

ベルリンファストカリーヴルスト V

ドイツの二大
カレーケチャップ味
トルコ由来とされ
どちらもベルリンが発
いつも長蛇の列がで

皮なし（ソーセージ）で
ohne Darm
オーネ・ダルム

皮なしソーセージ €1.60

€3.30

マヨバケツ
ポンプ式のマヨネーズも大迫力！

特製ケチャップを買えば自宅でも店の味に
売ってます
€2.80/750ml

ポテトも付けて
mit Pommes, bitte
ミット・ポンメス・ビッテ
ポテトをもっと入れて
mehr Pommes, bitte
メーア・ポンメス・ビッテ

ポテトもアツアツがたっぷりサーブされる

このカレー味が最高だよ！

パンと一緒に！
パン付けて/パンなしで
mit Brot/ohne Brot
ミット・ブロート/オーネ・ブロート

皮なしソーセージが人気

カリー36 Curry 36

市内での1、2を争う有名店。味の決め手のカレー粉とケチャップはオリジナル。メニューはブーレット（ハンバーグ）、シュニッツェルなど幅広い。Tシャツなどの関連グッズも観光客に人気。

Map 別冊P.15-C3 クロイツベルク

Mehrindgamm 36 D-10961 ☎030-2517368 ⌚9:00～翌5:00 休1/1 Card不可 予€1.60～ 英あり ⌂ツォー駅前に支店あり 交U6,7Mehringdamm下車徒歩1分 URL www.curry36.de

CURRY 36

ツォー駅前にも支店がある。

カリーヴルストはその場で、ゲミューゼケバブは持ち帰って食べる人が多かった。（茨城県・由美）

How to make

ケバブをひとつください
Ein Döner, bitte.
アイン・デナー・ビッテ
タマネギを抜いてください
Ohne Zwiebel, bitte.
オーネ・ツヴィベル・ビッテ
(店員がソースを指さして)
これ付ける？（どのソース）
Welche Soße?
ウェルヒェ・ゾーセ
いらないです
Nein, Danke.
ナイン・ダンケ
1 焼けた肉を薄く削ぐ
2 炒め野菜でコクプラス
3 サラダinでヘルシー♪
4 ソースも選んで
お願いします。
Ja, bitte.
ヤー・ビッテ

最強の
フード
sデナーケバブ

DÖNER KEBAP

ファストフードは
の焼きソーセージと
る焼き肉サンド。
祥という説もあるとか。
きる名店をご紹介！

オニオン
きゅうり
白チーズ
トマト
削ぎ切り
チキン
パプリカ

ソース
上からヨーグルトとディル、甘辛トマト、マヨベースのソース

肉抜きにして
Ohne Fleisch, bitte.
オーネ・フライシュ・ビッテ

€4.30

大きな肉を薄く削いだものがデナー・ケバブ。駅の構内などでもおなじみの
ドイツを代表するファストフードだ。
野菜たっぷりなのが
人気の秘密

MENU

パン付ハーフ €4.30
軽くトーストしたパンに具をはさんで食べる

ラップサンド €4.30
薄い小麦粉の生地に巻いているから食べやすい

30分待ちは覚悟して

ムスタファズ・ゲミューゼケバブ

Mustafa's Gemüsekebap

こくのあるソテーした野菜とフレッシュサラダがたくさんサンドされていて、ヘルシーさでも評判の行列店。2005年の創業以来、オーナーのムスタファさんが作る門外不出のソースが自慢。

Map 別冊P.15-C3 クロイツベルク

Mehringdamm 32, D-10961 なし 10:00〜翌2:00 1/1 Card不可 €3.20〜 U6,7Mehringdammから徒歩1分 URL mustafas.de

デュルム
(ラップサンド)にして
Dürüm Wrap ,bitte.
デュルム（ラップ）・ビッテ

ハーフで
Halbe Portion, bitte.
ハルベ・ポルツィオーン・ビッテ

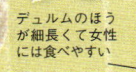

デュルムのほうが細長くて女性には食べやすい

並んででも食べたい！

Ayran

アイラン €0.90
トルコでポピュラーな塩味のヨーグルトドリンク。肉と相性抜群、後味サッパリ！

上記2つの店は30mしか離れていないので、手軽に食べ比べることができる。

ベルリンの今がわかる テーマ別カフェ案内

自由で独創的な街ベルリンを象徴するもの……、
そのひとつがカフェ文化。
オーナーの思いが詰まった小さなパラダイスへ！

レトロ系 RETRO

古い家具や使い込まれた道具でクラシカルな雰囲気を演出

料理には自信あり！

手作りの愛情料理

パコラート Pakolat

アンティークの家具、ピアノ、古い写真などが配されたかわいいレトロ調。自家焙煎のコーヒーと家庭的な料理で休日のブランチタイムは朝食セットでのんびりするお客さんで満員になる。

1. ブランチのセット€24（ジュース含む2人分） 2. アンティークを上手に取り入れた部屋 3. ショップとカフェコーナー。先にレジで注文するシステム

Map 別冊P.15-D1 プレンツラウアーベルク

Raumer Str. 40, D-10437
030-44793883 月～金10:00～19:00、土・日10:00～18:00 休無休
料€1.80～ レジにあるチップボックスに＋αを
Card不可 U2Eberswalder Str.下車徒歩5分 URL kaffee-pakolat.de

ガーリー系 GIRLY

チェックのクッションやパステルカラーで女子向けのインテリア

ザッハートルテが大人気

オッテンタール・スペツィアル Ottenthal Spezial

Map 別冊P.14-A3 ツォー駅周辺

オーストリア出身のオーナー夫妻が作るザッハートルテやアプフェルシュトゥルーデルは本格的な味。夏は外の白いベンチで行き交う人々を眺めながら、のんびり過ごすのもおすすめ。

Knesebeckstr. 26, D-10623
030-88929226 9:00～18:00 休火 Card不可
料€1.90～ S5,7,75 Savignyplatz下車徒歩3分
URL www.ottenthal.com

1. フルーツとパンの朝食メニュー€7.90 2. ザッハートルテ€3.50も本格的

オーストリアが故郷なの

自然派 NATURAL

公園の緑、川や湖など自然の中にあるカフェも夏は大にぎわい

そよ風が心地よい

フライシュヴィンマー Freischwimmer

緑濃い運河に張り出すようにしつらえたカフェ。水面を渡る風を感じながら、水鳥を眺めているとここがドイツの首都であることを忘れそう。夜はネオンが川に映り込んでまた違った雰囲気に。

Map 別冊P.15-D3 ノイケルン

Vor dem Schlesischen Tor 2a, D-10997 030-61074309
12:00～22:00 休無休 料€8.90～
Card不可 U1Schlesisches Tor下車徒歩10分 URL www.freischwimmer-berlin.com

ゆったりと過ごしてね

1. 川べりにカフェが並ぶ。フライシュヴィンマーは左側 2. アップルパイ€3.80 3. 入口は目立たないので見逃さないで 4. テラスの素朴なしつらえがいい雰囲気

週末はブランチを食べに来るお客さんで満員になるカフェも。人気店は11:00前に行ったほうがいいみたい。（島根県・緑）

古道具活用系 RECYCLING

蚤の市で古道具を調達して店づくりをするのがベルリンスタイル

天井のランプに注目

ディー・ヴェルトキュッヒェ
Die Weltküche

パステルカラーで塗られた椅子とテーブルが並ぶ。天井から吊り下がっているランプは鍋やスプーン、レードルなどキッチン雑貨！ 4種類ほど用意される日替わり料理がリーズナブル。

Map 別冊P.15-D3 ノイケルン

Graefestr. 18, D-10967 ☎030-6167 1403 ⏰10:00～22:00 休無休 Card不可 料ランチ€4.50～ 交U8Schönleinstr.下車徒歩5分 URL www.die-weltkueche.org

1. 小学校のようなかわいい雰囲気 2. 台所用品をリサイクルしてランプシェードに 3. チキンの煮込み€6

コラボ系 COLLABORATION

カフェの横で洋服が、美容室の脇でコーヒーが…。異業種ミックスが流行中

BERLIN IST GROSS UND ICH BIN KLEIN

BERLIN

1. 絵本€14.90
2. テレビ塔のフェイスタオル€6.50
3. マグカップ€12.90

かわいい文具に囲まれて

シュヴェスターヘルツ
Schwesterherz

カフェと文具リビング雑貨のコラボショップ。ラッピングペーパーや手帳などのセンスがいい。隣接のキッチン用品店も同じオーナーの経営。

Map 別冊P.15-D2外 フリードリヒスハイン

Gärtnerstr.25, D-10245 ☎030-61201571 ⏰月～金11:00～20:00、土10:30～19:00、日13:00～17:00 休無休 料€1.50～ Card M.V. 交U5Samariterstr.下車徒歩8分 URL www.schwesterherz-berlin.de

世界の文具を扱ってるの

個性派 CREATIVE

世界にひとつしかない味や雰囲気を目指す個性派カフェ

香辛料の香り

マヌ・テー・ファクトゥール
Manu Tee Faktur

オーナーのマヌーさんはインドにルーツがあるチャイのブレンダー。デザインの勉強もしていて、ブレンディングからラベリングまですべて自分でこなす。冬はマサラチャイ、夏はカシミールがおすすめ。

ゆっくり煮出す最高のインド風チャイ€2

Map 別冊P.15-D3 ノイケルン

Paul-Lincke-Ufer 44A, 2. Hof, Aufgang A, EG, D-10999 ☎030-61629691 ⏰8:00～18:00 休無休 料€2～ Card不可 交U1,8Kottbusser torから徒歩5分 URL www.manuteefaktur.com

ラベルも自作だよ

喫茶スペースは入口のココだけ。でも飲む価値あり！

ショートブレッド

ケイティーズ・ブルー・キャット
Katies Blue Cat

サクサクの食感よ

ショートブレッドやクッキーなどイギリス発祥の素朴な焼き菓子で評判の店。パティシエはカナダ、オーストラリア、ニュージーランドなど英国にゆかりの深い国の出身者がほとんど。店内は広くないが居心地がいい。

Map 別冊P.15-D3 ノイケルン

Friedelstr. 3, D-12047 ⏰月～金8:30～18:30、土・日10:00～19:00 休無休 料€1.20～ Card不可 交U8Schönleinstr.から徒歩5分 URL www.katiesbluecat.de

1. ショートブレッドとカプチーノ€6 2. 奥にもテーブルがある

トレンド発信基地
ハッケシェ・ヘーフェに潜入！

ビルの中庭に店がある「ホーフ(ヘーフェ)」は表通りの喧騒が届かない、秘密の空間。ベルリンでいちばん大きなホーフでショッピング！

小劇場もあるよ！
KINO UND THEATER

ベルリン中央駅
ブランデンブルク門
ツォー駅
ベルリン大聖堂

ビルの中庭でショッピング
ハッケシェ・ヘーフェ
Hackesche Höfe

Map 別冊P.16-B1 ミッテ

☎Rosenthaler str.40-41, D-10178
交Sバーン Berlin Hackescher Marktから徒歩3分

ホーフ（ヘーフェ）って何

ホーフとはビルの中庭のこと。いくつかのビルと中庭が繋がると複数形になってヘーフェという。中庭に一歩入れば緑豊かな庭が広がったり、静かな空間だったり、外界とのギャップもユニーク。ハッケシェ・ヘーフェはベルリンでも最大級のヘーフェで、ショップやカフェが次々と入居し観光スポットになった。

1

2

1 信号機のキャラクター
AMPELMANN Shop
アンペルマン・ショップ

アンペルマンは、もともとは東ドイツの信号機のピクトグラム。かわいらしいシルエットが再評価されキャラクター商品が販売されるようになった。おさげの女の子、アンペルフラウも人気。

ハンドタオルが一番人気よ

Pause machen

☗Hof No.5
☎030-44726515
🕘9:30～21:00 日10:30～19:00 休無休 Card A.D.J.M.V.
URL www.ampelmann.de

BERLIN
3

4

1. アンペルマンの形をしたグミ€2.90 2. スーツケースに付けるタグ€4.90 3. エコバッグ各€6.90 4. 信号のようなコースター€2.90

2 ユニークなシロクマ
The Box
ザ・ボックス

1

王立磁器製作所KPMのギャラリー兼ショップ。ベルリンのマスコットでもあるクマの磁器人形が、バンザイをしていたり、横を向いていたりと表情豊か。見ているだけで幸せに♪

2

1. 横向きのベアー€98
2. いろいろな表情のクマ€100～178

☗Hof No.3 ☎030-24048701
🕘11:00～19:00 休日、1/1、12/25・26 Card A.D.J.M.V.
URL www.KPM-STORE.COM

HANDMADE IN BERLIN

中庭を繋ぐ通路の上に中庭の番号が書いてあるので迷わないですよ！（鹿児島県・さくら）

テレビ塔が見える!

3 雨が楽しくなりそう
Freitag Fashion
フライターク・ファッション

雨の日ファッションのブティック。レインコート、ハットはオーナーがデザインしている。スタイリッシュでビビッドなカラーの雨具は、暗い天気の日でも気分を盛り上げてくれること間違いなし。

Hof No.5 ☎030-28096092 11:00～19:00 休一部の日曜、12/24～26 Card A.D.J.M.V. URL www.freitag-fashion.de

1. 傘€39とレインコート€398 2. 店内にはマフラー€19やニット帽€69もある 3. レインハット€49 4. ビニールの傘€29

4 小さなおみやげが見つかる
Promobo
プロモーボ

ベルリンのアーティストが作るかわいい雑貨などのセレクトショップ。ベルリン名物の印影が楽しい3種のスタンプや木製のポストカード、ベルリンが浮かび上がるキャンドルホルダーなどが手頃。

Hof No.3&5 ☎030-30347671 10:00～21:00 休1/1、12/25・26 Card M.V. URL www.promobo.de

アーティストの個性を見て!

1. ベルリンのシンボルが印章に€2.95/個(€10/5個) 2. キャンドルホルダーになるカード€5.90 3. 立体にできる木のポストカード€4

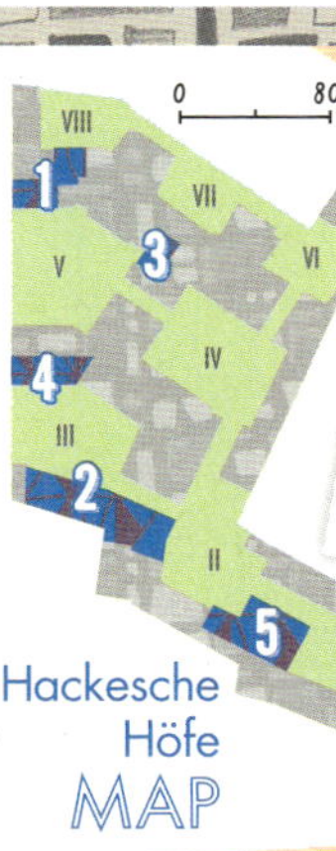
0 80m
ゾフィーエン通り入口
VIII
VII
VI
V
IV
III
II
I
1
2
3
4
5
この番号が目印!
Hackesche Höfe MAP
ハッケシャーマルクト駅方面入口

建物の中に入口があるわよ!

5 盛り付けもきれい
Oxymoron
オキシモロン

地中海、ドイツ、アジアをフュージョンさせた創作料理レストラン。若きドイツ人シェフ、ロバート・シュッツさんが月替わりで腕をふるう。店内は約100年前に建てられたモロッコレストランの面影が残る。

Hof No.1 ☎030-28391886 9:00～24:00(ラストオーダー) 休12/23～26 料€20～ Card A.D.J.M.V. 英あり URL www.oxymoron-berlin.de

1. クラシカルな店内 2. ゴートチーズにトリュフ入りサラダ€12とやさしい味のジンジャーレモネード€3.50

シェフの意欲作です

ハッケシェ・ヘーフェの小劇場カメレオン・ヴァリエテChamäleon variete URL www.Chamaeleonberlin.deも人気。

aruco調査隊が行く③!!

癒し？ 体調改善？ 効き目で選ぶハーブティー

気管 呼吸器

Husten und Bronchial Tee
フステン・ウント・ブロンヒアール・テー

DAS gesunde PLUS
Husten und Bronchial Tee
Arzneitee
12 Aufgussbeutel

€0.70/12p dm

主成分：ヘラオオバコ、スペインカンゾウ、ビターフェンネル、タイム
効果：咳、気管支炎症状の緩和
味わい：口内に独特の甘い味が広がり、乾燥したのどが和らぐ感じ

Husten- und Bronchialtee N
フステン・ウント・ブロンヒアールテー N

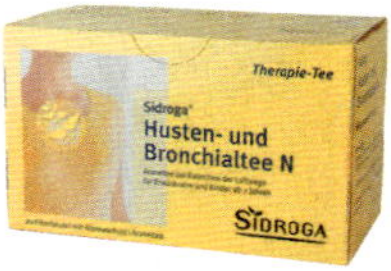
Therapie-Tee
Sidroga
Husten- und Bronchialtee N
SIDROGA

€3.75/20p

主成分：タイム、タチアオイの根、ヘラオオバコ
効果：咳、気管支炎症状の緩和
味わい：袋を開けると薬草の香りがとても強いが、抽出後はさほど感じなくなり、くせもほとんどなく飲める。

Erkältungstee
エアケルトゥングステー

altapharma
12
Erkältungs-tee
ROSSMANN

€0.69/2p

主成分：ニワトコ、タイム、西洋ヤナギの樹皮、アニス、スペインカンゾウなど
効果：風邪をひいたときの諸症状を和らげる
味わい：スーッとした香りで鼻腔がスッキリ、甘みがあって喉にやさしい。

生理前のPMSに

Johanniskraut Tee
ヨハニスクラウト・テー

DAS gesunde PLUS
Johanniskraut Tee
Arzneitee
12 Aufgussbeutel

€0.70/12p dm

主成分：セントジョーンズワート
効果：更年期障害やPMS（生理前症候群）の際のうつなど
味わい：かすかに草の香りがするが、甘みが少しあり飲みやすい。

消化器 胃腸

Wellness Fastentee
ウエルネス・ファステンテー

Sidroga
Wellness Fastentee
SIDROGA

€0.70/12p

主成分：マテ茶(グリーン)、ハニーブッシュ、レモンバーベナ、スペインカンゾウ、コリアンダー、ペパーミント、カルダモン、ショウガ
効果：（ハーブティー）むくみをとるなど、断食の時の効果をサポート
味わい：プチ断食の時の水分補給に。ペパーミントの香りと、ブレンドされたハーブが深い味わい。

Magen- und Darm Tee
マーゲン・ウント・ダルム・テー

Bad Heilbrunner
Magen- und Darm Tee

€1.15/12p

主成分：カモミール、ペパーミント、キャラウェイ
効果：消化を促進して、胃腸の調子を整える
味わい：さわやかなペパーミントの香りが強く、味はややくせがある。

パッケージの解読単語

Anwendung 使用方法（飲み方）	10 Minuten ziehen lassen 10分間浸す
täglich 毎日	mit siedendem Wasser 沸騰した湯で
1-2 mal 1～2回	mit kochendem Wasser 沸騰した湯で

ドイツ人とハーブティー

医者にかかるほどでもないけど少し調子が悪いという時、ドイツの人は自然療法で治そうとする。そのなかでもポピュラーなのがハーブティーKreuterteeや治療茶Arzneiteeで、症状に合わせて配合したものがいろいろある。どちらもスーパーやドラッグストアでも手軽に買えるが、容量、用法を守らないと効果が得られなかったり、副作用が出る場合もあるので、薬局で薬剤師に相談してから買ったほうがよい。このページでは、ハーブティーと明記されたもの以外は、治療茶を紹介している。

 薬局で買ったのど飴とハーブティーで、風邪気味だったのがスッキリ！（青森県・ミッチ）

ドイツではハーブティーがとっても身近。ちょっとした不調を感じたときにも飲むみたい。何に効くのか調査隊が薬局を突撃！昔っからのハーブ療法、マネしちゃいましょ！

症状に合ったお茶をどうぞ

鎮静
ストレス
不眠

Wellness Grüntee mit Nana-Minze

ヴェルネス・グリューンテー・ミット・ナナーミンツェ

Sidroga Wellness Grüntee mit Nana-Minze
SIDROGA

€3.30/20p

主成分：緑茶、グリーンミント、ライムピール

効果：（ハーブティー）フレッシュな香りで気分をリフレッシュ

味わい：アラビア産のミントと日本の緑茶のコラボ！味わい深い緑茶とのブレンドが絶妙で、飲み心地がよい。

Schlaf- und Nerven Tee

シュラーフ・ウント・ネルフェン・テー

Bad Heilbrunner
Schlaf- und Nerven Tee

€1.15/12p

主成分：カノコソウ、パッションフラワー、メリッサ

効果：入眠できない時、神経鎮静作用がある

味わい：わずかに甘味があり、ゆったりした気分にさせてくれる。

Stress- und Nerventee

シュトレス・ウント・ネルフェンテー

Sidroga Stress- und Nerventee
SIDROGA

€3.50/20p

主成分：カノコソウ、ラベンダー、メリッサ、ペパーミント

効果：ストレスを和らげて、神経を鎮静化させる

味わい：薬草の香りがかなり強く、スパイシーで独特の味。慣れないと飲みにくい。

Grüner Hafer Tee

グリューナー・ハーファー・テー

DAS gesunde PLUS
Grüner Hafer Tee

€0.70/12p

主成分：カラスムギの葉、イラクサ

効果：（ハーブティー）神経疲労、不眠、皮膚の炎症、便秘、デトックス

味わい：干し草のような香りがある。味にはほとんどくせがない。

Pfefferminzblätter

プフェッファーミンツブレッター

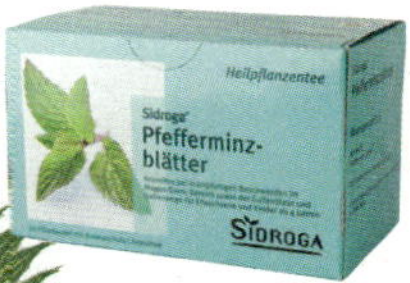
Sidroga Pfefferminz-blätter
SIDROGA

€2.85/20p

主成分：ペパーミントリーフ

効果：消化促進と腸内ガスを減らす。胃腸のトラブルの改善

味わい：すっきりとした清涼感のあるメントールの香りが、すっきり気分に。

Verdauungstee

フェアダウウングステー

altapharma
Verdauungstee
ROSSMANN

€0.69/12p

主成分：セイヨウタンポポ

効果：消化不良に効き目があり、便秘の解消に

味わい：干し草のような香りがするが、口あたりはとてもまろやか。

地元に根ざした処方箋薬局

カイザー・アポテーケ
Kaiser Apotheke

ハーブティーは入口近くの回転棚にある。ドラッグストアでは扱いのないメーカーのものもあるのでよく相談すること。

KAISER-APOTHEKE

Map 別冊P.15-C3 クロイツベルク

住 Bergmannstr.23, D-10961 電 030-6937879
営 月～金8:30～20:00、土9:00～20:00 休 日・祝、1/1、イースターの月曜、12/25・26・31 Card M.V.
交 U7Gneisenaustr.下車徒歩5分
URL www.kaiser-apotheke-berlin.de

ドイツを代表するドラッグストア

ロスマン
Rossmann

大きな駅には必ずあるほどメジャーな存在のドラッグストア。薬のほか、雑貨や安いワインも置いている。

ROSSMANN

Map 別冊P.15-C3 クロイツベルク

住 Zossener Str.28, D-10961 電 030-61201072
営 9:00～21:00＊店舗によって異なる 休 日 Card M.V.
URL www.rossmann.de 交 U7Gneisenaustr.下車徒歩4分

高品質なブランド

デー・エム
dm

ドイツ国内に1000店舗以上展開。自社ブランドの基礎化粧品や洗剤が、手頃な値段で質がいいと評判。

dm

Map 別冊P.15-C3 クロイツベルク

住 Bergmannstr.102, D-10961
電 030-61076846 営 9:00～20:30＊店舗によって異なる 休 日 Card M.V. 交 U6, 7Mehringdammから徒歩6分 URL www.dm.de

上記はすべてティーバッグ。12個入りなど小箱を買って試してみるのがおすすめ。

haircare & facewash bathgoods

ヘアケア&洗顔 バスグッズ

lavera
NATURKOSMETIK
BIO
DUSCHGEL
Bio-Orange & Bio-Sanddorn

シャワージェル

オランジェ フィーリング ドゥーシュゲル
Orange Feeling Duschgel

BIOオレンジの香りがとてもいい。泡に包まれて洗った後、気分がスッキリ！サジーエキス入り

€11.60 B

BDIH認証とエコテスト

BDIH認証はドイツ化粧品医薬品商工業企業連盟が中心となって作った自然化粧品の世界的ガイドライン。原料がオーガニックであるだけでなく、環境にも負荷をかけないなど認証には厳しい基準がある。エコテストÖKOTESTは、環境やヒトへの影響をテストする専門誌。この雑誌が高く評価した商品には「Sehr Gut（ゼア・グート＝大変良い）」マークが付けられ ている。

Schoenenberger
ExtraHair
Hair Care System
2 Minuten
Haarkur
mit Bio-Pflanzensaft
ARGANÖL

すべての髪用 ヘアコンディショナー

エクストラヘア ツヴァイ・ミヌーテン ハークーア
ExtraHair 2-Minuten Haarkur

BDIH認証。BIOのスギナ、シラカバ抽出液などを配合。櫛どおりをよくして、髪にツヤを与える。

€11.60 B

Schoenenberger
Naturkosmetik
Pflegeshampoo
Bio Acerola & Cranberry

ドライ、傷んだ髪用 シャンプー

プフレーゲシャンプー・ビオ・アセロラ・& クランベリー
Pflegeshampoo Bio Acerola & Cranberry

BDIH認証、皮膚科医テスト済。ビオ栽培のアセロラ果汁の自然な香りとクランベリーオイル入り。

€5.95 B

Augen Make-up Entferner
Eye Makeup Remover
Démaquillant pour les Yeux

アイメイクアップ リムーバー

アウゲン・メイクアップ・エントフェルナー
Augen Make-Up Entferner

眼科テスト済。マイルドでやさしくアイメイクを落とす。

€14.50 B

BIOの本場

ドイツで ナチュラ うるおい

ドイツはオーガ
環境破壊に対す
自然派コスメも、さ
ナチュラルさ
肌に優しいコスメを自

bath powder

入浴剤

Sinfonie
Bade
Schokolade
BIO
vegan

チョコレート型の入浴剤

Calena
FRESH-organic-love
Liebestraum
Bade
Schokolade
vegan
BIO

Calena
Rosenfee
Bade
Schokolade
vegan
BIO

まるでチョコレートのようなパッケージのバスオイル。バスタブにひとかけ入れるといい香りがバターのように溶けて広がる。リッチなBIOアルガンオイルを配合。100%自然香料。24回分

各€9.95 A

大人の香りの入浴剤

sensena
Aromabadekissen
Zwischen Tag & Traum

sensena
Aromabadekissen
Zauber der Rose

アロマバーデキッセン・ツヴィッシェン・ターク&トラウム
Aromabadekissen Zwischen Tag & Traum

バスタブに浮かべる袋入りのハーブ&オイル。BDIH認証。ホホバオイルと海塩入り。袋をもんだり全身を軽くマッサージすると、より香りが広がる。使用後の袋はソープ受けなどに置いておけば、香りが続く。

各€2.59 A

日本で愛用していたラヴェーラ（Lavera）をまとめ買いしました。（福岡県・さやか）

見つけた ルコスメで 美人に♥

ニックや、
る意識の高い国。
まざまなメーカーが
をアピール！
分へのプレゼントに！

skincare スキンケア

肌の赤みとかゆみを抑える軟膏

シサンドゥラ・サルベ・ミット・サルバイ
Schisandra-Salbe mit Salbei
BDIH認証。セージなどのハーブ配合でさらっとしているが薬草のにおいが残る。過敏反応や炎症のケアに。
€12.95 B

敏感肌用のローション

ローズ・フェイス・ローション
ROSE face lotion
デメター農法の原料。オーガニック認証付き。のびがよくメイク下地にも使えるミルクローション。
€20.90 B

Kneipp
Pflegeölbad
Granatapfel & Cassis
Sinnliche Verführung

バスオイル

プフレーゲエールバート
Pflegeölbad
肌の弾力を保護して柔らかにに整えるザクロエキス入り。バスルームがカシスの甘い香りに。ネイトゥルー認証
€8.99 A

アイクリーム

ザンフテ・アウゲンクレーメ
Sanfte Augencreme
目元のハリや弾力が蘇り、そのあとしっとり。海藻エキスと海のミネラルが持続的な効果。無香料
€26.00 B

洗い流すフェイスマスク

ツェルアクティヴィー・レンデス・メーレス・ゲル
Zellaktivierendes Meeres-Gel
海藻エキスと純粋な海水を配合して、細胞内部の新陳代謝を促す。ハリと潤いのある肌を取り戻す。
€26.00 B

apeiron
bienenwachs balsam-stift

リップクリーム

ビーネンワックス・バルサムシュティフト
bienenwachs balsam-stift
ハチミツワックス入りで保護効果が高い。唇だけでなく、手荒れにも使える。モミの精油の香り。
€8.95 B

demeter
bio-dynamisch
TEA TREE BALM
MARTINA GEBHARDT

乾燥による肌荒れ、虫刺され

ティー トゥリー バルム
Tea Tree Balm
デメター農法の原料で化学物質を一切使っていないので、子供にも安心して使える肌の万能薬。
€8.50 B

DADO SENS

ニキビ、吹き出物をストップ、アクネ菌を防ぐ

プアデルム・ピッケル・ストップ・ロール・オン
PurDerm Pickel-Stop Roll-on
角質肥厚と過剰な皮脂分泌によるあごや額などの肌をコントロール。ニキビ予防とニキビ跡に。
€9.50 B

フェイシャルマスク

流すタイプのフェイシャルマスクは、1回または2回分で売っているので旅行中も利用価値大。€2～3程度。

footcare フットケア

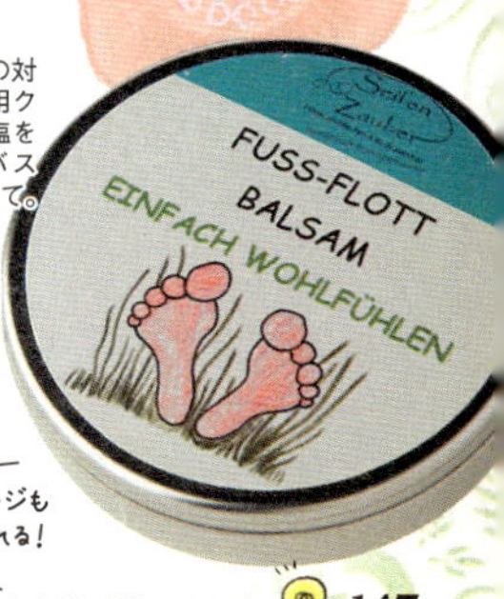
FUSS-FLOTT
BALSAM
EINFACH WOHLFÜHLEN

足の匂いやムレ感の対策に、マッサージ用クリームや、死海の塩を配合した入浴剤バスボールを使ってみて。角質ケアにも有効。

A

BIOの総合マーケット

LPGビオマルクト
LPG Biomarkt

有機野菜や加工食品、衣料品など幅広く扱うエコショップ。ベルリンに7店舗ある中でとくにコスメ売り場が充実している。ベビーコーナーやカフェテリアも併設して子ども連れにも優しい。

Map 別冊P.15-C1 プレンツラウアーベルク

住 Kollwitzstr. 17, D-10405 ☎030-322971400 ⏰9:00～21:00 休日、1/1、イースター、12/25・26 Card M.V. 交U2Senefelderplatz下車徒歩3分 URL www.lpg-biomarkt.de

LPG BioMarkt

B

小さな店内にギッシリ

ロッテ・ナトゥーアコスメティック LOTTE Naturkosmetik

ドイツやフランスなどヨーロッパのナチュラルコスメを扱う。奥にはマッサージルームがある。予約が必要だがフェイシャルマッサージは60分で€50～。

Map 別冊P.15-D1 プレンツラウアーベルク

住 Prenzlauerallee 40, D-10405 ☎030-4417476 ⏰月～金10:00～19:00、土10:00～14:00 休日、1/1、イースター、12/25・26 Card M.V. 交トラムM2Marienburger Straße下車徒歩1分 URL www.lotte-naturkosmetik.de

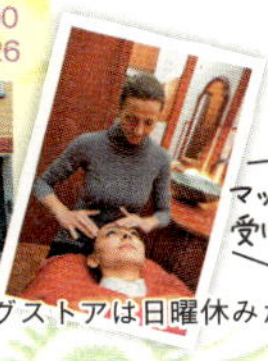

マッサージも受けられる！

眠るのがもったいない！ベルリンのコンセプトホテル

コスモポリタン都市ベルリンに滞在するなら
アート感覚いっぱいのホテルへ！
楽しい夢が見れちゃいそうな
ホテルはこちら！

大きな扉が「不思議の国」みたい

映画の世界を演出

ホテル・ツォー・ベルリン

Hotel Zoo Berlin

1950、60年代にベルリン国際映画祭のパートナーホテルとして、数多くのセレブリティーが訪れた老舗ホテル。2014年8月に大改装を終え再オープン。ニューヨークスタイルの映画と動物園（＝ツォーZoo）がテーマ。動物モチーフを探すのも楽しい。

Map 別冊P.14-A3 ツォー駅周辺

Kurfürstendamm 25, D-10719
☎030-884370 FAX 030-88437829
料 SW€127～ Card A.D.M.V. 室145
交 U1,9 Kurfürstendamm下車徒歩1分
URL www.hotelzoo.de

1. 中庭の動物型トピアリーが窓から見える 2. ロビーには大きな扉のオブジェが 3. 部屋のインテリアはそれぞれ違うが、古い映画のワンシーンのような雰囲気 4. エントランスのカーペーットにも動物が

遊びゴゴロのあるインテリア

ザ・サーカス・ホテル

The Circus Hotel

部屋のテーマはそれぞれ異なるが、どこもポップで楽しいインテリア。カフェレストランはビジターにも人気。シャンプーなどのアメニティはフロントで貰うシステム。自転車のレンタルもできる。系列のホステルもユニークなインテリアで評判。

テーマはニューヨークスタイル

Map 別冊P.16-B1 ミッテ

Rosenthalerstr 1, D-10119
☎030-20003939
FAX 030-2000393699
料 S€78～、W€89～
Card A.M.V. 室60
交 U7Rosenthaler Platz下車徒歩1分 URL www.circus-berlin.de

1. アメリカをイメージしたシングルルーム 2. 屋上テラスからはテレビ塔が見える 3. ベルリンのテレビ塔のアートがあるダブルルーム

狭いけど
遊び心があって
楽しいよ

ホテルの朝食は別料金のことが多く、安くても€7ほどかかるのでカフェや駅で簡単にすませました。（岩手県・わかめ）

ハンモックに揺られて動物園を見下ろす

自然と文明の調和

25アワーズ・ホテル・ベルリン

25hours hotel berlin

2014年にオープンしたビキニ・ベルリン（下記参照）に隣接。ベルリン動物園側とカイザー・ヴィルヘルム教会側の部屋がある。観葉植物にハンモック＆動物のぬいぐるみなど、自然をモチーフにしたインテリア。上階のモンキー・バーやネニ・ベルリンも人気で週末はとくに混む。

Map 別冊P.14-A3 ツォー駅周辺

住Budapesterstr 40, D-10787 ☎030-1202210（代表）、030-120221255（予約） 料W€170～（シティサイド）、€200～（動物園サイド）、朝食別途€14 Card A.M.V. 室149 交S5、U1,2,9Zoologischer Garten下車徒歩3分 URL www.25hours-hotels.com ★ネニ・ベルリンNENI Berlin（レストラン） ☎030-120221200 営月～金12:00～23:00、土・日・祝12:30～23:00 料€20～ Card A.M.V. ★モンキー・バーmonky bar（カフェバー） ☎030-120221210 営日～木12:00～翌1:00、金・土12:00～翌2:00 料€10～ Card M.V.

使ってね

景色とエスニック料理のコラボ

1. 動物園側の部屋には窓際にハンモックがある 2. 市街側の部屋の窓際はデスクスペース 3. 揚げサツマイモ付きローストビーフサンド€18とフレッシュオレンジジュース€5/300ml 4. ネニ・ベルリンはホテルの朝食会場になる 5. 動物園を見ながらまったりできるモンキー・バー 6. スローベリーフィズ（スロージンとソーダ、レモン）、コスモポリタン（ジン、コアントロー、キイチゴシロップ）のカクテル各€11

動物園が見えるショッピングモール

自然が楽しめる

ビキニ・ベルリン

Bikini Berlin

2014年にオープンしたショッピングモール。動物園を借景にホールや屋上テラスを配し、木製の柱や階段を取り入れるなどナチュラルなインテリア。コンセプトに合ったショップを厳選して入れている。1階の通路フロアのアンテナショップは随時入れ替わる。

Map 別冊P.14-A3 ツォー駅周辺

住Budapesterstr 38-50, D-10787 営ショップ10:00～20:00、モール月～土9:00～21:00、日13:00～18:00 休日（ショップ）、モールは無休 Card 店舗によって異なる 交S5、U1,2,9Zoologischer Garten下車徒歩1分 URL www.bikiniberlin.de

大きな窓から動物園の猿山が見える。窓際にはクッションが置かれており誰でもくつろげる

癒される～

1. まちが広くて使いやすいマルチバッグ€39.90 2. 底のしっかりしたショッピングバッグ€29.95 3. 丸いフォルムがかわいいムーンバッグ€39.5

ライゼンタール・ストア

Reisenthel Store

軽くて頑丈なショッピングバッグなどが人気。ポップな色合いと可愛い図柄で日本でもファンが多い。ドイツらしい鹿や花のモチーフを探そう。

☎030-26933969 営10:00～20:00 休日、1/1、イースター、12/25・26 Card M.V. URL www.reisenthel.com

ドイツ最大の国際港湾都市

ハンブルク

Hamburg

港町特有の進取の気性に富んだ町でありながら
リゾートを楽しむのんびりした
雰囲気もあるのがハンブルク。
新鮮なシーフードを味わえるのもうれしいところ。

ハンブルクでやりたい4つのこと

1. 市庁舎を見学
2. 倉庫街をおさんぽ
3. 旬のエリアでショッピング
4. 青空市場へ！

クリスマス時期の市庁舎

1 市庁舎を見学

ハンブルク中央駅からメンケベルク通りMönckebergstr.を10分ほど歩くと市庁舎に出る。内アルスター湖畔の遊歩道も気持ちのいい散歩道。

1. 尖塔の高さは112mもある
2. 市庁舎の見えるカフェは観光客に大人気

均整のとれた堂々とした姿

市庁舎 Rathaus

19世紀末に完成したネオ・ルネッサンス様式の建築物。正面の幅は111m、尖塔の高さは112m。内部の見学はガイドツアーのみで「皇帝の間」や「大祝祭の間」などを訪れる。

Map 別冊P.11-D2 市庁舎広場

Rathausmarkt, D-20095 ガイドツアー10:00～15:00（金～13:00、土～17:00、日～16:00） 休無休 料€4 交U3Rathaus下車徒歩1分

市庁舎を見ながらお茶しよ♪

ハンブルクへの行き方

フランクフルト中央駅からハノーファー経由のICEで3時間40分～4時間。€122。

ハンブルクのi

Hauptausgang Kirchenallee, D-20099 ☎040-30051300
9:00～19:00（日・祝10:00～18:00） 休無休
URL www.hamburg-tourism.de

ハンブルク
ベルリン
フランクフルト
ミュンヘン

Map 別冊P.2-A1

アルスター湖 Binnennlster

エルベ川の支流を堰き止めた人造湖。遊覧船が発着するリゾートのような風情がある。

1. のんびり座ってランチタイム
2. 噴水の向こうに疾走するICEが

駅や繁華街のすぐそばに湖があってホッとする町でした。（佐賀県・八千代）

ノイアー・ヴァル Neuer Wall

市庁舎の西にある運河を挟んだエリアは高級ブランド店やショッピングアーケードがある。

冬でも
買い物が
楽しい!

きれいだろ!

1. オーナーのトーマスさん 2. ハンブルクをモチーフにしたマグカップ各€14.95 3. カラフルな店内 4. ポストカード1枚€1.80 5. ショルダーバッグ小€69

写真を線画で表現

アート・ドミノ Art-Domino

女性デザイナーが自ら訪れた世界中の都市をデザイン、ポストカードやマグカップにしている。ポップな色使いが楽しい。

Map 別冊P.11-C2 ノイアー・ヴァル

Grosse Bleichen 36 im Hanse Viertel, D-20354 ☎030-30340054 10:00～20:00 休日・祝、1/1、12/25・26・31 Card A.D.J.V.M. 図市庁舎から徒歩6分 URL www.art-domino.com

2 倉庫街をおさんぽ

市庁舎から2kmほど南には運河が入り組むエリアがある。煉瓦の建物も風情満点。

倉庫街 Speicherstadt

100年以上も前に建てられた美しい煉瓦の建物が並ぶ。運河に架かる橋も美しい。

火事だ!

本物みたい
すごい
迫力!

1. 火事の消火活動も細かい! 2. 館内の照明やジオラマの動作を管理。本物の鉄道の運行司令室のよう 3. 空港エリアがとくに人気

本物を超えたジオラマワールド

ミニチュアワンダーランド Miniatur Wunderland

都市や風景をジオラマで精巧に表現した施設。照明を変えて日没から夜景にしたり床下に地下鉄が仕込まれたりとても凝っている。

Map 別冊P.11-D2 倉庫街

Kehrwieder 2-4/Block D, D-20457 ☎040-3006800 9:30～18:00 火9:30～21:00、土8:00～21:00、日・祝8:30～20:00 休無休 料12€ 予Webでの予約が可能 図市庁舎から徒歩15分 URL www.miniatur-wunderland.de

ダイヒ通り Deichstr.

倉庫街のこじゃれた一角。レストランやカフェが並ぶ。

Cidre
シードル
€9.20/0.75ℓ

Délicieuse
バナナ、ビターチョコレート、ローストアーモンド、バニラアイス添え€7.40

1. シードルは陶器のカップでフランス風に楽める 2. 海をイメージした白と青の店内 3. マリンテイストのファッションも売っている

フランス仕込みの本格的なガレット

ティ・ブレイズ Ti Breizh

おいしいよ!

フランスのブルターニュ地方出身のオーナーが開いたガレットとクレープの店。フレンチリゾートファッションブランド、セントジェームズやルミノアなども置いている。

Map 別冊P.11-D2 ダイヒ通り

Deichstr. 39, D-20459 ☎040-37517815 12:00～23:00 休12/24・25・31、1/1 料€20～ Card M.V. 図市庁舎から徒歩15分 URL www.tibreizh.de

ミニチュアワンダーランドは週末や祝日は混む。予想待ち時間のチェックや予約がWebでできる。

3 旬のエリアでショッピング

ハンブルクのトレンドエリアは、町の北西にあるシャンツェ地区とそこから南東へ続くカロ地区。

まったりできる隠れ家カフェ

Shop
ハンブルクのおみやげ

シャンツェ地区 Schwanzenviertel

S3のシュテルンシャンツェSternschanzze駅から南へ行ったシュルタープラットSchulterblatt通り周辺がにぎわう。

カロ地区 Karolinenviertel

古着やアンティークも多いマルクト通りへ。U2メッセハレンMessehallen駅から中心部に戻るといい。

きてね☆

女子でいつも大混雑！

ダス・ドルフ Das Dorf

ガーリーなアイテムが見つかる人気雑貨店。キッチン雑貨からファッションアイテムまで雑多に置かれ、掘り出し物を探すのが楽しい！

1. 各国からセレクトしたキッチン雑貨 2. 狭い店内にぎっしり 3. 手作りのポーチは柄も大きさもいろいろ€9.90～

Map 別冊P.11-C1 シャンツェ地区

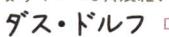

Susannenstr. 20, D-20357
040-4394114 11:00～20:00
休日・祝 Card M.V. 交U3Sternschannze下車徒歩2分 URL www.dasdorf.net

じゃーん☆

若いアーティストの作品が並ぶ

シャツ・ラボ Shirts Lab

Tシャツ専門店。約50人の若手アーティストがデザインしている。ハンブルクをテーマにした図案もユニークなものが見つかる。

1. サイズも豊富 2. フレンチスリーブのTシャツ28€ 3. 女子学生がデザインした長袖30€ 4. 柄違いでも値段は同じ28€

Map 別冊P.11-C2 カロ地区

Marktstr. 16, D-20357 040-43095451 月～金10:00～19:00、土11:00～17:00 休日・祝、12/24・25、1/1 Card M.V. 交U2Messehallen駅から徒歩2分 URL www.shirtladenmarktstrasse.de

Restaurant
ハンブルクのおいしい店

Labskaus
ハンブルク名物ラプスカウス。ジャガイモとコンビーフに目玉焼き€6.80

Dorsh
タラのスチーム煮€17.20

Rotbarschfilet "Blankenese"
魚フライをマスタードソースで€16.20

Hamburger Rote Grütze
家庭的なデザート、ベリーのジュレ€5.20

店の前にある漁師の銅像が目印

アルト・ヘルゴーレンダー・フィッシャーシュトゥーベ Alt Helgoländer Fischerstube

大家族やグループの利用も多い広さ

港町や船をイメージしたインテリア。定番のほか、6週間ごとに変わるメニューを楽しみにしている地元の人も多い。

Map 別冊P.11-D1 魚市場周辺

Fischmarkt 4a～c, D-22767 040-3194696 12:00～24:00 休12/24 料€25～ Card M.V.
URL www.althelgolaenderfischerstube.de

Fischsuppe
魚のスープ。€3.50 普通サイズは€7.50

半分サイズはスモールポーションと伝えて！

港町特有の明るさがある店内

Zwei Matjes-Filets Hausfrauen Art
にしんの酢漬けにタルタルソース、ジャーマンポテトのコンビは地元で人気€8.90

Käptn's Pfanne
「船長」の名が付いたフライパン盛り。タラのフライにポテトを特製ホースラディッシュで€12.50

老舗のビアレストラン

ナーゲル Nagel

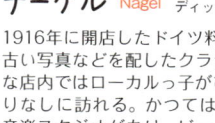

1916年に開店したドイツ料理店。古い写真などを配したクラシックな店内ではローカルっ子がひっきりなしに訪れる。かつては3階に音楽スタジオがあり、ビートルズがレコーディングしたそうだ。

Map 別冊P.11-C3 中央駅周辺

Kirchenallee 57, D-20099 040-247121 日～木10:00～翌1:00、金・土10:00～02:00 休無休 料€20～ Card M.V. 交中央駅から徒歩1分 URL www.bodega-nagel.de

Restaurant
Nagel

いかがかな？
髭のロバートさんは28年間勤める名物おじさん

アルスターヴァッサーAlsterwasserはビールのレモネード割り。甘くて飲みやすい！（島根県・甘党）

4 青空市場へ！

活気ある！

港町ハンブルクの滞在がもし日曜ならフィッシュマルクト（魚市場）へ。火曜、金曜ならイーゼマルクトがおすすめ

いつもたくさん買うのよ

たくさん買うの♪
カニじゃっ！

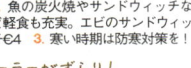

1. 開催日は人でごった返す市場 2. 魚の炭火焼やサンドウィッチなど軽食も充実。エビのサンドウィッチ€4 3. 寒い時期は防寒対策を！

日曜限定

新鮮な魚を満載したトレーラーがずらり！

フィッシュマルクト Fishmarkt

冷蔵設備のある魚介のトレーラーが路地にびっしり並ぶ。ほかにも新鮮な野菜やフルーツ、雑貨、衣類などなんでも揃う。威勢のいい口上や呼び込みはアメ横のよう。

Map 別冊P.11-D1 魚市場周辺

日曜のみ 4～10月5:00～9:30、11～3月7:00～9:30 図中央駅からバス110番でFishmarket下車徒歩1分、U1、S2,3Reeperbahn下車徒歩8分

Elstar

1. 小さなリンゴを丸かじりするのがドイツ流 2. 全長970mはヨーロッパ最長！ 3. 魚を売るトレーラもももちろん来る 4. 手作りカップケーキの屋台

高架下だから雨でも大丈夫！

ISEMARKT
Dienstag und Freitag
8.30 bis 14.00 Uhr

火・金限定

ヨーロッパで一番長い青空市場

イーゼマルクト Isemarkt

U3のホーエルフトブリュッケHoheluftbrucke駅とエッペンドルファー・バウムEppendorfer Baum駅の間の高架下で、毎週2回マーケットが開かれる。
魚よりも、野菜やBIO食品が中心。

火・金のみ 9:00～14:00 図U3Hoheluftbrucke またはEppendorfer Baum下車徒歩1分

Hotel
ハンブルクのホテル

上品で落ち着く内装

1. シックなインテリアのダブルルーム
2. クラシックなインテリアのロビー

白い外観が美しい

アトランティック・ケンピンスキー
Hotel Atlantic Kempinski

外アルスター湖に面しており、宮殿さながらの豪華さを誇る。屋内プールやサウナを完備したスパ、フィットネスセンターなどを備えており、郷土料理が堪能できるレストランもハイレベル。

Map 別冊P.11-C3 中央駅周辺

An der Alster 72-79, D20099 ☎040-28880 FAX 040-247129 料S€249、W€298、朝食込み Card A.D.J.M.V. 室221 図ハンブルク中央駅から徒歩5分 URL www.kempinski.com/hamburg

室内は広くはないが明るくて清潔。バスタブ付きの部屋も多い

連泊でもコスパがいい

バーゼラー・ホーフ
Baseler Hof

町の中心へも徒歩圏と立地がよい4つ星ホテル。宿泊者には市内交通が3日間無料で利用できるチケットも提供している。客室は明るく清潔で、ほとんどがバスタブ付き。ワインセラーやフィットネスも完備している。

Map 別冊P.11-C2 内アルスター湖西岸

Esplanade 11, D-20354 ☎040-359060 FAX 040-35906918 料S€84～、W€130～、朝食€12 Card A.M.V 室170 図U1Stephansplatz（Oper/CCH）またはU2Gänsenmarkt下車、徒歩5分 URL www.baselerhof.de

グリム童話の舞台を辿る

Märchenstraße

メルヘン街道

メルヘン街道は、グリム兄弟の生まれたハーナウから
ブレーメンの音楽隊で有名なブレーメンまでの道のり。
南北600kmにわたり物語の舞台さながらの美しい町並みが残る。

URL www.deutsche-maerchenstrasse.com

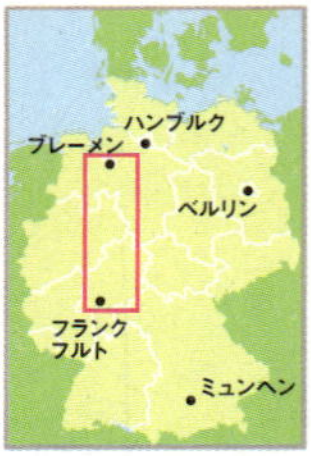

ハンブルク
ブレーメン
ベルリン
フランクフルト
ミュンヘン

Map 別冊P.2-A1~2

7
ブレーメン
Bremen
P.156
ブレーメンの音楽隊
祖母の家に行くのよ
メルヘン街道
ハノーファー
Hannover
P.164
ハーメルンの笛吹き男
6
ハーメルン
Hameln
bodenwerder
ラプンツェル
5
P.155
トレンデルブルク城
Trendelburg
がちょう姫
ゲッティンゲン
Göttingen
4
ザバブルク城
Sababurg
いばら姫
P.155
ハン・ミュンデン
Hann.Münden
3
カッセル
Kassel
鉄ひげ先生ゆかりの町
白雪姫
Bad Wildungen
童話の研究をすすめる
兄弟が通った大学がある
Treysa
マールブルク
Marburg
Alsfeld
シュヴァルムシュタット地方
Schwalmstadt
2
シュタイナウ
Steinau
P.155
赤ずきん
幼少時を過ごした
1
ハーナウ
Hanau
P.155
フランクフルト
Frankfurt
P.92
兄弟の生家がある

©Paavo Blåfield/ NordHessen-Tourismus

マールブルク Marburg

フランクフルト中央駅からIC特急またはRE快速で約1時間

Pilgrimstein 26, D-35037 ☎06421-99120
月～金9:00～18:00、土10:00～14:00 休日・祝

メルヘン街道を回るコツ

フランクフルトを起点に日帰りで南部、カッセルを起点に中部、ハノーファーを起点にハーメルンとブレーメンを回ろう。

兄弟が教鞭を執っていた町

カッセル・ヴィルヘルムスヘーエ駅からREで20分、ハノーファーからICEで35分

Altes Rathaus.Markt 9, D-37073 URL www.goettingen-tourismus.de

がちょう姫リーゼルの噴水

鉄ひげはワシじゃ

カッセル・ヴィルヘルムスーエ駅からREで15分

Rathaus/Lotzestr.2, D-34346 URL www.hann.muenden-tourismus.de

亡くなったランゲ通り79番地にある鉄ひげ先生の像

中心地はシュヴァルムシュタット・ツィーゲンハイン。トレイザTreysaまではカッセル・ヴィルヘルムスーエ駅Kassel-WilhelmshöheからICまたはREで約35分。ツィーゲンハインZiegenhainまでは駅から490、493番バスで10～15分ほど。

Paradeplatz 7, D-34613
URL www.schwalm-touristik.de
URL www.museumderschwalm.de（郷土博物館）

交通図

凡例
鉄道
路線バス
ハンブルク
ヴォルプスヴェーデ
ブレーメン
55分
75分
60分
ハノーファー
45分
ハーメルン
60分
50分
35分
バート・カールスハーフェン
ボーデンフェルデ
ノルトハイム
45分
10分
10分
アルテンベーケン
25分
トレンデルブルク城
ザバブルク城
45分
15分
50分
25分
ゲッティンゲン
15分
ホーフガイスマー
カッセル
アイヒェンベルク
30分
35分
ハン・ミュンデン
10分
トレイザ
25分
10分
バート・ゾーデン・アレンドルフ
マールブルク
シュヴァルムシュタット
30分
45分
15分
ギーセン
ベブラ
アイゼナハ
60分
40分
45分
25分
アルスフェルト
40分
フルダ
フランクフルト
15分
ハーナウ
30分
30分
シュタイナウ

伝承を掘り起こしたグリム兄弟

グリム童話で有名なグリム兄弟は、6人兄弟で、長兄ヤーコプが1785年に、翌年弟のヴィルヘルムがハーナウに生まれた。彼らは伝承されてきた物語を採集し、1812年に「子どもと家庭の童話」を上梓。その後も改訂を重ね200話（霊験譚を含めると210話）が収録されることとなった。

©Stadt Kassel

赤い帽子が特別よ

©Heidrun Englisch/ NordHessen Touristik

かわいいおみやげのバリエーションは、ブレーメンがイチバンでした！（宮城県・にしき）

メルヘン街道の見どころ

1 ハーナウ Hanau

ヤーコプとヴィルヘルムのグリム兄弟が生まれた町。マルクト広場にはグリム兄弟像がある。本を広げているのが弟ヴィルヘルムで、弟を見守るように立つのが兄のヤーコプ。像の足元にはメルヘン街道の出発点を記したプレートがある。

像のプレートには「街道の始まり」の文字

フランクフルト中央駅からREで約20分。

ⓘ Am Markt 14-18, D-63450 ☎06181-295950 9:00〜13:00 13:30〜16:30（金〜13:00、土〜12:00） 休日 URL www.hanau.de/tourismus

2 シュタイナウ Steinau an der Straße

フランクフルト中央駅からREで約55分。

ⓘ Brüder-Grimm-Str. 70 D-36396 ☎06181-96310 8:30〜12:00 13:30〜16:00（金8:30〜13:00、土・日13:30〜15:30） 休11〜3月の土・日 URL www.steinau.de

ヤーコプが6歳、ヴィルヘルムが5歳の時に一家はハーナウから移り住んできた。兄弟が1796年まで住んでいた家では一家に関する展示が見られる。

グリム兄弟の家 Brüder Grimm-Haus

Brüder-Grimm-Str. 80, D-36396 10:00〜17:00 休12/21〜1/1 料€8 URL www.brueder-grimm-haus.de

3 カッセル Kassel

兄弟が最も長く住んでいた町。ここでグリム童話の初版本が編纂された。

フランクフルト中央駅からカッセル・ヴィルヘルムスヘーエ駅Kassel-Wilhelmshöheまではで約1時間25分。ハノーファー中央駅からICEで約1時間。

ⓘ ヴィルヘルムスヘーエ駅の観光案内所 ICE- Bahnhof Wilhelmshöhe, D-34131 ☎0561-34054 9:00〜18:00 休日 URL www.kassel-marketing.de

©Stadt Kassel

グリムワールド GRIMMWELT

2015年に完成の新型ミュージアム。グリム兄弟の偉業の紹介だけでなく、メルヘン世界が、インタラクティブな機器を駆使して展開する。オープンは2015年9月4日の予定。

©kadawittfeldarchitektur

Am Weinberg, D-34117 10:00〜18:00（金〜20:00） 休月、1/1 料€8 URL www.grimmwelt.de

4 ザバブルク城 Schloss Sababurg

童話に出てくるような城

©Paavo Blåfield/NordHessen-Tourismus

「いばら姫」（「眠れる森の美女」の類話）が眠っていた城のモデルとされている。現在はホテルで、バラをテーマにしたおみやげも売られている。

Sababurg 12, D-34369 ☎05671-8080 料S€120〜W€170〜 Card A.M.V. 室17 交カッセル中央駅からRT（レギオトラム）で約30分のホーフガイスマーHofgeismarからタクシーで約15分 URL www.sababurg.de

5 トレンデルブルク城 Burg Trendelburg

甲冑など遺物の展示もある

城内にある大きな塔は童話「ラプンツェル」のモデルとなったといわれている。現在は老舗のシュロスホテルとして人気。

Steinweg 1, D-34388 ☎05675-9090 料S€105〜135 W€155〜 Card A.M.V. 室22 交カッセル中央駅からRT（レギオトラム）で約30分のホーフガイスマーHofgeismarからタクシーで約15分 URL www.burg-hotel-trendelburg.com

6 ハーメルン Hameln

13世紀の事件をもとにしたという「ハーメルンの笛吹き男」で有名な町。毎年5月中旬から9月中旬の日曜に「結婚式の家」Hochzeitshausの前のテラスで物語にちなんだ野外劇が演じられる。

ついていっちゃダメ！

ハノーファーからSバーンで約45分。

ⓘ Deisterallee 1, D-31785 ☎05151-957823 5〜9月9:00〜18:00（土9:30〜15:00、日9:30〜13:00）、10〜4月9:00〜18:00（土9:30〜13:00、日9:30〜13:00） 休11〜3月の日 URL www.hameln.de

7 ブレーメン Bremen

詳しくは→P.156

子供がさらわれたハーメルンの町には今でも舞楽禁制通りがある。

動物の音楽隊が大活躍
ブレーメン Bremen

グルム童話を辿ったメルヘンの旅は
ここブレーメンでクライマックスを迎える
4匹の動物モチーフのおみやげも見逃せない。

ブレーメンへの行き方

ハノーファー中央駅からICE、IC、REで約1時間、30〜1時間毎、€25.10〜33。ハンブルク中央駅からIC、私鉄MEで約1時間、30〜1時間毎、€24.30〜31

ハンブルク
ブレーメン
ベルリン
フランクフルト
ミュンヘン

Map 別冊P.2-A1

マルクト広場に建つ市庁舎（左）と聖ペトリ大聖堂（右）

TOTAL 5時間

ブレーメンおさんぽ TIME TABLE

10:00 市庁舎とローラント像
↓ 徒歩1分
10:30 マルティンスホーフ・ラーデン
↓ 徒歩1分
11:00 ジーベン・ファウレン・ラーデン
↓ 徒歩1分
11:30 ブレーマー・ボンボン
↓ 徒歩6分
12:10 イム・シュノーア

1 10:00 世界遺産をじっくり見学
市庁舎とローラント像 世界遺産
Rathaus und Roland statue

マルクト広場に面して建つ市庁舎とローラント像は2004年に世界遺産に登録されている。1405〜1410年に建てられた市庁舎は荘厳なゴシック建築で、のちに付け足された正面はルネッサンス様式になっている。ローラント像は自由と公正のシンボルとしてハンザ都市を見守っている。

Marktplatz　内部見学はドイツ語または英語のツアーのみ　11:00、12:00、15:00、16:00（日曜は午前のみ）
料€5　チケットは観光案内所で購入

ロバの前足をつかんで目を合わせると願いがかなうブレーメンの音楽隊像

ピッカピカの金色よ！

願い事は秘密にするのが決まりなのよ

自治都市のシンボル、伝説の英雄ローラント

高さ10m

2 10:30 動物モチーフがかわいいジャム
マルティンスホーフ・ラーデン Martinshof-Laden

近郊にある障害者の作業所でつくられた手作り製品の店。デザインにブレーメンの音楽隊の図案が取り入れられていてかわいい。

Am Markt 1, D-28195
0421-3615788　3:10:00〜18:00（木〜20:00）　休日　Card M.V.　図マルクト広場から徒歩1分
URL www.bremen-tourismus.de/martinshof-laden

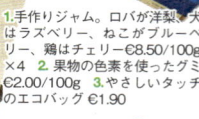

1.手作りジャム。ロバが洋梨、犬はラズベリー、ねこがブルーベリー、鶏はチェリー€8.50/100g×4　2. 果物の色素を使ったグミ€2.00/100g　3.やさしいタッチのエコバッグ €1.90

レーズンのたっぷり入ったパウンドケーキ「ブレーマークラーベン」は食べ応え満点！（高知県・サッチャン）

3 なんでも揃うおみやげ店 11:00
ジーベン・ファウレン・ラーデン 7-Faulen-Laden

食品からマグカップまで、ブレーメンらしいおみやげがギッシリ並ぶ。動物のワンポイントがあしらわれたエプロンやカフェタオルがおすすめ。

🏠Böttcherstr. 9, D-28195
☎0421-3388227　3:9:30～19:00、日11:00～16:00
㊡クリスマス～3月の日、1/1～3、12/25・26・31　Card A.D.M.V.（€10以上の買物で使用可）
㊯マルクト広場から徒歩1分
URL www.boettcherstrasse.de/de/einkaufen#section-5

マグカップもあるよ
1
2
3
4

1.木製のパズルおもちゃ €14.75 2.さりげない刺繍がかわいいティータオル 各€12.50 3. シリアルボウル€12.90 4. ナイロンのコンパクトになるエコバッグ€12.75

飴を熱いうちにカットする

大きな棒つきキャンディ　€3.25/130g

4 その場でキャンディを製造 11:30
ブレーマー・ボンボン Bremer Bonbon Manufaktur

音楽隊のシルエットをトレードマークにした、かわいいパッケージのキャンディ専門店。フレーバーは100種類もあるが、酸味の強い甘さがドイツ人に好まれている。店内では製造工程を見ることができ、できたてを試食できる。

🏠Böttcherstr. 8, D-28195　☎0421-3649 1231　🕘11:00～18:00、日12:00～17:00　㊡1～3月の日、1/1～3、12/25・26、イースターの月、聖霊降臨日　Card 不可　㊯マルクト広場から徒歩2分
URL www.bremer-bonbon-manufaktur.de

Saure Früchtchen

Saure Früchtchen
ザウアー・フリュヒトヒェン
柑橘やベリーの酸味のある果物をミックス €5.20/150g

中央駅のi

🏠Im Hauptbahnhof, D-28195
☎0421-3080010　3:9:00～19:00（土・日9:30～17:00）
URL www.bremen-tourism.de

マルクト広場のi

🏠Langestr.2-4, D-28195
🕘10:00～18:30（日と11～3月の土は～16:00）　㊯中央駅から徒歩15分

ブレーメン中央駅
疏水に据えられた風車
クニッゲ
Café Knigge
1889年創業の高級洋菓子店。ブレーマークラーベンが人気
Sögestr.
ゼーゲ通り
音楽隊の像
リープフラウエン教会
Liebfrauenkirche
お金を入れると動物の鳴き声が聞こえるマンホール
マルクト広場
Maarktplatz
聖ペトリ大聖堂
St.Petri-Dom
ローラント像
ベットヒャー通り
Böttcherstr.
ベットヒャー通りの入口
ヴェーザー川
Balgebrückstr.
Shop&cafe
シュノーア地区
Schnoorviertel
シュノーア地区の路地
マイセン製の磁器でできた鐘
N
0
100m

オーナーのリーザさんとエレナ夫人

パッケージもかわいい小袋の菓子
1
2
3

1.ミントチョコのファッジ　€2.50/100g 2.ナッツの風味のチョコ菓子　€3.40/100g 3. オレンジのマカロン €2.80/100g

Bremer Freuden（Bremerspezialitäten）€7 ブレーマー・フロイデン
ブレーメン名物菓子の盛り合わせ。内容は日によって異なるが6～7種類入る。

5 手頃な袋菓子はいかが？ 12:10
イム・シュノーア Konditorei Café im Schnoor

オリジナルのクッキーや、ブレーメンの伝統菓子の品揃えがとても豊富。小さいポーションの焼き菓子がおみやげにぴったり。

🏠Marterburg 32, D-28195
☎0421-324532
🕘8:00（日12:00）～18:00
㊡1/1　Card A.M.V.　㊯マルクト広場から徒歩10分　URL www.schnoorkonditorei.de

私が目印！

ベットヒャー通りの鐘は、5～12月は12:00～18:00の毎正時に、1～4月は12:00、15:00、18:00に鳴る。

バロック建築が美しい"エルベ川の真珠"

ドレスデン Dresden

ザクセン王国の首都として、
百塔の都と称えられたドレスデン。
バロック様式の壮麗な宮殿や教会がエルベ川の水面に映る姿は、夢のような美しさ♪

バロックが黄金に輝く

ドレスデンへの行き方

ベルリン中央駅から直通ICで所要約2時間、2時間に1便程度、€40。ライプツィヒLeipzig Hbf乗り換えのICE便は所要2時間45分、1時間に1便、€65。

ハンブルク
ベルリン
ケルン
ドレスデン
フランクフルト
ミュンヘン

Map 別冊P.2-B2

ドレスデンのi

Neumarkt 2, D-01067
0351-50160501
10:00～19:00（土～18:00、日～15:00）休無休 URL www.dresden.de/tourismus　中央駅から徒歩15分　8:00～20:00 休無休

昼間のクルーズも美しい！

美しすぎるドレスデン
エルベ川からクルーズで

感動の眺めはエルベ川とともに。
宝石のように輝く夜景は必見！

エルベ川クルーズ

ゼクスィッシェ・ダンプフシフファーツ Sächsische Dampfschiffahrts

クルーズは、季節ごとにさまざまなコースがある。夜景なら夏は19:30～22:00頃までのイブニングクルーズがおすすめ。クリスマス時期ならシュトレン（菓子）付きクルーズが15:00～17:00できれいに見える。マイセンなどへ行く定期路線もある。

Map 別冊P.17-C2 エルベ川沿い

発着およびチケット販売はブリュールのテラスにある桟橋で 0351-866090　所要2時間～（コースによる）料夏のイブニングクルーズはビュッフェの軽食付きで€30、冬のシュトレンクルーズは日～木€14.50、金・土€16　Card M.V. 交チケット売場まで旧市街の観光案内所から徒歩5分 URL www.saechsische-dampfschiffahrt.de

ドイツでいちばん美しい町だと思いました。対岸からの景色に感動！（宮城県・ララ）

美しすぎるドレスデン

空から 熱気球で

バロックの塔を
空から眺める。
歴史と現代が交錯する
ドイツの街並みに驚嘆！

BALLON-SACHSEN

フラウエン教会がきれい！

川と旧市街が眼下に！

きれいな町並みが続くわ

歴史の街を眼下に

バルーン・クルー・ザクセン

Ballon-Crew-Sachsen

ドレスデンのゴシック建築を空から見られる熱気球の体験。林立する塔の上をすれすれに抜けたり遠く眺めたり、迫力満点。エルベ川沿いにある離宮や宮殿も見られる。飛行時間は約1時間。風まかせなのでルートや見られる建築物はいろいろ。着陸後、シャンパンでの乾杯と飛行証明書付き。

Obergerdorferstr. 16, OT Gersdorf D-01920 ☎0357-8774361（ドイツ語） 9:00～13:00 14:00～17:00（受付対応時間）、飛行時間帯は早朝と日没の2回 休荒天、強風時（5～9月が催行確率が大きい） 料1人€175～240（週末は高い） Card不可 予4日前には予約を入れるのが望ましいが電話のみ1日前まで可能。 交ホテルからの送迎はない。集合場所は旧市街近くのエルベ川の河川敷 URL www.ballon-sachsen.de ✉info@ballon-sachsen.de（英語OK）

一緒に飛ぼうよ！

ドレスデンのアンペルフラウ

旧東ドイツの歩行者信号（アンペル）のアイコン、アンペルマンは東西統一で廃止の危機になりながら市民運動により残り、いまでは人気キャラクターになった。ドレスデンのアルトマルクト広場には女の子（フラウ）もいるので探してみて。

ドレスデン見どころBEST3

マイセンの剣マーク！

1 絵画のコレクションは秀逸

ツヴィンガー宮殿

Zwinger

1732年に完成した建築家ペッペルマンの最高傑作。19世紀になり、建築家ゼンパーが北側部分をイタリア・ルネッサンス様式に改装している。内部にはアルテ・マイスター絵画館、陶磁器コレクション、数学物理学博物館の3つの博物館がある。

Map 別冊P.17-C2 旧市街

Zwinger, D-01067 URL www.skd.museum

アルテ・マイスター絵画館

Map 別冊P.17-C2 旧市街

10:00～18:00 休月、3月 料€10 学生€7.50（陶磁器高レクション、数学物理学博物館との共通券）日本語オーディオガイド€3・陶磁器コレクション 10:00～18:00 休月、1月 料€6 ・数学物理学博物館 10:00～18:00 休月 料€6

アルテ・マイスター絵画館にはラファエロの「システィーナのマドンナ」がある。そこに描かれている天使はドレスデンみやげのモチーフになっている。

2 長い時間をかけて再建された

フラウエン教会

Frauenkirche

1743年に完成し、直径25mの大ドームをもつドイツ最大のプロテスタント教会だったが、第二次世界大戦の空襲で崩壊した。1994年から再建が始まり2005年に完成、平和のシンボルとなっている。

Map 別冊P.17-C2 旧市街

戦争で壊された記憶の石

10:00～12:00 13:00～18:00 休日・祝（礼拝後の見学は可能だが、時間は不定） 料寄付歓迎 日本語オーディオガイド€2.50 URL www.frauenkirche-dresden.de 塔の展望台 3～10月10:00～18:00(日12:30～18:00) 11～2月10:00～16:00(日12:30～16:00) 休無休（悪天候の日、冬期などは閉鎖する日もある） 料€8 学生€5

わしがアウグスト強王じゃ！

3 絵付けタイルの傑作

君主の行列

Der Füstenzug

マイセン磁器のタイルに描かれた、長さ101mの壁画。ザクセン君主の騎馬像や芸術家ら総勢93名が描かれている。

Map 別冊P.17-C2 旧市街

番外編

歌劇の殿堂

ゼンパーオーパー

Semperoper

1838～41年にゼンパーにより建築された。ワーグナーの『さまよえるオランダ人』『タンホイザー』は、ここで初演された。現在でも夏期を除くほとんど毎日、オペラやコンサート、バレエが上演されている。

Map 別冊P.17-C2 旧市街

Theaterplatz, D-01067 URL www.semperoper.de ・ガイドツアー 音楽シーズン中の午後に催行（ドイツ語、英語） 料€10・チケット売り場 月～金10:00～18:00（土・日・祝～17:00）。当日券は開演1時間前から販売 休無休

対岸の「風景の額縁」にはイーゼルに立てた額縁があり Map 別冊P.17-C2、写真を撮ると橋と旧市街がきれいにおさまる。

ドレスデン北部

ノイシュタット地区の注目スポット

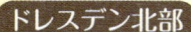

重厚な旧市街とは対象的にエルベ川の北、ノイシュタット地区は暮らしのエネルギーがあふれるところ。地元っ子が一目置く注目スポットにご案内！

楽しいところニャーン♪

スリッパ屋の看板ネコ♪

芸術の庭

クンストホーフパッサージュ Kunsthofpassage

奇想天外な建築におしゃれショップが並ぶ楽しいエリア。

Map 別冊P.17-D1 ノイシュタット

交トラム13番Alaunplatz下車徒歩5分
URL www.kunsthof-dresden.de

足首までカバーして歩きやすい！

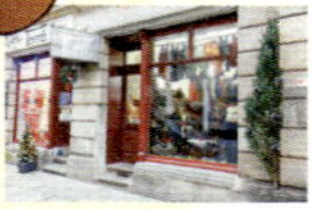

1. おとな用の室内履きは€45～。 2. カラフルなスリッパが並ぶ。子ども用も豊富

Ⓐ 手作りのレザーショップ

レーダーヴェアクシュタット・エス・メラー Lederwerkstatt S.Möller

ていねいな縫製が評判の革製品の店。ミシンの縫目がポイントになっているカラフルな室内履きは、かかとにゴムが入っていて、履き心地もいい。

住 Alaunstr. 70, D-01099 時 14:00～18:00 休 土・日・祝、12/25、26日、1/1 Card 不可

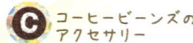

センスのいい花屋さん
入口はブタの看板が目印
A
B
C
神話の庭
光の庭
エレメントの庭
変化の庭
動物の庭
アラウン通り
ゲルリッツァー通り
N
0
200m
キリンが目立つでしょ

明るい店内でくつろいで！

Ⓑ カジュアルなドイツ料理店

リラ・ゾーセ Lila Soße

イチゴがトレードマークのドイツのキャニスター「ヴェック」(→P.90)に、前菜やデザートが盛られてくる。小さなポーションで食べやすい。

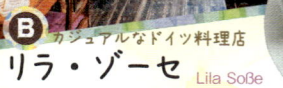

1. 紫がテーマカラーの店内 2. ヴェックのキャニスターで提供される軽食は€3～

住 Alaunstr. 70, D-01099 ☎0351-8036723 時 14:00～23:00 休 祝、1/1、12/24・25 Card M.V. URL www.lilasosse.de

Ⓒ コーヒービーンズのアクセサリー

アトリエ・エヴァ・チェッロ Atelier Eva Cello

手作りのアクセサリー店。茶色くて小さなコーヒー豆が、エヴァさんのアイデアでピアスやネックレスに変身！ ユニークでキュートなアクセサリー店。

住 Gorlitzer Str. 23, D-01099
☎0351-5634388 時 12:00～19:00
休 日、12/25・26、1/1 Card M.V.
URL www.evacello.com

豆の形が微妙に違うのよ

1. コーヒー豆を加工したピアスなら€6.50～ 2. 店の一角で製作している

クンストホーフパッサージュは緑もいっぱいで店も多く1日いても飽きないです。（北海道・キキ）

その他の注目スポット

SHOP

ギネスブック認定！

1. ミルクジャム €5.10/250g
2. 缶入りミルク石鹸 €7.50
3. 美しく飾られた店内

待ってます☆

世界一美しいミルク屋さん

モルケライ・プフント

Molkerei Gebrüder pfund

1880年に牛乳屋として開業した老舗の乳製品店。店内を隙間なく覆うタイルは溜め息がでるほど美しい。ミルクジャムやキャラメルなど、レトロなパッケージでおみやげにぴったり。

Map 別冊P.17-D1 ノイシュタット

Bautznerstr 79, D-01099 ☎0351-808080 10:00～18:00（日～15:00） 休祝、1/1、12/25・26 Card M.V. 交トラム11番Pulsnitzer str.から徒歩5分 URL www.pfunds.de

ドイツのお母さんが作る雑貨

ハンドメイド Hand Made

オーナーのアンさんがドイツ各地からセレクトしたハンドメイドの小物が並ぶ。ボタンやリボンでリサイクルした雑貨や、端切れを工夫したファッション小物など、素朴な風合い。掘り出しものが見つかるかも。

Map 別冊P.17-C1外 ノイシュタット

Rudolf-Leonhard-Str. 34, D-01097 ☎0351-32333575 11:00～18:00（土～16:00） 休日・月、12/25・26、1/1 Card 不可 交トラム13番Bischofs platz駅徒歩5分

色違いで持ってもかわいいスマホ入れ。各€10

HOTEL

歴史の町で眠れば素敵な夢が

1. グランドルーム 2. ルーフテラスで旧市街を見ながらドリンクを 3. スパのリラクセーションエリア

レジデンツ宮殿に近いホテル

スイソテル・ドレスデン・アム・シュロス Swissôtel Dresden Am Schloss

旧市街の見どころは徒歩圏内。15世紀の建物をベースにスタイリッシュに改装、2012年にオープンした。マイセンの柄を配したゲストルームに泊まれば、ドレスデンの滞在が盛り上がりそう。

Map 別冊P.17-C2 旧市街

Schlossstr. 16, D-01067 ☎0351-501200 料SW€235 Card A.M.V. 交トラム1,2,4番Altmarkt下車徒歩8分 URL www.swissotel.com/dresden

オペラ鑑賞にも便利

ケンピンスキー・ホテル・タッシェンベルク・パレ Kempinski Hotel Taschenbergpalais

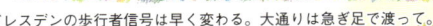

アウグスト強王が愛妃のために築いたタッシェンベルク宮殿をリノベーションしてホテルになった。屋内プールやフィットネスルームも完備。

Map 別冊P.17-C2 旧市街

Taschenberg 3, D-01067 ☎0351-49120 料SW €107.10～ Card A.D.J.M.V. 交トラム4,8,9番Theaterplatz下車徒歩2分 URL www.kempinski.com/dresden

1. インナーコートヤードのディナー
2. クロンプリンツェン・スイート Kronprinzensuite
3. クーアフュルシュテン・デラックス・ルームKurfürsten Deluxe Room

ヨーロッパ磁器発祥の地
マイセン
Meißen

エルベ川の河畔にひっそりとたたずむ小さな町が
世界的な名声を得ているのは
ヨーロッパで初めて白磁器を製作したから。
マイセン磁器工房で本物を手にしよう。

エルベ川越しにアルブレヒト城を望む

マイセンでやりたい3つのこと

1 博物館と工場見学

2 直営ブティックで買い物

3 マイセン磁器でティータイム

1 博物館と工場見学

博物館で磁器の歴史を作ってきた品を鑑賞、作業工程も見学。

博物館のテーブルコーディネートも圧巻！

豪華な城のような玄関ホール

博物館の階段ホールには白磁の大きな作品が置かれているよ

マイセンへの行き方

ドレスデン中央駅からS1で所要約35分、ほぼ30分毎。

マイセンの i

Markt 3, D-01662
03521-41940
FAX 03521-419419
4〜10月10:00〜18:00（土・日〜16:00） 11〜3月10:00〜17:00（土0〜15:00）
休 11〜3月の日、1月の土
URL www.touristinfo-meissen.de

ハンブルク
ベルリン
マイセン
ケルン
フランクフルト
ドレスデン
ミュンヘン

Map 別冊P.2-B2

作業工程

ビデオでマイセンの歴史を知る

ろくろで形をつくる

立体パーツを粘土で組み合わせる

素焼きの皿に下絵を入れる

とても神経を使うわ

彩色。顔料は1万色もあるのだとか

マイセン磁器工場のカフェでは食事もできます。グループツアーの人は別室のレストランを利用していました。（佐賀県・陶子）

2 直営ブティックで買い物

値札のところにIIと表示されているアウトレット（2級品）が狙い目。

中国の染付に影響を受けたマイセンを代表するブルーオニオン

直営ブティックの品ぞろえは目移りするほど

36種あるベーシックフラワーシリーズのうちの「朝顔」

アウグスト強王の先見性・国際性にちなんで造られたコスモポリタンシリーズの「ゴールド」

3 マイセン磁器でティータイム

白磁のマイセンでお茶タイム。スイーツはショーケースから指さし注文で。

ザクセン地方の名物アイアシェッケEierschecke €2.90

ケーキいかが？

マイセンの歴史

中国の白磁器に魅せられたアウグスト強王の命により、錬金術師ヨハン・フリードリヒ・ベットガーが1709年に白磁の生産に成功。王は技術を門外不出とし、ヨーロッパでの磁器生産の地位を独占した。その後絵付けや立体化の技術もいち早く開発し、現在まで技術を継承、発展させている。

世界に誇る名磁器の里

マイセン磁器工場

Porzellan-Manufaktur Meißen

見学用工房と磁器博物館がある。見学はガイドツアーのみ。陶器博物館では18世紀から現在までの約3000点の磁器が並んでおり、その美しさに圧倒される。

住Talstr. 9, D-01662　☎03521-468208　営5～10月9:00～18:00（ツアー最終は17:15、磁器博物館最終入場は17:30）11～4月9:00～17:00（ツアー最終は16:15、磁器博物館最終入場は16:30）　休12/24～26　料€9（見学ツアー、磁器博物館共通）　Card A.D.J.M.V.　交中央駅から徒歩25分、タクシーで5分、マルクト広場から徒歩約15分　URL www.meissen.com

マイセン
Meißen
アルブレヒト城
Albrechtsburg
P.163
大聖堂
Meißener Dom
P.163
ブルク通り
Burgstr.
市庁舎
Rathaus
Altstadtbrücke
バス停
マルクト広場
Markt
Uferstr.
マイセン中央駅
Meißen Hbf.
エルベ川
Neugasse
マイセン磁器工場 P.163
Porzellan-Manufaktur Meißen
R レストラン・マイセン
N
0 100 200m

マイセンそぞろ歩き

磁器工場とアルブレヒト城は2kmほど離れている。マルクト広場を通り、途中のブルク通りのウインドウ・ショッピングも楽しいエリアなので30～40分ほど歩くのもおすすめ。4～10月はシティバスCity-Busが運行。乗り降り自由の1日券は€5。

工場から徒歩25分

マルクト広場 Markt

市庁舎のある町の中心。

徒歩10分

ブルク通り Burgstr.

石畳のショッピングストリート。上り坂を上ると市内が一望できる。

徒歩5分

大聖堂 Meißner Dom

創設は968年で当時はロマネスク様式の教会だったが、13世紀頃から現在のゴシック様式の教会へと改築された。内部にはマルティン・ルターの友人でもあったルネサンス期の画家、クラーナハが制作した祭壇画がある。

営4～10月9:00～18:00、11～3月10:00～16:00　休無休（礼拝中の見学は不可）　料€4　URL www.dom-zu-meissen.de

徒歩2分

城からもいい眺めだなあ

アルブレヒト城 Albrechtsburg

マイセン焼きの秘密を守るため、職人は1710年からこの城を工房とした。各部屋に描かれた壁画や柱に施された装飾も見どころ。

営3～10月10:00～18:00（11～2月～17:00）　休12/24・25、冬期　料€8　URL www.albrechtsburg-meissen.de

北ドイツ周遊の基点

ハノーファー

Hannover

ハンブルクやベルリン、フランクフルトを結ぶ交通の要衝にあり最大級のメッセ（見本市）が行われることでも知られている。それだけにホテルのバリエーションも多いから、旅の基点にぴったり。

どこでもトラムが便利

駅の正面は騎馬像が目印

ハノーファーへの行き方

ドレスデン中央駅からS1で所要約35分、ほぼ30分毎。

ハノーファーの i

Ernst-August-Platz 8, D-30159 ☎0511-12345111 ◷4～10月9:00～18:00、土10:00～15:00 11～3月9:00～18:00、土10:00～15:00 休11～3月の日 URL www.hannover.de

ハンブルク
ベルリン
ハノーファー
フランクフルト
ミュンヘン

Map 別冊P.2-A2

塔へ上るエレベーターがユニーク

市庁舎 Rathaus

1913年に完成した建物。高さ100mの丸屋根に上るエレベーターが屋根の傾斜に沿って斜めになっているのが珍しい。上からの眺めもバツグン！

Trammplatz 2, D-30159
◷エレベーター9:30（土・日10:00）～18:30（閉館の30分前の運行） 休冬期 料€3
交中央駅から徒歩17分

10～11月は紅葉がきれい！

市庁舎の1階には市の歴史や模型が展示されている

ハノーファーの楽しみ方

まずルネッサンス様式の市庁舎に行ってみよう。時間があれば郊外のヘレンハウゼン王宮庭園Herrenhäuser Gärtenへ。大都会だけにウィンドウショッピングや食べ歩きもできる。

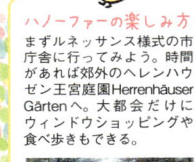

テイクアウトもできるよ

タワーのようになったサラダなどユニークなメニューも。本格的なチーズバイキングなどの企画も楽しみ

道行く人を眺めながらテラス席でくつろげる

スタイリッシュなレストラン

メーヴェンピック・クレプケ Mövenpick Kröpcke

高級リゾート・ホテルチェーンで知られるメーヴェンピックが運営するレストラン。店内はショーケースに並べられたケーキやパンなどを指さし注文できるカフェ部門と、本格的な食事が楽しめるレストラン部門に分かれている。オープンテラスの座席も多い。ワインの種類も豊富。

Geprgstr. 35, D-30159 ☎0511-32628450
◷月～木8:00～22:00、金・土8:00～23:00、日9:00～22:00 休無休
料€10.50～ Card A.D.M.V.
交中央駅から徒歩5分

バスターミナル
中央郵便局
ハノーファー中央駅
Hauptbahnhof
ガレリア・カウフホーフ
Steintor
Bahnhofstr.
Kröpcke
メーヴェンピック・クレプケ P.164
オペラハウス
マルクト教会
Marktkirche
N
Markthalle
マルクトハレ
0 150 300m
Georgstr.
Friedrichswall
Osterstr.
Marktstr.
Aegidientorplatz
コンコルド・ホテル・アム・ライネシュロス P.164
市庁舎 P.164
Rathaus

朝食ビュッフェも充実

コンコルド・ホテル・アム・ライネシュロス

Concorde Hotel Am Leineschloß

マルクト教会に向かいあうようにして建つ3つ星ホテル。客室はリノベーションしたばかりでシンプルかつモダンなつくり。繁華街だが防音対策もばっちり。

Am Markte 12, D-30159 ☎0511-357910 FAX 0511-35791100 料S€115～、W€150～ Card A.M.V. 室84 交中央駅から徒歩10分 URL www.concordehotel-am-leineschloss.de

どこに行くにも便利！

旅の成功は
準備から！

安全・快適
旅の基本情報

鉄道網が発達しているドイツは、旅のしやすい国のひとつ。
でも、日本と同じように……っていうわけにはいかないよね。
持って行ってよかったグッズから旅のマナーまで
女子ならではの旅のコツ、arucoがすべて教えます！

HOTSPOT

INFORMATION

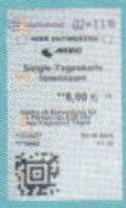

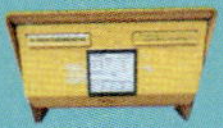

aruco的 おすすめ旅グッズ

「何を持って行こうかな？」そう考えるだけで、ワクワク、すでに旅は始まっている。機内での必需品や現地であったら便利なものなど、快適で楽しい女子旅のためのおすすめグッズをご紹介。ぜひ参考にして、旅をパワーアップさせてね！

忘れ物はないかな？

旅のお役立ちアイテム

□保湿クリーム／リップクリーム

lip cream

ドイツの町は乾燥しているのでリップクリームは必須アイテム。お風呂上がりには保湿クリームを忘れないで。

□はおりもの／ストール

朝晩は冷え込むので、重ね着できるものを持っていくと重宝する。日焼け対策にもなる。

□折りたたみ傘

ドイツの降水量は一年を通じてあまり変化しない。突然の雨に備えて、折りたたみ傘は常にバッグに入れておこう。

□折りたたみバッグ

eco. bag

スーパーのレジ袋は有料のことが多い。買い物用に折りたたみバッグを用意しておくとよい。

□プラスチック製の密閉容器とジッパー付きビニール袋

お菓子やちょっとした食べ物を保存するときや、濡れたものを保管するときに使えるので、持って行くといろいろと重宝する。

□ウエットティッシュとティッシュペーパー

ドイツのレストランではおしぼりなどは出てこない。屋台のグルメを楽しむときなど、ウエットティッシュがあると便利。

機内手荷物のアドバイス

飛行機内はとても乾燥しているので、リップクリームや保湿クリームは必需品。夏でも空調によっては寒いこともあるので、はおりものも一枚持って。ショールや靴下で体温調整をするとよい。スリッパやアイマスクなどのリラックスグッズ、歯磨きセットもあれば万全。携帯品・別送品申告書を書くボールペンも忘れずに！※スプレーやまゆばさみはスーツケースに入れよう！

機内持ち込み制限についての詳細はP.168をチェック！

基本の持ち物チェックリスト

貴重品
- □パスポート
- □現金（ユーロ、円）
- □クレジットカード
- □eチケット控え
- □海外旅行保険証書

洗面用具
- □シャンプー、リンス
- □歯磨きセット
- □洗顔ソープ
- □化粧水、乳液

衣類
- □普段着、おしゃれ着
- □靴下、タイツ
- □下着、パジャマ
- □手袋、帽子、スカーフ

その他
- □常備薬
- □生理用品
- □筆記用具
- □電卓
- □目覚まし時計
- □雨具
- □カメラ
- □電池、充電器
- □携帯電話
- □変圧器、変換プラグ
- □スリッパ
- □サングラス
- □裁縫道具
- □プラスチックのスプーン、フォーク

ホテルにはスリッパがないところが多いので、自分でもっていきましょう。（友紀・東京都）

知って楽しい！ドイツの雑学

へぇ〜
なるほど

ちょっぴりカタく思うかもしれないけど、これから旅するドイツの歴史や文化、習慣などを出発前にほんの少し勉強しておこう！　観光はもちろん、買い物や食事をするときなど、現地の人とのコミュニケーションもぐ〜んと楽しくなること間違いなし！

ドイツの基礎知識メモ

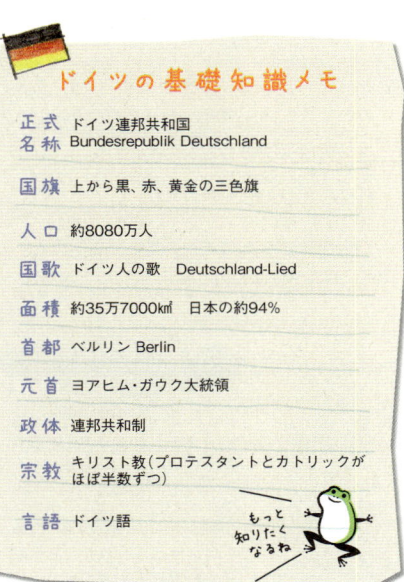

正式名称	ドイツ連邦共和国 Bundesrepublik Deutschland
国旗	上から黒、赤、黄金の三色旗
人口	約8080万人
国歌	ドイツ人の歌　Deutschland-Lied
面積	約35万7000㎢　日本の約94%
首都	ベルリン Berlin
元首	ヨアヒム・ガウク大統領
政体	連邦共和制
宗教	キリスト教（プロテスタントとカトリックがほぼ半数ずつ）
言語	ドイツ語

もっと
知りたく
なるね

ドイツの歴史年表

ローマの支配とゲルマン民族の移動
紀元前2世紀〜紀元5世紀

古代ローマ帝国はライン川とドナウ川を国境としていた。4世紀になるとゲルマン民族が川を越えて大移動を始め、ローマ帝国は崩壊。ゲルマン民族によるフランク王国が建国された。

中世のドイツ　5世紀〜1517年

フランク王国はカール大帝の死後分裂。東フランク王国はドイツ王国となり、さらに11世紀に神聖ローマ帝国になる。皇帝は当初7人の選帝侯による選挙で選ばれたが、1438年以降はハプスブルク家による世襲となった。

宗教革命と30年戦争　1517年〜1648年

ルターの宗教改革に始まるカトリックとプロテスタントの対立は30年戦争という国際戦争に発展。戦後、神聖ローマ帝国は有名無実化し諸侯が分裂。ドイツでは多くの独立国家が乱立した。

ドイツ帝国の誕生とヴァイマール共和国
1871年〜1919年

近代になるとナショナリズムの高まりもあり、1871年にはプロイセンを主体としたドイツ帝国が誕生した。しかし、第一次世界大戦に敗戦し君主制は廃止、新たに議会制民主主義によるヴァイマール共和国が誕生した。

ナチスの台頭から現代まで　1919年〜

戦後の莫大な賠償金支払いとそれに伴うハイパーインフレなどの社会的混乱は人種主義的なナチス・ドイツの台頭を招いた。第二次世界大戦敗北後にドイツは東西に分裂するが、1990年に再統一され現在にいたる。

ドイツのおもなイベント

春

ヴァルプルギスの夜／ゴスラー、バート・ハルツブルクなど

春の到来を祝う祭り。魔女たちがブロッケン山に集い祝宴を開いたという伝承から、魔女の仮装をし、かがり火を焚いたりする。
4月30日（'16）

マイスタートルンクの祭り／ローテンブルク

中世にローテンブルクの町を救った市長にまつわるお祭りで、中世の衣装をまとった人々が当時の様子を再現する。
5月21日〜25日（'15）

夏

炎のライン川／ボン、ビンゲン、リューデスハイムなどライン川諸都市

ライン川沿いで開かれる花火大会。城や要塞をバックに花火が打ち上げられる。クルーズ船からの見学もできる。
5月〜9月（町により異なる→P.29）

バイロイト音楽祭／バイロイト

リヒャルト・ワーグナー「ニーベルングの指輪」を上演するために創設した音楽祭で、ワーグナーの主要作品が上演される。
7月25日〜8月28日（'15）

秋

ベルリンマラソン／ベルリンマラソン

ボストンマラソン、ロンドンマラソンなどと並ぶ世界五大マラソンのひとつ。平坦なコースのため、世界記録が出やすい大会としても知られる。9月27日（'15）

オクトーバーフェスト／ミュンヘン

200年以上の歴史をもつ世界最大のビールの祭典で、毎年600万人を超える人々が参加する。
9月19日〜10月4日（'15）

冬

クリスマスマーケット／ドイツ各地

手工芸品が並ぶ屋台や移動遊園地、オリジナルのコップに注がれるグリューワインなど、クリスマスマーケットはドイツの冬の風物詩。
クリスマス前の4週間（町により異なる）

カーニバル／ドイツ各地

ドイツ各地で仮装パレードなどのイベントが行われる。特にケルン、デュッセルドルフ、マインツのものが有名。
2月4日〜10日（'16）

祭りやイベントの情報は、ドイツ観光局のサイトでチェックできる。URL www.germany.travel/jp

ドイツ入出国かんたんナビ

空港には
2時間前に
着こう!

ドイツへは、直行便かどこか1都市を経由しての入国になる。経由国がシェンゲン協定加盟国なら入国審査はその国で行うことになり、非加盟国ならドイツの空港で簡単な入国審査を受ける。

日本からドイツへ

1 ドイツ到着

飛行機でドイツの空港に到着したら、まずは入国審査（Passkontrolle）の表示に従って進もう。

↓

2 ドイツ入国審査

EU加盟国パスポート保持者とそれ以外に分かれているので、日本人はNon-EUの列に並ぶ。あらゆる180日の期間内で90日以内ならビザは不要。「入国カード」のようなものはなく、パスポートを提出するだけで、入国スタンプを押してもらえる。

↓

3 荷物の受け取り

搭乗した便名の表示されたターンテーブルで荷物を受け取る。万一出てこなかったり、荷物が破損していたら紛失荷物（Lost Baggage）の窓口へ行き、荷物引換証を見せて対応してもらう。

↓

4 税関申告

免税範囲であれば検査はなく、「税関申告書」の記入も不要。持ち込み品が免税範囲の人は、緑の表示がある検査台の前を通る。申告するものがある場合は、赤の表示の検査台へ進み審査を受ける。免税で持ち込めるものは、右の表でチェック。

↓

5 到着ロビー

観光案内所や両替所、レンタカーカウンターなどがある。市内への移動手段については、P.170を参照。

シェンゲン協定加盟国から入国する場合

ヨーロッパ内の出入国手続きを簡素化するため発足した協定。加盟国で飛行機を乗り継いでドイツに入国する場合、経由地の空港で入国審査が行われるため、その国の入国方式に従うこと。加盟国はイタリア、オーストリア、オランダ、スイス、スウェーデン、スペイン、デンマーク、ノルウェー、フィンランド、フランスなど26ヵ国。(2015年1月現在)

ドイツ入国時の免税範囲

品名	内容
タバコ	紙巻き200本、または葉巻50本、または細葉巻100本、またはパイプ用たばこ250g。以上の数種類にまたがる場合は総重量250g以下（17才以上）
酒類	ワインまたは22度以下のアルコール飲料2ℓ、22度を超える場合は1ℓ（17才以上）
その他	EU地域外で購入した€430相当までの物品（15才以上）。上記の制限を超える品を持ち込む場合（免税額を超える高額なパソコン、カメラ、時計、ブランド品など）や、€1万以上の現金を持ち込む場合は税関への申告が必要

荷物について

★機内預け荷物重量制限

ルフトハンザ ドイツ航空のエコノミークラスの場合、3辺の合計が158cm以内、23kg以内の荷物を1個まで預けられる。利用する航空会社やクラスによって異なるので確認すること。

★機内持ち込み制限

機内に持ち込める手荷物のサイズや重さは、航空会社、クラスによって異なる。ルフトハンザ ドイツ航空のエコノミークラスの場合、身の回りの品を除き、重さ8kg、各辺の長さが55×40×23cm以内のもの1個に限り持ち込み可能。また、どの航空会社も、100mℓ以上の液体物の持ち込みが制限されている。100mℓ以下の容器に入れた液体を、ジッパー付き透明プラスチック袋（容量1ℓ以下、ひとり1枚）に入れている場合のみ持ち込みが可能。詳細は利用する航空会社に確認を。

ドイツへのフライト

日本からドイツへの直行便は成田－フランクフルト、成田－デュッセルドルフ、羽田－フランクフルト、羽田－ミュンヘン、関空－フランクフルト、中部－フランクフルト便があり、ルフトハンザ ドイツ航空、日本航空、全日空の3社が就航している。(2015年4月現在)

ミニ単語

入国審査（パスポートコントロール）
パスコントロレ
Passkontrolle

税関審査
ツォルコントロレ
Zollkontrolle

両替所
ゲルトヴェクセル
Geldwechsel

ドイツへ
出発!

 入国審査は長い列になるので、できるだけ早めに並んだほうがよい。（大阪府・あゆみ）

ドイツから日本へ

1 搭乗手続き

利用航空会社のチェックインカウンターで、eチケットの控えと、パスポートを提示して搭乗券を受け取る。機内預け入れ荷物を預け、引換証（バゲージ·クレームタグ）を受け取る。免税手続きが必要な人は右下参照。

↓

2 搭乗券チェック

搭乗券とパスポートを提示して通過。その先は免税品店や専門店が並ぶエリアとなる。

↓

3 出国審査

パスポート、搭乗券を提出し、出国スタンプをもらう。

↓

4 セキュリティチェック

機内持ち込み手荷物のX線検査とボディチェックを受ける。セキュリティチェックは空港により出国審査の前に行うところもある。

↓

5 搭乗

番号を確認して搭乗ゲートへ。搭乗券を提示して機内に乗り込む。

↓

6 帰国

機内預けの荷物を引き取ったら、税関審査へ。機内で配られた「携帯品・別送品申告書」を提出。別送品がある場合は2枚必要。

携帯品・別送品申告書記入例

A面

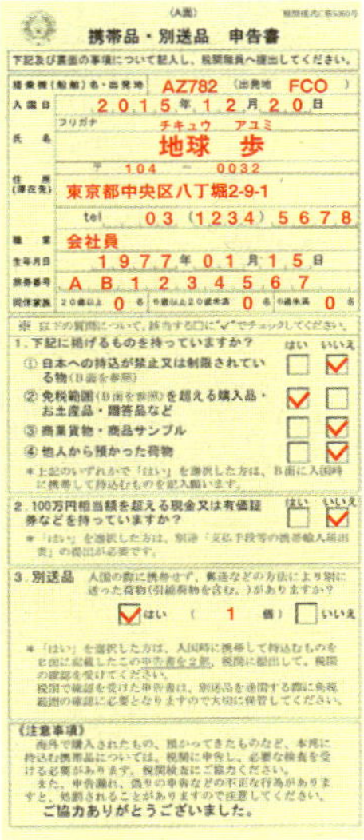
(A面)
携帯品・別送品　申告書
下記及び裏面の事項について記入し、税関職員へ提出してください。
搭乗機（船舶）名・出発地　AZ782（出発地　FCO）
入国日　2015年12月20日
フリガナ　チキュウ　アユミ
氏名　地球　歩
住所（滞在先）　〒104－0032　東京都中央区八丁堀2-9-1
tel　03（1234）5678
職業　会社員
生年月日　1977年01月15日
旅券番号　AB1234567
同伴家族　20歳以上　0名　6歳以上20歳未満　0名　6歳未満　0名
1．下記に掲げるものを持っていますか？　はい　いいえ
① 日本への持込が禁止又は制限されている物（B面を参照）　いいえ ✓
② 免税範囲（B面を参照）を超える購入品・お土産品・贈答品など　はい ✓
③ 商業貨物・商品サンプル　いいえ ✓
④ 他人から預かった荷物　いいえ ✓
2．100万円相当額を超える現金又は有価証券などを持っていますか？　いいえ ✓
3．別送品　入国の際に携帯せず、郵送などの方法により別に送った荷物（引越荷物を含む。）がありますか？
✓はい（1個）　いいえ
《注意事項》
ご協力ありがとうございました。

B面

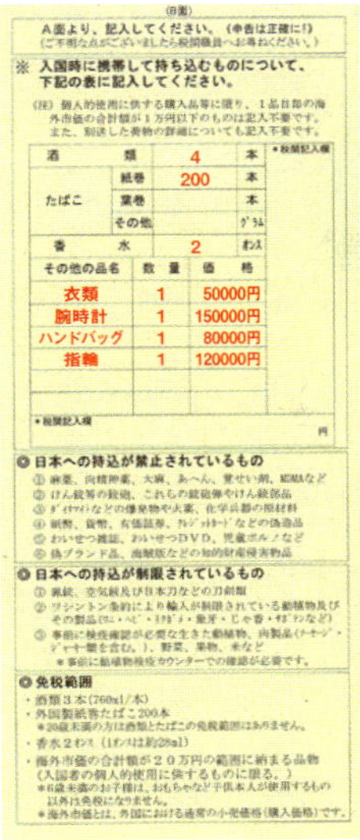
(B面)
A面より、記入してください。（申告は正確に!）
※ 入国時に携帯して持ち込むものについて、下記の表に記入してください。

酒類		4	本
たばこ	紙巻	200	本
	葉巻		本
	その他		グラム
香水		2	オンス

その他の品名	数量	価格
衣類	1	50000円
腕時計	1	150000円
ハンドバッグ	1	80000円
指輪	1	120000円

◎日本への持込が禁止されているもの
◎日本への持込が制限されているもの
◎免税範囲
・酒類3本（760ml/本）
・外国製紙巻たばこ200本
・香水2オンス（1オンスは約28ml）
・海外市価の合計額が20万円の範囲に納まる品物（入国者の個人的使用に供するものに限る。）

免税について

ドイツの商品には19%の付加価値税がかけられている。EU圏外からの旅行者は免税を手続きする店で、一度に€25以上の買い物をした場合、所定の手続きをすれば10.3～14.5%の金額が戻ってくる。

免税手続きのしかた

空港内の税関で、免税書類（購入店で作成）とレシート、商品現物を提示し、免税書類にスタンプをもらう。それをグローバルブルーGlobal Blueやプレミア·タックス·フリーPremier tax freeといった免税手続き代行会社の税金払い戻し窓口に提出し、現金もしくはクレジットカード口座に返金してもらう。

日本入国時の免税範囲

税関 URL www.customs.go.jp

品名	内容
酒類	3本（1本760mℓ程度のもの）
タバコ	「紙巻きタバコ」日本製200本、外国製200本、 または葉巻き50本、またはその他250g
香水	2オンス（1オンスは約28mℓ。 オーデコロン、オードトワレは含まれない）
その他	20万円以内のもの（海外市価の合計額）
おもな輸入禁止品目	・麻薬、向精神薬、大麻、あへん、覚せい剤、MDMA ・けん銃等の鉄砲　・爆発物、火薬類 ・貨幣、有価証券、クレジットカード等の偽造品、 偽ブランド品、海賊版の品

※免税範囲を超える場合は追加料金が必要。海外から自分宛に送った荷物は別送品扱いになるので税関に申告する。

ハムは日本に持ち込み不可

動物（ハムやソーセージなどの肉製品を含む）や植物（果物、野菜、種）などは、税関検査の前に、所定の証明書類の提出や検査が必要。実際、許可取得済みの肉製品はほとんどないので、持ち込めないと思ったほうがいい。

免税手続きカウンターは時間によっては混み合い、長い行列ができることもある。手続きをする人は早めに空港へ行くこと。

空港から市内への交通

いよいよ
到着だね

日本からドイツまでのフライトは、
フランクフルト、ミュンヘン、デュッセルドルフまで直行便で約12時間。
主要都市の空港から市内へのアクセスを紹介します。

フランクフルト

フランクフルトの市内交通→P.177

フランクフルト・マイン国際空港
Flughafen Frankfurt Main

ターミナル1と2があり、ルフトハンザ ドイツ航空や全日空などスターアライアンス加盟の便はターミナル1に、日本航空やKLM、エールフランスなどはターミナル2に発着する。ターミナル間はスカイラインと呼ばれる高架電車もしくは無料のシャトルバスで結ばれている。スカイラインは2～3分毎の運行で、所要2分、シャトルバスは10分毎の運行で、所要7～10分。
URL www.frankfurt-airport.com

おもな航空会社の発着ターミナル

●ターミナル1
全日空、ルフトハンザ ドイツ航空、アシアナ航空、オーストリア航空、エジプト航空、カタール航空、タイ航空、スカンジナビア航空、スイス・インターナショナルエアラインズ、シンガポール航空、ターキッシュ エアラインズなど

●ターミナル2
日本航空、アエロフロート・ロシア航空、アリタリア航空、ブリティッシュ・エアウェイズ、エア・ヨーロッパ、エールフランス、エミレーツ航空、エティハド航空、フィンランド航空、ジャーマンウイングス、KLMオランダ航空、大韓航空など

空港から市内へのアクセス

Sバーン
S-Bahn

空港ターミナル1の地下には、空港ローカル駅Flughafen-Regionalbahnhofがあり、Sバーンが市中心部とを結んでいる。フランクフルト中央駅Frankfurt Hauptbahnhofへ行くには1番線Gleis1に発着するS8またはS9に乗って3つ目の駅で下車。所要約11分。チケットはタッチスクリーン式の自動券売機で購入する。1回乗車券Single Journey Frankfurt（英）、Einzelfahrt Frankfurt（独）が€4.55。

❶ チケットを購入

❷ 1番ホームへ移動

Regionalbahnhof
Regional trains
Gleis 1 Frankfurt
Track City

❸ 列車に乗車

タクシー
Taxi

到着フロアの出入口前にタクシー乗り場がある。市内の中心部までは渋滞時を除き、所要20～30分、料金は€35～40。

空港から他の都市へ

乗り換えもラクチン

空港長距離列車駅
Fernbahnhof

空港にはターミナル1の地下にある空港ローカル駅以外にも空港長距離列車駅という駅がある。こちらはICやICEなどの長距離特急列車や、国際特急列車ECが発着しているので、フランクフルト市内へ出ずに別の都市に移動するのに便利。空港ターミナルから国際長距離列車駅へはターミナル1からの連絡通路を「Fernbahnhof/Long Distance Trains」の表示に従って5分ほど歩く。

空港長距離列車駅からターミナル2へはかなり距離がある。25分くらいは見ておきたい。（宮城県・あきこ）

フランクフルト空港

空港MAP

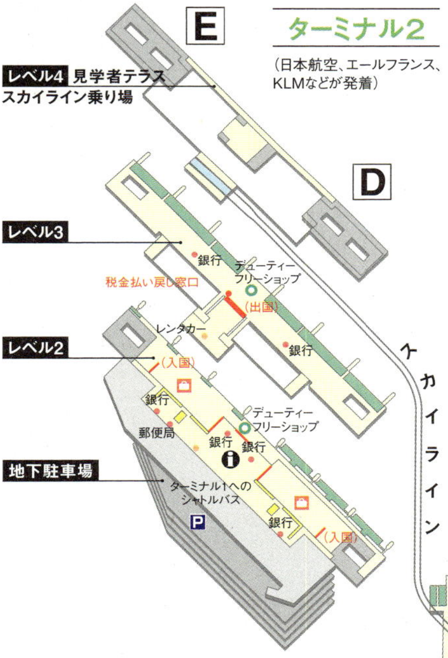

ターミナル2
（日本航空、エールフランス、KLMなどが発着）
E
D
レベル4 見学者テラス
スカイライン乗り場
レベル3
レベル2
地下駐車場
銀行
デューティーフリーショップ
税金払い戻し窓口
（出国）
レンタカー
（入国）
郵便局
ターミナル1へのシャトルバス
スカイライン

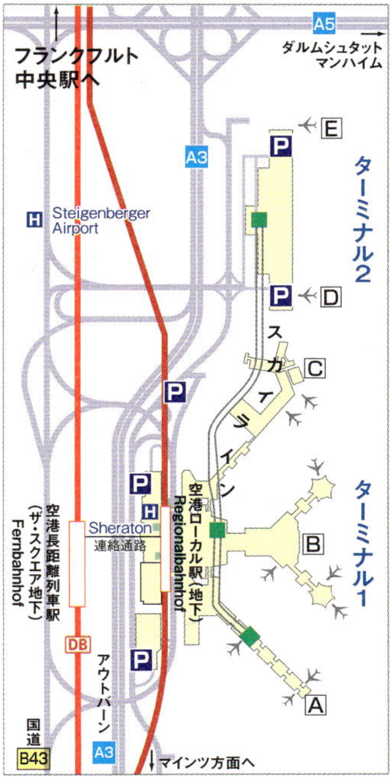

A5
ダルムシュタット
マンハイム
フランクフルト中央駅へ
A3
Steigenberger Airport
ターミナル2
ターミナル1
スカイライン
Sheraton
連絡通路
空港長距離列車駅（ザ・スクエア地下）Fernbahnhof
空港ローカル駅（地下）Regionalbahnhof
DB
アウトバーン
国道
B43
マインツ方面へ

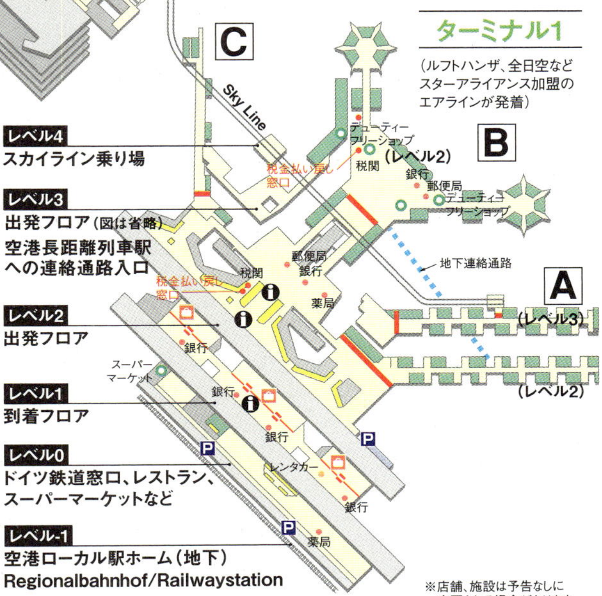

C
B
A
Sky Line
ターミナル1
（ルフトハンザ、全日空などスターアライアンス加盟のエアラインが発着）
デューティーフリーショップ
(レベル2)
税関
銀行
郵便局
税金払い戻し窓口
薬局
地下連絡通路
(レベル3)
(レベル2)
レベル4
スカイライン乗り場
レベル3
出発フロア（図は省略）
空港長距離列車駅への連絡通路入口
レベル2
出発フロア
スーパーマーケット
レベル1
到着フロア
レンタカー
レベル0
ドイツ鉄道窓口、レストラン、スーパーマーケットなど
レベル-1
空港ローカル駅ホーム（地下）
Regionalbahnhof/Railwaystation

チェックインカウンター
ゲート
パスポートコントロール
手荷物受取所
空港インフォメーションカウンター
駐車場

※店舗、施設は予告なしに変更される場合があります。

空港ローカル駅から出発フロアへ出ると、自動チェックイン機が並んでいる

ミュンヘン

ミュンヘン空港
Flughafen München

ミュンヘンの市内交通→P.178

ターミナル1と2があり、ターミナル2はルフトハンザ ドイツ航空とスターアライアンス加盟各社、ルフトハンザパートナー各社の便が発着、それ以外の航空会社はターミナル1に発着する。ターミナル間にはミュンヘン・エアポートセンター München Airport Centre（MAC）と中央エリアZantralbereich（Z）があり、レストランやショップ、空港案内所などがある。
URL www.munich-airport.de

空港から市内へのアクセス

Sバーン
S-Bahn

ターミナル1と2の間の地下にある空港駅Flughafen MünchenからS1、S8の2路線が発着しており、いずれもミュンヘン中央駅München Hbf.とを結んでいる。所要約45～50分。チケットは自動券売機で事前に購入する。料金はゾーン制で、空港から中央駅までは4ゾーン（4Zonen）の1回券Einzelfahrkarteが€10.80。

空港バス
Lufthansa Airport Bus

ルフトハンザ・エアポートバスがミュンヘン中央駅München Hbf.へ20分間隔で運行している。所要約40分。料金は片道€10.50、往復€17。空港内の乗り場はターミナル2、ターミナル1のコンコースA、MAC、ターミナル1のコンコースCの4ヵ所。6:25～22:34の運行。

タクシー
Taxi

到着フロアの出入り口前にタクシー乗り場がある。市内の中心部までは渋滞時を除き、所要35～40分、料金は€55～65。料金はメーターで表示される。降車し、トランクから荷物を出してもらったらお金を渡す。スーツケースがある場合は€1～2のチップ＋端数を渡すとよい。

ミュンヘン空港

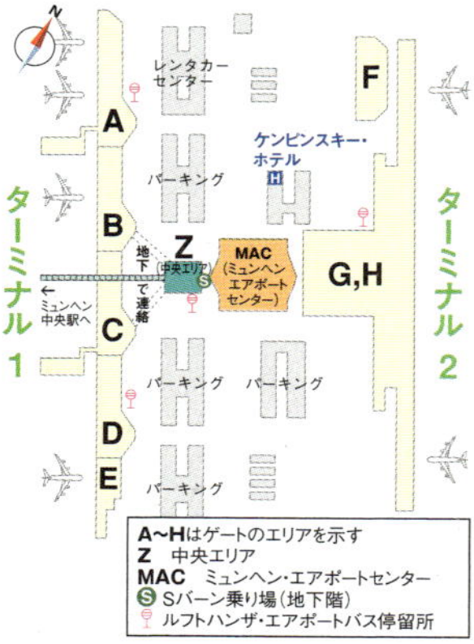
N
レンタカーセンター
A
B
C
D
E
F
G,H
ケンピンスキー・ホテル
パーキング
Z
中央エリア
MAC
（ミュンヘンエアポートセンター）
地下で連絡
←ミュンヘン中央駅へ
ターミナル1
ターミナル2
A～Hはゲートのエリアを示す
Z　中央エリア
MAC　ミュンヘン・エアポートセンター
Sバーン乗り場（地下階）
ルフトハンザ・エアポートバス停留所

空港～市内の連絡マップ

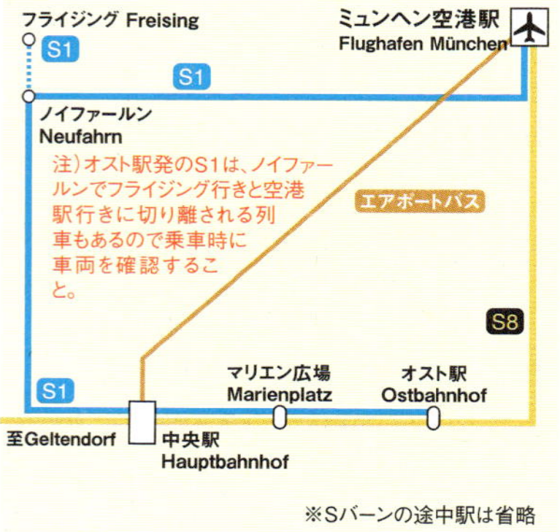
フライジング Freising
ミュンヘン空港駅
Flughafen München
S1
ノイファールン
Neufahrn
注）オスト駅発のS1は、ノイファールンでフライジング行きと空港駅行きに切り離される列車もあるので乗車時に車両を確認すること。
エアポートバス
S8
マリエン広場
Marienplatz
オスト駅
Ostbahnhof
至Geltendorf
中央駅
Hauptbahnhof
※Sバーンの途中駅は省略

行き先を確認するのね！

夜に空港バスでミュンヘン市内へ向かう途中アリアンツ・アリーナがライトアップされてきれいでした。（静岡県・よしこ）

ベルリン

ベルリンの市内交通➜P.179

テーゲル空港
Flughafen Tegel

ルフトハンザ ドイツ航空をはじめ、ドイツ国内およびヨーロッパ各地からの大半の便が発着する。2016年のブランデンブルク空港開港後は、テーゲル空港は閉鎖される予定。
URL www.berlin-airport.de

空港から市内へのアクセス

バス
Bus

TXLエクスプレスバスがベルリン中央駅、ウンター・デン・リンデンとフリードリヒ通りの交差点を経由し、アレキサンダープラッツ駅まで行く。所要約40分。エクスプレスバスX9番はツォー駅まで所要約20分。料金はどちらも1回券（ABゾーン）で€2.70。

タクシー
Taxi

1階中央玄関正面のタクシー乗り場から乗車する。市中心部までは所要25分、€20～30。また、市内から空港へ行く場合は、出発便の利用ターミナルは直前までわからないため、タクシーの運転手は空港手前のボードで確認している。タクシーに乗る場合は、運転手に出発時刻と航空会社を告げること。

ココも覚えておいて

おもに格安航空会社が発着する

シェーネフェルト空港
Flughafen Berlin-Schönefeld

ベルリン郊外にある空港で、アエロフロートや格安航空会社が発着する。2016年にはシェーネフェルト空港の南にベルリン・ブランデンブルク空港が開港予定。
URL www.berlin-airport.de

空港から市内へのアクセス

ターミナルA出口から約400m離れたベルリン・シェーネフェルト空港駅Flughafen Berlin-Schönefeldまで歩き、エアポートエクスプレスAirport Express（RE快速）または普通列車に乗る。アレキサンダープラッツ駅まで約21分、中央駅まで約27分、ツォー駅まで約33分。市中心部まで1回券（ABCゾーン）で€3.30。

空港～市内の連絡マップ

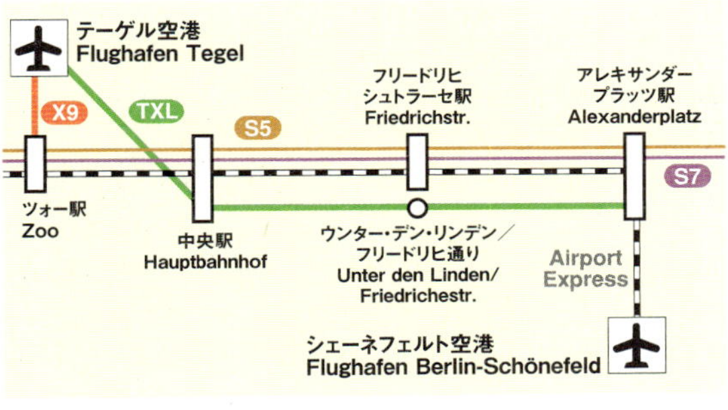
テーゲル空港
Flughafen Tegel
X9
TXL
S5
S7
フリードリヒシュトラーセ駅
Friedrichstr.
アレキサンダープラッツ駅
Alexanderplatz
ツォー駅
Zoo
中央駅
Hauptbahnhof
ウンター・デン・リンデン／フリードリヒ通り
Unter den Linden/
Friedrichestr.
Airport Express
シェーネフェルト空港
Flughafen Berlin-Schönefeld

デュッセルドルフ

デュッセルドルフ空港
Düsseldorf Flughafen

フランクフルト空港、ミュンヘン空港に次いでドイツで3番目に利用者の多い空港。成田から直通便がある。
URL www.dus.com

空港から市内へのアクセス

空港地下の駅からSバーンのS11に乗り、中央駅まで所要約15分、€2.60。タクシーだと10～15分、€16～20。

ブランデンブルク空港の建設は遅れており、開港時期は2016年以降になる可能性もある。

ドイツの都市交通

市内交通にはSバーン、Uバーン、トラム、市バスと種類は多いが、大都市では、公共交通のチケットはすべて共通。異なる交通手段の乗り換えもスムーズだ。

どれに
乗ろうかな

Sバーン
S-Bahn

詳しくは→P.175

近郊列車をドイツ語ではSバーンといい、地図や標識では通常Sマークで表される。近郊の町と市内を結ぶ役割りを果たしているので、空港と市内は近郊列車で結ばれている都市が多い。市内での移動では、Uバーンやトラム、バスに比べて、駅の間隔が広いので、町の反対側へ一気に移動するときなどに活躍する。

Uバーン
U-Bahn

詳しくは→P.175

地下鉄はドイツ語ではUバーンといい、地図や標識では通常Uマークで表される。一般的にトラムやバスに比べて運行間隔が短く、町の中心部をすばやく移動できる。町の中心部では地下を走るが、郊外では地上に出て、Sバーンと変わらない路線も多い。始発は5:00頃、終電は24:00頃。

2594

バス
Bus

詳しくは→P.176

町中を縦横に走るバスは便利な反面、路線が多く、一般的な地図ではどこを通るかわからないなど、やや難易度の高い交通手段。バスの路線図はバス停に張り出されているほか、インターネットで確認でき、スマホでの検索も可能。

BAUHAUS

トラム
Tram/StraßenbahnのつもりでStraBenbahn

詳しくは→P.176

路面電車はドイツ語でトラムまたはシュトラーセンバーンと呼ぶ。一般道路の上に敷かれたレールを走る交通手段。バスと同じく、一般道路の上を走るが、地図に路線が載っていることが多く、バスほど乗りこなすのが難しくない。

2028

タクシー
Taxi

詳しくは→P.176

目的地まで行ってくれるタクシーは、時間がないときや懐に余裕があるときは便利な移動手段。回り道をしたり、料金をごまかすようなドライバーはほとんどいない。ドイツでは基本流しのタクシーはないので、タクシー乗り場に並ぶか電話で呼ばなくてはならない。

MÖBEL KRAFT
Berlin-Schöneberg
Vogelsdorf
www.moebel-kraft.de

その他の交通手段

自転車タクシーは普通のタクシーよりもスピードは出ないが、それだけにゆっくりと町の様子を眺められ、観光にはもってこいの移動手段。また、ベルリンをはじめとするドイツの大都市では自転車のレンタルも盛ん。ドイツ鉄道が行っているコール・ア・バイクCall a Bikeという登録制の自転車レンタルシステムのほか、いろいろなショップで自転車を借りることができる。

www.gudrunsjoeden.de

1日券はSバーン、Uバーン、トラム、バス全部共通なので、とっても便利。（でな〜・愛知県）

Sバーンと Uバーンの乗り方

Sバーンと Uバーンは、乗り方はほぼ同じ。
各都市のチケットの買い方は→P.177〜179

出発進行〜

1 ホームへ行く

数路線が乗り入れている駅では、標識を見ながら目的のホームへと進む。路線の方向は終点の駅名で確認するので、自分が進む方向の終点駅の名前は事前に確認しておこう。同じホームで複数の路線が発着する場合もある。また、Uバーンはホームの長さに比べて車両が極端に短いこともあるので、ホームのどのあたりに車両が停車するかも確認しておこう。

S
U
Haupt-
bahnhof
Sマークは Sバーン、Uマークは Uバーン

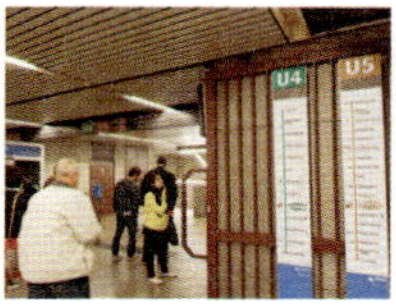
U4
U5
降車駅をチェック

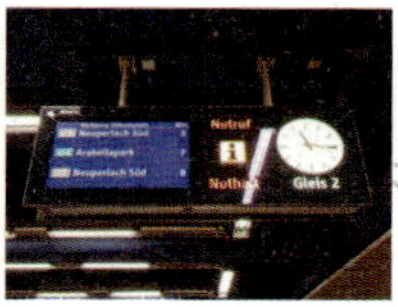
Gleis 2
複数の路線が同じホームに乗り入れていることも

2 刻印をする

日本の電車や地下鉄とは異なり、Sバーンと Uバーンには改札は存在しない。その代わり、ホームへ向かう手前やホームに刻印機が設置してあるので、この刻印機に自分でチケットを差し込み刻印する。車両内では検札係が巡回しているので、このときチケットがなかったり、チケットはあっても刻印していないと、不正乗車と見なされて罰金を支払わなくてはならない。1日券の場合は、使いはじめに刻印すればよいので、2回目以降に乗るときは刻印する必要はない。フランクフルトでは刻印は不要。

Oktoberfest 2014
Tickets
ミュンヘンはホームに行く途中に刻印機がある

Fahrscheine
Tickets
ベルリンはホーム上に刻印機がある

ミニ単語
刻印機
エントヴェーアター
Entwerter

HIER ENTWERTEN
MVG
Single-Tageskarte
Innenraum
**6,00 €
1日券の刻印は1度するだけでよい

3 乗車する

ドイツの車両は日本のようにすべてのドアが自動で開くようにはなっておらず、ドアに付いているボタンを押して開ける。車両が完全に停車し、ボタンのランプが点灯してからボタンを押さなければならず、停車する前にボタンを押しても開かない。閉まるのは自動。レバーで開ける旧式の車両もある。

ドイツでも乗り降りのマナーは降りる人が先になる

座席はロングシートよりも固定のクロスシートが多い。車内では静かに過ごそう

4 降車する

車両のタイプによっては電光掲示で次に停車する駅名が表示されるので、乗り過ごさないように確認を。降りるときは、乗車時と同様にドアにあるボタンを押して下車する。出口はドイツ語で Ausgang、もしくは Exitと表示していることもある。別の路線に乗り換える場合は表示に従ってホームを移動する。

Willy-Brandt-Platz
停車駅をチェック

ボタンを押してドアを開ける

exit Ausgang
Friedrich-List-Ufer
Rahel-Hirsch-Straße
M41
M85
出口や乗り換えホームを確認

車内でコーヒーを飲んでいる人などを見かけるが、飲み食いは禁止なので真似しちゃだめ。

バスの乗り方

バスはすべての停留所に止まるわけではないので、降りる場所がわかりにくいのが難点。しかし、ベルリンの100番と200番など、町の中心の観光に便利な路線もあるので、活用できれば、効率よく移動できる。

1 停留所を探す

バスとトラムの停留所はともにHマークで表される。停留所には路線図と時刻表が貼られているので、自分の乗る方向が正しいか確認しよう。バス停によっては電光表示があり、バスが来る順番とあと何分で到着するかがリアルタイムでわかるようになっている。

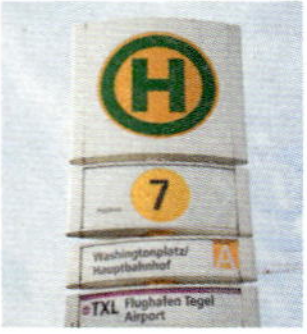
H
7
Washingtonplatz/
Hauptbahnhof
TXL Flughafen Tegel
Airport
バス停のマーク

TXL
JetExpressBus
バスの時刻表。土・日は別ダイヤになっている

S+U Hauptbahnhof
バス停には周辺の路線図が貼られている

↓

2 乗車する

フロントガラスの上か車体の横にある表示で路線番号と目的地を確認して乗車。町によって、前扉乗車のところと、どの扉から乗ってもよいところがある。ドア横のボタンを押さないとドアが開かないタイプの車両もあるので注意。チケットをもっていない人は先頭から乗り、運転手もしくは車内の自動券売機で購入する。

MAN
200
via Potsdamer Pl
バス上部の電光表示でバス番号と目的地を確認

列を守って乗車

↓

3 刻印する

車内にある刻印機にチケットを差し込んで刻印する。チケットを運転手から買った場合でも刻印は必要なので忘れないで。フランクフルトのバスには刻印機はない。

Tickets
刻印機は車内にある

→

4 降車する

降りるときにはブザーを鳴らして合図する。車両によっては、ドア横に付いているボタンを押さないとドアは開かないようになっている。下車した停留所にも周辺図が貼られているので、乗り換え便の停留所がわかって便利。

降りる前にはブザーを鳴らす

トラムの乗り方

バスとトラムは、道路を走るか、線路上を走るかの違いはあるが、乗り方にあまり変わりはない。

1 停留所を探す
停留所には路線図や時刻表が貼られているので、行き先と時間を確認。

2 乗車する
乗車するときはドア横のボタンを押さないと開かないようになっている。

3 刻印する
刻印しないと罰金の対象になるので忘れないで。フランクフルトのトラムは刻印機はない。

4 降車する
下車する停留所に着いたらドア横のボタンを押し、降車する。

タクシーの乗り方

1 タクシーをつかまえる
ドイツには流しのタクシーがないので、大きな広場や主要駅にあるタクシー乗り場に並ぶか、電話で呼ばなくてはならない。言葉に自信がない人はホテルのレセプショニストやお店の店員に頼んで呼んでもらう。

2 目的地を告げる
観光地の運転手なら、有名なホテルや観光地などは熟知している。ただし、こちらの発音を聞き取れないこともあるので、そういうときは紙に書いてあるものを見せるとよい。

3 料金を支払う
料金は日本と同様にメーター式になっている。チップは端数を切り上げる程度でもよいが、サービスに満足したときや、大きな荷物があるときなどは10～15%程度上乗せした額を支払う。

1日券を持ってる人は、バスに乗るとき券を運転手に見せなくてはいけません。（福島県・ブル子）

フランクフルトの市内交通

フランクフルトの公共交通機関はRMV交通連合に加盟しており、Sバーン、Uバーン、バス、トラムすべてのチケットが共通している。

チケットの種類

フランクフルトの交通図→別冊P.10

チケットはゾーン制になっており、フランクフルト市内と市外で料金が異なる。一般的な観光地はフランクフルト市内に入っているが、空港と市内を結ぶ便は料金が異なるので注意。乗車距離が2km以内であれば短区間券が使える。目的地が短区間に該当するかどうかは券売機の表で確認できる。また、フランクフルトでは乗る前に刻印は必要ないが、1回乗車券を買うときに日時が印刷されるため、利用する直前に買わなくてはいけない。

名称	有効乗車範囲	料金
短区間券 Kurzstrecke	乗車距離2km以内	€1.75
1回乗車券 Einzelfahrkarte	フランクフルト市内	€2.75
	空港～市内間	€4.55
1日乗車券 Tageskarte	フランクフルト市内	€6.80
	空港～市内間	€8.85

チケットの買い方

フランクフルト空港ローカル駅の自動券売機の場合

タッチスクリーン式の新型自動券売機。ドイツ語以外の言語を選択するときは、旗をタッチ（英語はイギリスの旗）

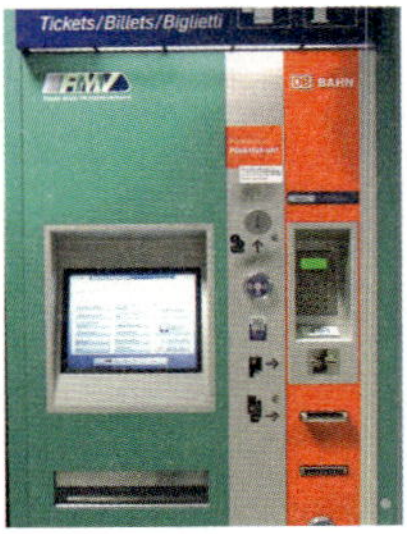
Tickets/Billets/Biglietti
RMV
DB BAHN

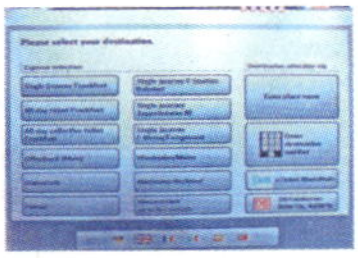

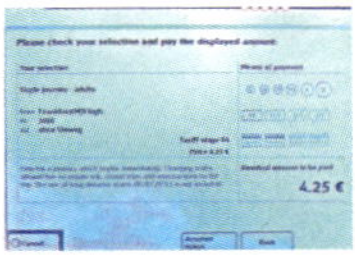

1 乗車券を選ぶ

希望の切符をタッチ。フランクフルト市内への1回乗車券はSingle journey Frankfurt（Einzelfahrt Frankfurt）、次の画面で大人Adults（Erwachsene）をタッチ

2 金額を入れる

画面に表示された金額を入れるとチケットが出てくる

フランクフルト市内にある券売機の場合

（写真とは異なる配列の自動券売機もある）

1 市内や空港へ行く場合は8の赤ワク内から選ぶ

フランクフルト市外へ行く場合は、駅名一覧表で目的駅のコード番号を探し、テンキーで入力。例えば、フランクフルト空港駅からフランクフルト中央駅（および市中心部）まで行く場合の乗車券は、「Frankfurt City」のコード「50」を入力する。

2 モニターに表示された金額を投入する

お金を入れないでいると、20秒ぐらいで自動的に画面がクリアされてしまうので、最初からやり直す。

3 切符とつり銭を取り出す

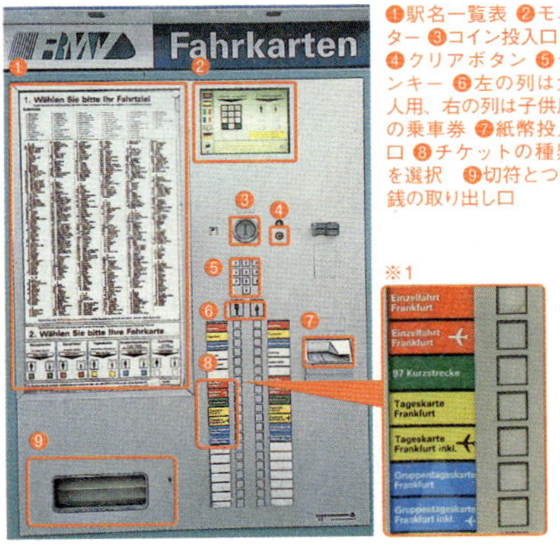
RMV
Fahrkarten
1. Wählen Sie bitte Ihr Fahrtziel
2. Wählen Sie bitte Ihre Fahrkarte
※1
Einzelfahrt Frankfurt
97 Kurzstrecke
Tageskarte Frankfurt
Tageskarte Frankfurt inkl.

❶駅名一覧表 ❷モニター ❸コイン投入口 ❹クリアボタン ❺テンキー ❻左の列は大人用、右の列は子供用の乗車券 ❼紙幣投入口 ❽チケットの種類を選択 ❾切符とつり銭の取り出し口

※1

Einzelfahrt Frankfurt：市内1回乗車券　Einzelfahrt Frankfurt✈：空港まで有効の1回乗車券　Kurzstrecke：短距離乗車券
Tageskarte Frankfurt：市内1日乗車券　Tageskarte Frankfurt inkl.✈：空港まで有効の市内1日乗車券
Gruppentageskarte Frankfurt：グループ用（大人5人まで有効）1日乗車券　Gruppentageskarte Frankfurt inkl.✈：空港まで有効のグループ用市内1日乗車券

フランクフルトの１回乗車券は買いだめができないので、１日乗車券が便利。

ミュンヘンの市内交通

ミュンヘンの公共交通機関はミュンヘン交通連合MVVを形成しており、Sバーン、Uバーン、バス、トラムのチケットはすべて共通になっている。

ミュンヘンの交通図→別冊P.7

チケットの種類

チケットはゾーン制になっており、いくつのゾーンにまたがるかによって料金が異なる。ほとんどの見どころは市内のゾーン（白のゾーン）にあるので1ゾーンの乗車券で行けるが、空港から市内へは赤、黄、緑、白と4つのゾーンにまたがっているので、4ゾーンのチケットが必要。

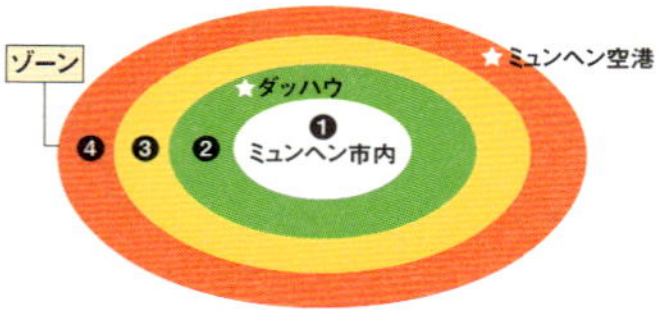
ゾーン
ミュンヘン空港
ダッハウ
❶
ミュンヘン市内
❷
❸
❹

名称	種類と有効乗車範囲	料金
1回乗車券 Einzelfahrkarte	短区間券Kurzstrecke バス、トラムは4駅、Sバーン・Uバーンは2駅まで乗車可。1時間有効	€1.40
	1ゾーン 1Zone 3時間有効	€2.70
	2ゾーン 2Zonen 4時間有効	€5.40
	3ゾーン 3Zonen 4時間有効	€8.10
	4ゾーン 4Zonen (中央駅から空港間が相当) 4時間有効	€10.80
シングル1日乗車券 Single-Tageskarte	市内Innenraum（白のゾーン）	€6.20
	ミュンヘンXXLMünchenXXL(白と緑のゾーン)	€8.30
	市外Außenraum(緑、黄、赤のゾーン)	€6.20
	全域Gesamtnetz（白、緑、黄、赤のゾーン）	€12
シングル3日乗車券 Einzelfahrkarte	市内Innenraum（白のゾーン）	€15.50
回数券 Streifenkarte	1ゾーンあたり2枚（短区間は1枚）を最終目的地までのゾーン数分の必要枚数を折り曲げて刻印する（切り離し無効）	€13（10枚つづり）

旅行者向けのお得なカード

シティツアーカード
CityTourCard München

市内の交通機関に乗り放題に加え、所定の観光地の入場料が割引になるチケット。駅の窓口や自動券売機で購入可能。

種類と有効乗車範囲	有効期限	料金
市内Innenraum(白のゾーン)	1日	€10.90
	3日	€20.90
	4日	€25.90
全域Gesamtnetz（白、緑、黄、赤のゾーン）	3日	€32.90
	4日	€42.90

チケットの買い方

1 券売機を見つける

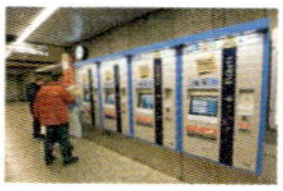

自動券売機はSバーンとUバーンは改札の近くに設置されている。バスとトラムの場合は主要な停留所のみ設置されている。

2 言語を選択する

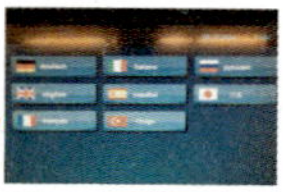

初期画面はドイツ語になっているが、複数の言語から選ぶことができる。ミュンヘンの自動券売機は日本語を選択できるものもある。

3 チケットの種類を選ぶ

1回乗車券Einzelfahrkarte、1日乗車券Single-Tageskarteなどの選択肢のなかから希望するチケットを選んでタッチする。

4 人数を選ぶ

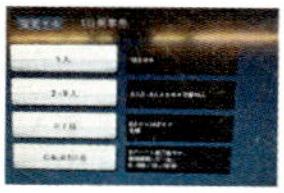

チケットの種類を選んだら、次に利用人数を選ぶ。複数で旅をしているときは、何度も同じ作業をする手間が省けるのでうれしい。

5 有効期限を選ぶ

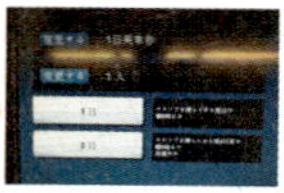

1日乗車券を選んでおいて1日か3日を選ぶのはいまいち理屈に合わないが、これは翻訳の問題。

6 料金を支払う

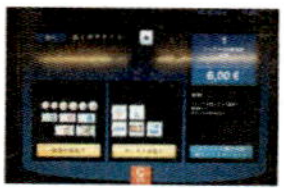

料金はクレジットカードか現金かで選ぶことができる。最後に下の受け取り口からチケットをとる。

鉄道パスでSバーンは乗れますが、Uバーンには乗れません。（和歌山県・和枝）

ベルリンの市内交通

ベルリンの公共交通機関はすべてベルリン交通局BVGに加盟しており、チケットはすべて共通になっている。

ベルリンの交通図→別冊P.12

チケットの種類

ベルリンのチケットはゾーン制になっており、ベルリン市内はAとB、ベルリン市外はCのゾーンになっている。多くの見どころはAゾーン内にあるが、シェーネフェルト空港やポツダムなどはCゾーンなので、これらの場所へ行く場合はABCすべてのゾーンが有効なチケットを買わなくてはならない。

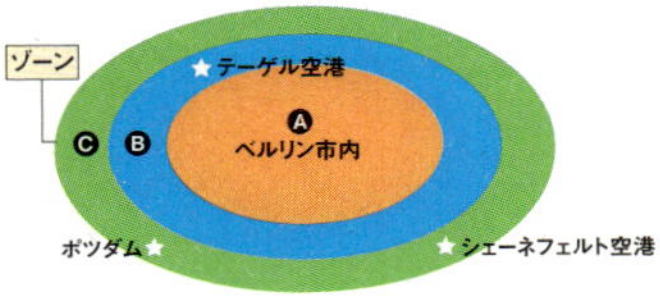
ゾーン
テーゲル空港
A
ベルリン市内
C
B
ポツダム
シェーネフェルト空港

名称	有効乗車範囲	料金
短区間券 Kurzstrecke	バス、トラムは6駅、Sバーン、Uバーンは3駅まで乗車可	€1.60
1回乗車券 Einzelfahrkarte	A・Bゾーン　2時間有効	€2.70
	B・Cゾーン　2時間有効	€3
	A・B・Cゾーン　2時間有効	€3.30
4回乗車券 4-Fahrten-Karte Einzelfahrschein	A・Bゾーン　各2時間有効	€9
1日乗車券 Tageskarte	A・Bゾーン	€6.90
	B・Cゾーン	€7.20
	A・B・Cゾーン	€7.40
7日乗車券 7-Tage-Karte	A・Bゾーン	€29.50
	B・Cゾーン	€30.50
	A・B・Cゾーン	€36.50

旅行者向けのお得なカード

ベルリン・ウエルカムカード
Berlin WelcomeCard

ベルリン・シティツアーカード
Berlin CityTourCard

どちらもベルリンの公共交通機関が乗り放題の上、所定の見どころやレストラン、劇場なども割引になるが、カードによって割引の対象が異なる。どちらのカードも駅の窓口や自動券売機で購入可能。

名称	有効期限	有効乗車範囲	料金
ベルリン・ウエルカムカード Berlin WelcomeCard	48時間	A・Bゾーン	€19.50
		A・B・Cゾーン	€21.50
	72時間	A・Bゾーン	€26.70
		A・B・Cゾーン	€28.70
	5日間	A・Bゾーン	€34.50
		A・B・Cゾーン	€39.50
ベルリン・シティツアーカード Berlin CityTourCard	48時間	A・Bゾーン	€17.40
		A・B・Cゾーン	€19.40
	72時間	A・Bゾーン	€24.50
		A・B・Cゾーン	€26.50
	5日間	A・Bゾーン	€31.90
		A・B・Cゾーン	€36.90

A・Bゾーンの1回乗車券（右）と7日乗車券（左）

チケットの買い方

チケットは駅の自動券売機や切符売り場で購入する。自動券売機はいくつか種類があるが、最近はタッチパネル式のものが主流。日本語には対応していないが英語には対応しており、クレジットカード払いができるものもある。

タッチパネル式の自動券売機

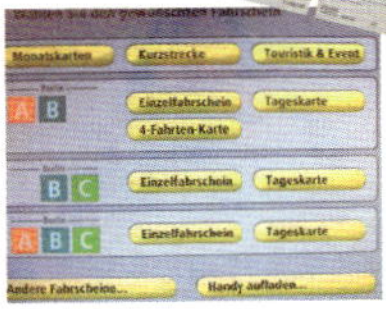
Monatskarten
Kurzstrecke
Touristik & Event
Einzelfahrschein
Tageskarte
4-Fahrten-Karte
Einzelfahrschein
Tageskarte
Einzelfahrschein
Tageskarte
Andere Fahrscheine...
Handy aufladen...

ゾーンとチケットの種類を選択後、表示金額を投入する

1回乗車券の乗り換え

1回乗車券を使っての乗り換えは2時間以内だと、一定方向の乗り換えは何度でも可能になっている。一定方向というのは、やや曖昧な言い方だが、基本的には逆戻りしなければ大丈夫だと考えてよい。つまり2時間以内であっても、どこかに行き買い物をし、もとの場所に戻ることは不可。

7日乗車券は5日以上滞在するなら1日乗車券よりも割安になる。

ドイツの国内移動

ドイツ国内の移動は中・長距離は鉄道、地方の町へは路線バスが一般的。時間を節約するなら飛行機という選択肢もある。予算や旅程に合わせた交通手段を選ぼう。

鉄道
Zug

ドイツの鉄道はドイツ鉄道Deutsche Bahn（DB）によって運行されている。ヨーロッパ屈指の鉄道大国であるドイツは主要路線の便数も多く、時間も正確だ。

鉄道の乗り方

1 チケット売り場に並ぶ

大都市の中央駅のチケット売り場は旅行センターReisezentrumという。小さな駅だとチケット窓口の列に並べばよいが、大きな駅では、ボタンを押して整理券をとり、電光掲示板に自分の番号が表示されたら指定された窓口へ行くというシステムのところが多い。

↓

2 内容を告げる

言葉ができるなら窓口のスタッフと相談しながら、希望のチケットを買うことができるが、自信がないなら、あらかじめ紙に書いておき、スタッフに手渡すのが確実。必要な情報としては、日時、目的地、必要な枚数、1等か2等か、座席予約の有無など。

↓

3 料金を支払う

現金はもちろんクレジットカードにも対応している。チケットを受け取ったら必ずその場で情報が正しいか確認すること。

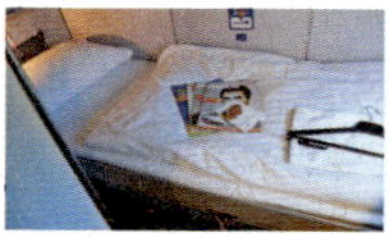

CNLのシングル寝台

高速列車は白いカラーリング

急行、普通列車は赤いカラーリング

ICE1等の車内

座席予約

ドイツ鉄道では日本の新幹線のように、車両により予約車両、自由車と分かれておらず、予約が入るのにしたがって席が埋まり、自由席が減っていくシステム。予約が必須な列車はICEスプリンターとフランクフルト・パリ間のICE、シティ・ナイト・トレインのみだが、朝夕や休暇の時期は混み合い、座席がすべて埋まってしまうこともあるので、座席を確実に確保したいなら予約した方がよい。予約料は2等€4.50、1等は無料。ただし、パス利用者は1等でも€4.50かかる。ICEスプリンターは例外で1等が€16.50、2等は€11.50。

ジャーマンレイルパス

ドイツ鉄道に乗り放題のパスで、有効期限の1ヵ月以内の任意の3〜10日に使用できるものと、5、10、15日連続タイプがある。ICEスプリンターとシティ・ナイト・ラインには予約が必要だが、ICEを含むそのほかすべての列車には予約なしで乗ることができるので、いちいち駅の窓口に並ぶ手間が省けてとても便利。シティ・ナイト・ラインには別途寝台料金が必要。
使い方は、まず使用開始時に駅の窓口でバリデーションValidationしてほしいと告げ、スタンプを押してもらう。それ以降は、使いたい日にマス目に使用する日付を自分で記入していけばよい。ふたりで同一行動する場合にはツインパスが利用でき、割安になる。

列車の種類

ドイツ鉄道が運行する列車は、おもに以下の種類がある。
※本書のデータ欄では主にアルファベットの略称で表記。

●イーツェーエー　InterCityExpress(ICE)
最高時速300kmを超すドイツが誇る高速列車で、ドイツ鉄道のカテゴリーの最上位。主要都市間に運行しているほか、近隣諸国への乗り入れもしている。ICEよりもさらに停車駅を少なくした便にICEスプリンターICE-Sprinterがあるが、使われている車両はICEと同じもの。

●インターシティー　InterCity(IC)
主要都市間を結ぶ特急列車で、イーツェーエーに次ぐカテゴリー。ICの国際列車はオイロシティEuroCity（EC）という。

●シティ・ナイト・ライン　City Night Line(CNL)
寝台列車。車両には寝台車Schlafwagen、クシェット簡易寝台Liegewagen、座席車があり、すべて予約制。

●インターレギオ・エクスプレス　InterRegio Express(IRE)
地域間快速列車。地域快速列車よりも長距離区間を走る。

●レギオナル・エクスプレス　Regional Express(RE)
地域快速列車。

●レギオナル・バーン　Regional Bahn(RB)
普通列車。

いろいろ
あるね

CNLのデラックス寝台は個室にシャワーとトイレ付き。とても快適でした。（福岡県・ふみ）

列車の乗り方

Sバーン と Uバーンは、乗り方はほぼ同じ。
各都市のチケットの買い方は→P.177～179

1 発車ホームを確認する

ドイツ語でプラットホームはグライスGleisという。大都市の中央駅には大きな時刻表が掲げられているので確認しよう。小さな駅では黄色のポスター大の出発時刻表から確認ができる。

asiagourmet

2 列車編成表を確認

ホームに移動したら、ホームに掲示されている列車の編成表を確認。座席を予約しているときなどには、自分の座席がホームのどの位置に停車するのかがわかるので、あらかじめ移動しておくとよい。

6
08:19
Wien Westbahnhof

3 列車に乗る

列車が到着したら、ドア横に付いているボタンを押して、ドアを開ける。もちろん降りる人が優先なので、中の人が降りきってから乗車する。ドアが閉まるのは自動。

4 座席を探す

ドイツの鉄道は同じ車両内に指定席と自由席が混在している。予約をしている人は、自分の車両番号と座席番号から席を探す。予約がない人は、荷物棚の下に、予約区間を表示しているのでチェック。何も表示されていない座席か予約区間が自分とかぶらない席を見つけて席に着こう。

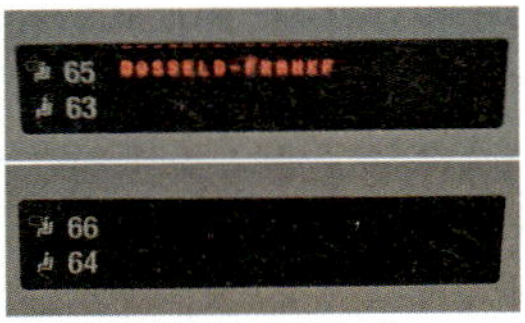
65
63
66
64

上／予約区間が示されている
下／予約のない席

5 検札を受ける

席に着きしばらくしたら職員が検札にやってくるので、チケットか鉄道パスを渡してチェックを受ける。鉄道パスの場合は、一緒にパスポートの提示を求められることもあるので事前に準備しておこう。

6 列車を降りる

ICEなど高速列車では停車駅が近づくとドイツ語と英語でアナウンスがあるので、降りる準備を始めよう。降りるときは乗るとき同様にドア横の緑のボタンを押して開ける。

食堂車でのんびり

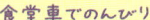

長距離を走る列車には本格的な食事が楽しめる食堂車Bord Restaurantやセルフサービスのビストロ Bistroが連結されている。移り変わる車窓を眺めながらのんびり食事を楽しむのは鉄道の旅ならではの楽しみだ。

ホームへ向かう階段には荷物用のベルトコンベアがあるところも

HOTSPOT
In Kooperation mit
DB BAHN

車両によってはWi-Fiが使える

ドイツ鉄道の時刻表検索

ドイツ鉄道のウェブサイトでは時刻表検索ができる。
鉄道の時刻だけでなく、路線バスの時刻までわかるすぐれものだ。
旅程作りに積極的に活用してみて。

これで
プランニングは
完璧だね

1 ウェブサイトにアクセス

ドイツ鉄道のウェブサイトにアクセス。ドイツ鉄道のウェブアドレスは URL www.bahn.de。
最初の画面ではドイツ語の表示なので、画面の一番上にあるDeutschlandと書かれた右横にある矢印をクリックして英語表記「English Version」を選択する。

DB BAHN
Bahn & Hotel Städtereisen mit Gratisnacht:
29

ドイツ鉄道のトップページ

2 情報の入力

ミュンヘンからディンケルスビュール への行き方を検索

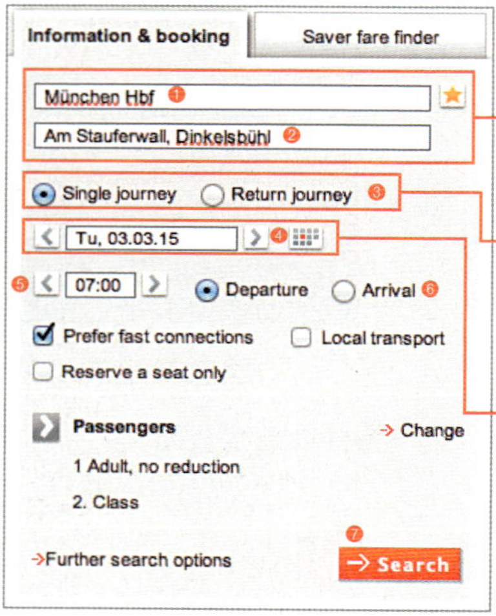

Information & booking
Saver fare finder
München Hbf ❶
Am Stauferwall, Dinkelsbühl ❷
Single journey
Return journey ❸
Tu, 03.03.15 ❹
❺ 07:00
Departure
Arrival ❻
Prefer fast connections
Local transport
Reserve a seat only
Passengers
→ Change
1 Adult, no reduction
2. Class
→Further search options
❼
→ Search

出発地にミュンヘン中央駅München Hbf.を入力。目的地のディンケルスビュールDinkelsbühlを入力すると、いくつか候補が出てくるが、ここでは町の中心部近くのバス停Am Stauferwall, Dinkelsbühlを選択する。

片道のみ検索するならSingle Journey、往復を検索するならReturn journeyを選択

日付の入力は、右のアイコンをクリックするとカレンダーから選択できる。出発時間から検索するならDeparture、到着時間から検索するならArrivalを選択

❶出発地　❷目的地　❸片道／往復　❹年月日　❺時間　❻出発／到着　❼検索開始ボタン

3 時刻表を見る

検索すると、いくつかの候補が表示される。このときに表示されるのは出発時刻dep、到着時刻arr、所要時間Duration、乗り換え回数Chg.、車両のタイプProductionなど基本的な情報だけ。それぞれの候補欄の左にある矢印をクリックすると、より詳細な情報を見ることができる。詳細情報には、出発時間と到着時間はもちろん、便名、プラットホームの番号、乗り継ぎ時間などもわかるので、メモや印刷しておけば、スムーズな乗り換えができるだろう。購入Purchaseというボタンを押すと、ネット上での購入も可能。

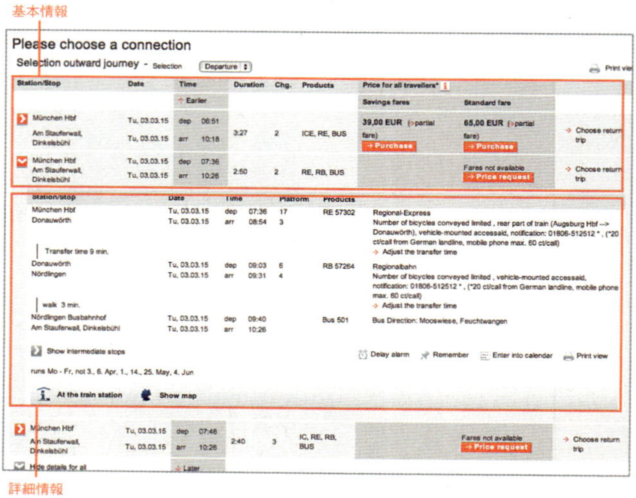

基本情報
Please choose a connection
Selection outward journey - Selection Departure
Print view
Station/Stop Date Time Duration Chg. Products Price for all travellers*
Earlier
Savings fares Standard fare
München Hbf Tu, 03.03.15 dep 06:51
Am Stauferwall, Dinkelsbühl Tu, 03.03.15 arr 10:18 3:27 2 ICE, RE, BUS
39,00 EUR (partial fare) Purchase
65,00 EUR (partial fare) Purchase
Choose return trip
München Hbf Tu, 03.03.15 dep 07:36
Am Stauferwall, Dinkelsbühl Tu, 03.03.15 arr 10:26 2:50 2 RE, RB, BUS
Fares not available Price request
Choose return trip
Station/Stop Date Time Platform Products
München Hbf Tu, 03.03.15 dep 07:36 17 RE 57302 Regional-Express
Donauwörth Tu, 03.03.15 arr 08:54 3
Number of bicycles conveyed limited , rear part of train (Augsburg Hbf --> Donauwörth), vehicle-mounted accessaid, notification: 01806-512512 * , (*20 ct/call from German landline, mobile phone max. 60 ct/call)
Adjust the transfer time
Transfer time 9 min.
Donauwörth Tu, 03.03.15 dep 09:03 6 RB 57264 Regionalbahn
Nördlingen Tu, 03.03.15 arr 09:31 4
Number of bicycles conveyed limited , vehicle-mounted accessaid, notification: 01806-512512 * , (*20 ct/call from German landline, mobile phone max. 60 ct/call)
Adjust the transfer time
walk 3 min.
Nördlingen Busbahnhof Tu, 03.03.15 dep 09:40 Bus 501 Bus Direction: Mooswiese, Feuchtwangen
Am Stauferwall, Dinkelsbühl Tu, 03.03.15 arr 10:26
Show intermediate stops
Delay alarm
Remember
Enter into calendar
Print view
runs Mo - Fr, not 3., 6. Apr, 1., 14., 25. May, 4. Jun
At the train station
Show map
München Hbf Tu, 03.03.15 dep 07:46
Am Stauferwall, Dinkelsbühl Tu, 03.03.15 arr 10:26 2:40 3 IC, RE, RB, BUS
Fares not available Price request
Choose return trip
Hide details for all
Later
詳細情報

路線バスまで
調べられる～

ドイツ鉄道のウェブ時刻表は国際列車も調べることができ、利用価値大です。（まなみ・北海道）

ドイツ鉄道MAP

ドイツの主要都市間は飛行機、鉄道で結ばれている。
国内線の飛行機はどれも所要1時間前後なので、
空港への移動時間も考えても、鉄道で3時間以上かかる都市へは飛行機のほうが早い。

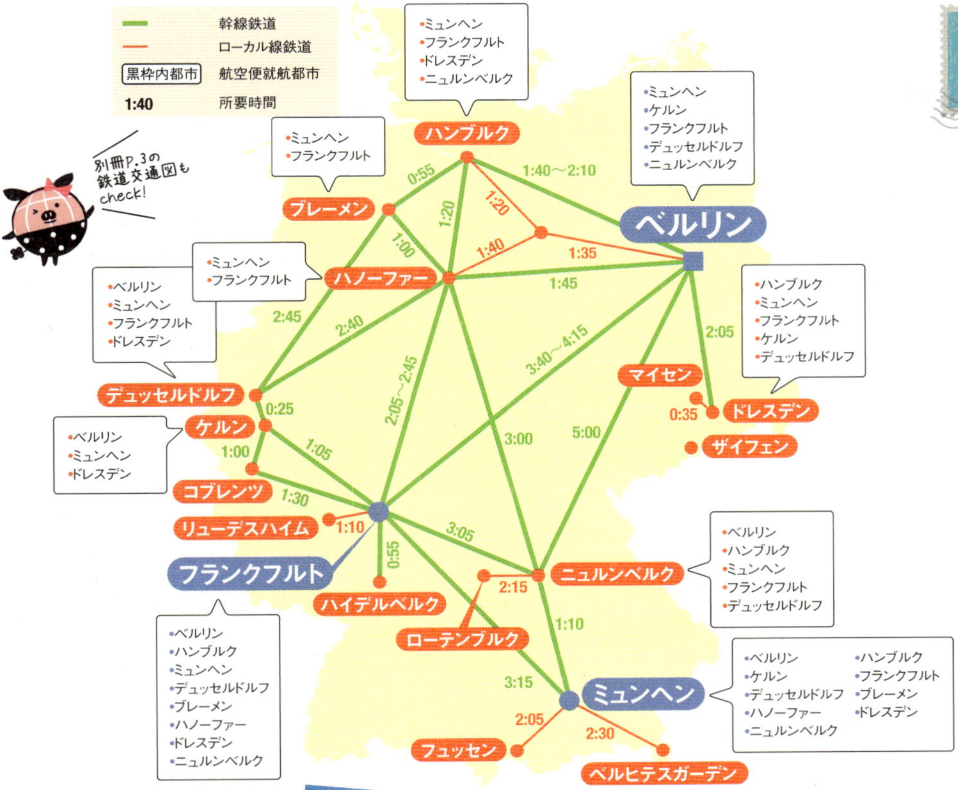

別冊P.3の鉄道交通図もcheck!
幹線鉄道
ローカル線鉄道
黒枠内都市 航空便就航都市
1:40 所要時間
ハンブルク
•ミュンヘン •フランクフルト •ドレスデン •ニュルンベルク
ブレーメン
•ミュンヘン •フランクフルト
ベルリン
•ミュンヘン •ケルン •フランクフルト •デュッセルドルフ •ニュルンベルク
ハノーファー
•ミュンヘン •フランクフルト
デュッセルドルフ
•ベルリン •ミュンヘン •フランクフルト •ドレスデン
ケルン
•ベルリン •ミュンヘン •ドレスデン
ドレスデン
•ハンブルク •ミュンヘン •フランクフルト •ケルン •デュッセルドルフ
マイセン
ザイフェン
コブレンツ
リューデスハイム
フランクフルト
•ベルリン •ハンブルク •ミュンヘン •デュッセルドルフ •ブレーメン •ハノーファー •ドレスデン •ニュルンベルク
ハイデルベルク
ニュルンベルク
•ベルリン •ハンブルク •ミュンヘン •フランクフルト •デュッセルドルフ
ローテンブルク
ミュンヘン
•ベルリン •ケルン •デュッセルドルフ •ハノーファー •ニュルンベルク •ハンブルク •フランクフルト •ブレーメン •ドレスデン
フュッセン
ベルヒテスガーデン
0:55 1:20 1:40～2:10 1:20 1:40 1:35 1:00 1:45 2:45 2:40 2:05 3:40～4:15 2:05～2:45 0:25 0:35 1:00 1:05 3:00 5:00 1:30 1:10 3:05 0:55 2:15 1:10 3:15 2:05 2:30

飛行機
Flugzeug

長距離の移動で時間を節約したいときは飛行機が便利。ドイツの国内便は最大手のルフトハンザ・ドイツ航空が国内18都市に就航しているほか、格安航空会社のジャーマンウイングスGermanwings、エア・ベルリンAir Berlin、トゥイ・フライTUI Flyなどがある。各社ウェブサイトから予約ができる。

ドイツ最大手、ルフトハンザ・ドイツ航空の機体

ドイツのおもな航空会社

ルフトハンザ・ドイツ航空
URL www.lufthansa.com

ジャーマンウイングス
URL www.germanwings.com

エア・ベルリン
URL www.airberlin.com

トゥイ・フライ
URL www.tuifly.com

長距離バスの時刻はドイツ鉄道のウェブサイトでは調べられない（ドイツ鉄道運行のIC Busを除く）。「Mein Fernbus」や「eurolines」などで検索。

旅の便利帳

ドイツの旅に必要なノウハウをわかりやすくまとめました。
旅の基本をきっちり押さえていれば、
イザというときにあわてず対処できるよね。

さくっと要点
チェック!

お金・クレジットカード

お金

ドイツで使用されている通貨は、EU統一通貨のユーロ(€)とセント(Cent)。それぞれのドイツ語読みは「オイロ」と「ツェント」。€1=100セント=約135円(2015年5月現在)。

クレジットカード

ホテルやレストラン、スーパー、地下鉄の自動券売機などでは、VISAやMasterなど国際ブランドのカードならばたいてい使える。大金を持ち歩くのはリスクが高いので、両替はできるだけ最小限にとどめて、カードで支払うのが賢い方法。ICチップ付きカード利用時には暗証番号(PIN)が必要なので、事前に確認しておこう。

ATM

空港や駅、町なかなどいたるところにあり、VISAやMasterなどの国際ブランドのカードでユーロをキャッシングできる。出発前に海外利用限度額と暗証番号を確認しておこう。金利には留意を。

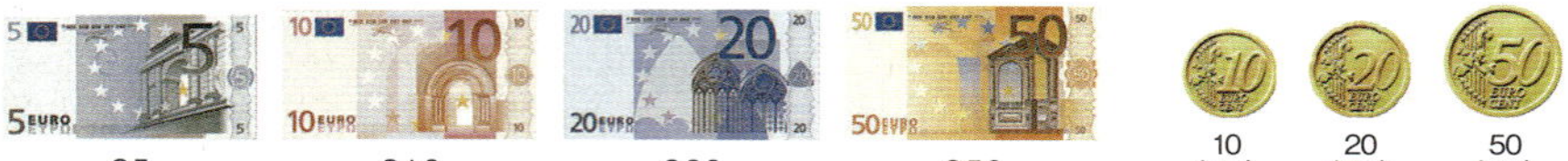

€5　€10　€20　€50　10セント　20セント　50セント

€100　€200　€500　1セント　2セント　5セント　€1　€2

電話

ドイツの公衆電話のかけ方は日本と同様に、市内の場合には市外局番は不要で、市外からかける場合は市外局番からダイヤルする。公衆電話はほとんどがテレホンカード式だが、一部コインでかけられるものもあり、どちらも国際電話に対応している。日本からドイツへは、マイラインの国際区分に登録している場合、国際電話会社の番号は不要。携帯電話からの利用方法やサービス内容は各社に問い合わせを。

日本からドイツへ

国際電話会社の番号 001/0033/0061など ＋ 国際電話識別番号 010 ＋ ドイツの国番号 49 ＋ 市外局番＋相手の電話番号(市外局番の最初の0は取る)

ドイツから日本へ

国際電話識別番号 00 ＋ 日本の国番号 81 ＋ 市外局番or携帯電話(頭の0は取る) ＋ 相手先の電話番号 1234-5678

現地での電話のかけ方

- 市内へは－(ハイフン)の前の番号(市外局番)をはずして番号をかける。
- 市外へは－(ハイフン)の前の番号(市外局番)を、0を含めかける。

現金で両替するよりも、クレジットカードでのキャッシングをした方が安上がりでした。(よっし～・石川県)

電圧・プラグ

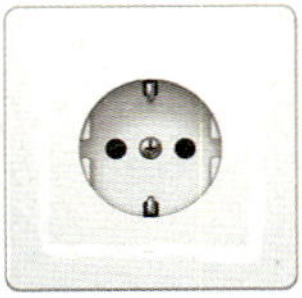

ドイツの電圧は220V、周波数は50Hz。プラグの形は日本と異なるCタイプ。ドライヤーをはじめとする日本の電化製品はそのままでは使用できないので変圧器が必要。携帯電話やデジカメの充電器、パソコンのアダプターなどは、海外対応のものならプラグ・アダプターを取り付けるだけで使用できるが、対応してない場合は変圧器が必要。

トイレ

公衆トイレは有料のところが多く€0.50〜€1の利用料がかかる。多くの公衆トイレの入口はコイン式になっており、紙幣には対応していないので、普段から多めに小銭を準備しておくとよい。ドイツ語でトイレはトアレッテToilette、またはWCと書かれている所もある。女性はDamenまたはFrauend、男性はHerrenまたはMänner。

インターネット

HOTSPOT
In Kooperation mit
DB BAHN

ホテルやカフェ、空港、長距離列車内などさまざまな場所でWi-Fiサービスを提供している。ホテルやカフェでは無料が多いが、それ以外では有料のところがほとんど。無料のところも通常暗証番号が必要なので、ホテルのレセプショニストやカフェの店員に教えてもらう。

郵便

ドイツの郵便局はDeutsche Post AGという。黄色のバックにホルンのマークが目印。営業時間は平日8:00〜18:00、土曜は8:00〜12:00、日曜、祝日は休みというのが一般的。日本へのエアメールははがきが€0.80、封書が50gまで€1.50。

水

ドイツの水道水は飲用できるが、水が変わると体調を崩す人もいるので、不安であればミネラルウオーターを購入した方がよい。水はスーパーマーケットやキオスクなどで販売している。買う場所により値段はずいぶん異なり、同じ500mlのペットボトルでもスーパーマーケットなら€1弱で売っているが、駅中の売店では€1.50程度になる。ミネラルウオーターには炭酸入り（ミット・コーレンゾイレmit Kohlensäureまたはミット・ガスmit Gas）と、炭酸なし（オーネ・コーレンゾイレohne Kohlensäureまたはオーネ・ガスohne Gas）の2種類がある。

チップ

ホテルやレストランにはサービス料が含まれているので、チップは必ずしも必要ではないが、よいサービスを受けたときには、感謝の気持ちを表す意味でチップを渡す習慣がある。レストランでは料金の5〜10％ほど、ホテルのベルボーイには€1ほどを渡すのが一般的。レストランでチップを渡すときは、会計の担当者に直接渡すことになっており、支払い後テーブル上に置く習慣はない。セルフ式のカフェでは、レジ横にあるチップボックスがあるので、おつりの小銭を入れると喜ばれる。

喫煙

ドイツの禁煙法は州ごとに定められているが、多少の違いはあるものの、すべての州で施行されており、原則として喫煙所を除いて公共の場での喫煙は禁止されている。

階段の表示

日本とドイツでは階段の表示が異なる。ドイツでは日本の1階は地上階Erdgeschossといい、エレベーターのボタンでは0やEと表記される。日本の2階はドイツの1階、日本の3階はドイツでは2階となる。

マナー

教会は信仰の場所なので、夏でも肌の露出は控え、大きな声は出さないように。ミサが行われている間は見学は控えること。写真の可否は教会によって異なるが、フラッシュや三脚の使用はできないところがほとんど。

クレジットカードは日本円払いを選択できる端末もあるが、レートが悪いことが多く、ユーロのまま払った方が得。

旅の安全情報

女の子同士、楽しく旅していると気もゆるみがち。
日本にいるとき以上に、警戒アンテナもピンとたてることを忘れないで！
パターンを知って、トラブル回避しよう。

外務省海外安全情報URL www.anzen.mofa.go.jp

注意してね〜

治安

ドイツはヨーロッパの中では比較的治安のよい国だが、スリ、置き引き、ひったくりといった犯罪は日本と比べるとはるかに高い頻度で発生しているので過度な安心は禁物。基本的なことさえ守っていれば被害が防げる犯罪が多いので、荷物からは目を離さない、むやみに現金やカードを人目にさらさない、夜間に人通りの少ないところは歩かない、などを頭の隅において行動しよう。

病気・健康管理

普段は元気な人でも、旅行中は気候や環境の変化、食事の変化などで急に体調を崩すこともある。思わず食べ過ぎたり、買い物に熱中して歩きっぱなしだったり。疲れをためないように十分睡眠をとって、絶対に無理をしないこと。風邪薬や胃腸薬などは使い慣れたものを日本から持って行こう。湿布類もあるといい。インフルエンザなど事前の海外感染症情報のチェックも欠かさないで。

海外旅行保険

保険に入らず海外でケガや病気をして医者に診てもらうと全額自己負担になってしまう。海外旅行保険には必ず入っておこう。病気になったとき、日本語医療サービスのある海外旅行保険に加入していれば、サービスセンターに電話して対処してもらうのが一番いい。提携病院なら病院側も慣れているので、スムーズに対応してもらえて安心。補償内容は前もって確認しておくこと。

こんなことにも気をつけて！

エピソード1 置き引き

ドイツで日本人観光客が遭遇する犯罪で最も多いのが置き引き。おもな被害例はホテルの朝食ビュッフェで座席にバッグを置いたまま料理を取りに行き、戻ってくるとなくなっていた、列車内で座席の横に置いていたバッグがいつの間にかなくなっていたなど。荷物は手元から離さず、自分の目に届く場所に置いておこう。

エピソード2 スリ

スリの被害が多いのは人通りの多い駅構内や繁華街、混み合った車内など。また、知らない人から道を教えてくれと話しかけられ、教えているうちに共犯者が財布を抜き取るという手口もある。混雑している場所や、知らない人に声をかけられたときなどは、意識的にスリを警戒し、自分の荷物に注意を払いたい。

エピソード3 偽警官

偽警官の手口は、自称私服警官が、「麻薬の取引をしていただろう、所持品を検査する」、「偽札の検査をしている。財布を確認したい」などと言い、検査と称して金品を奪い去るというもの。警官が路上で財布の中を調べるようなことはない。偽警官に遭遇したら身分証明書の提示を求めるか、110番すること。

エピソード4 寸借詐欺

寸借詐欺は、財布をなくして困っているなどの理由で声をかけてくる自称旅行者にお金を貸したが、その後連絡が取れなくなるというもの。詐欺師は物腰柔らかで、身なりもちゃんとしている人が多いため、つい気を許してしまいそうになるが、見知らぬ人にお金を貸すようなことは控えた方がよい。

エピソード5 フランクフルトの税関

高級腕時計やノートPC、カメラなどの高額物品は、個人的に使うものについては課税対象ではないが、現地で他人に販売、譲渡される可能性があると判断されると、税関の抜き打ち審査で没収されることがある。高額物品を携行して入国する場合は、税関窓口で、帰国時に持ち帰るものだと説明したほうがよい。

エピソード6 危険地帯は事前確認

ドイツの大都市のなかには貧民街や民族主義者が多く住む地域もあり、不用意に立ち寄ると強盗や暴力を受ける可能性もある。観光地以外の場所には立ち寄らないようにしよう。また、近年はイスラム過激派によるテロがヨーロッパ諸国で起きている。旅行前には日本大使館のウェブサイトで情報の収集をすること。

列車内でスーツケースの上に置いていたバッグを盗まれてしまいました。（春子・長野県）

トラブル別 困ったときのイエローページ

トラブル1 パスポートを紛失したら

まずは警察に届け出て、現地日本大使館で新規発給の手続きを

パスポートの盗難に遭ったり、紛失してしまったら、すぐに最寄りの警察に届け出て「紛失一般旅券等届出書」を発行してもらうこと。それを持って日本大使館へ行き、パスポートの紛失届と新規発給の申請を行う。あらかじめ顔写真のページのコピーやパスポート規格の写真を用意しておくと手続きがスムーズ。

パスポート新規発給の申請に必要なもの

- □現地警察署が発行する紛失・盗難届受理証明書
- □写真2枚（縦45mm×横35mm）
- □戸籍謄本または抄本（6ヵ月以内発行のもの）
- □旅程が確認できる書類（eチケットやツアー日程表など）
- □パスポートの「顔写真が貼られたページ」のコピー

（※申請の手数料は、申請内容により異なります）

トラブル2 事件・事故に遭ったら

すぐに警察や日本大使館で対応してもらう

事件に巻き込まれたり、事故に遭ってしまったら、すぐに最寄りの警察に届けて対応してもらう。事故の内容によっては日本大使館に連絡して状況を説明し、対処策を相談しよう。

緊急連絡先

警察 110

在ドイツ日本国大使館（ベルリン）	030-210940
在デュッセルドルフ日本国総領事館	0211-164820
在フランクフルト日本国総領事館	069-2385730
在ミュンヘン日本国総領事館	089-4176040
在ハンブルク日本国領事事務所	040-3330170

トラブル3 クレジットカードを紛失したら

カード会社に連絡して無効処置を依頼し、警察へ届け出る

クレジットカードを紛失したら、すぐにカード会社に連絡して無効手続きの処置をとってもらうこと。現地警察では「紛失・盗難届受理証明書」を発行してもらう。

緊急連絡先

カード会社

アメリカン・エキスプレス	0800-181-0778
ダイナース	0800-1-82-2304
JCB	0800-1-82-2991
Master Card	0800-819-1040
VISA	00-800-12121212

トラブル4 病気になったら

緊急の場合は迷わず救急車を呼び、保険会社への連絡も忘れずに

急な体調異変で、容易に動けないほど緊急の場合は、自分で救急車を呼ぶか、ホテルの人に呼んでもらう。海外旅行保険に加入している場合は、保険会社のサービスセンターに連絡して提携病院などを教えてもらおう。

緊急連絡先

緊急/病院

救急・消防 112

トラブル5 荷物を忘れたら

落とした場所の遺失物取扱所に問い合わせる

乗り物内での忘れ物にすぐ気がついたら、最寄りの窓口で対応してもらう。空港ならバゲージクレームへ。機内で紛失した荷物は利用した航空会社へ問い合わせを。

緊急連絡先

遺失物預かり所

ベルリン	030-902773101
ハンブルク	040-428113501
ミュンヘン	089-233 96045

その他連絡先

保険会社（日本のカスタマーセンター）

損保ジャパン日本興亜	(0120)666-756
AIU保険	(0120)04-1799
東京海上日動	(0120)868-100

航空会社

ルフトハンザ ドイツ航空	069-86 799 799
日本航空	0180-2-228-747
全日空	069-170776647

これで安心だね！

index

見る・遊ぶ

🚩：プチぼうけんプランで紹介した物件

その他	アルテ・マイスター絵画館	美術館	ドレスデン	159	P.17-C2
その他	アルブレヒト城	古城	マイセン	163	—
その他	美しの泉	ラッキースポット	ニュルンベルク	120	—
その他	▶ エルバー城	古城	ハノーファー近郊	48	—
その他	カイザーブルク	古城	ニュルンベルク	117, 119	—
その他	金貨を持つ猿	ラッキースポット	ハイデルベルク	123	—
その他	▶ クリスマスマーケット	市場	ドイツ各地	50	—
その他	グリム兄弟の家	博物館	シュタイナウ	155	—
その他	グリムワールド	テーマパーク	カッセル	155	—
その他	君主の行列	モニュメント	ドレスデン	159	P.17-C2
その他	▶ ケンピンスキー・ホテル・ベルヒテスガーデン・バーバリアン・アルプス	スパ（ホテル）	ベルヒテスガーデン	43	—
その他	ザバブルク城	古城ホテル	カッセル近郊	155	—
その他	市庁舎	歴史的建築物	ハノーファー	164	—
その他	市庁舎	歴史的建築物	ハンブルク	150	P.11-D2
その他	市庁舎	歴史的建築物	ブレーメン	156	—
その他	聖ローレンツ教会	教会	ニュルンベルク	121	—
その他	ゼクスィッシェ・ダンプフシフファーツ	クルーズ	ドレスデン	158	P.17-C2
その他	ゼンパーオーパー	劇場	ドレスデン	159	P.17-C2
その他	倉庫街	歴史的建築物	ハンブルク	151	P.11-D2
その他	大聖堂	教会	マイセン	163	—
その他	ツヴィンガー宮殿	宮殿	ドレスデン	159	P.17-C2
その他	哲学者の道	眺めのよいさんぽ道	ハイデルベルク	123	—
その他	トレンデルブルク城	古城ホテル	カッセル近郊	155	—
その他	ハイデルベルク城	古城	ハイデルベルク	116, 122	—
その他	▶ ハイルシュトレン・ベルヒテスガーデン	岩塩坑のヒーリングスポット	ベルヒテスガーデン	42	—
その他	バルーン・クルー・ザクセン	気球ツアー	ドレスデン	159	—
その他	▶ ハルツ狭軌鉄道	保存鉄道（SL）	ブロッケン山	32	—
その他	▶ ヒルシュホルン城	古城	古城街道	47, 116	—
その他	フラウエン教会	教会	ドレスデン	159	P.17-C2
その他	プラッセンブルク城	古城	古城街道	117	—
その他	ブルク通り	通り	マイセン	163	—
その他	▶ ベルヒテスガーデン岩塩坑	岩塩坑	ベルヒテスガーデン	45	—
その他	ホルンベルク城	古城	古城街道	116	—
その他	マルクト広場	広場・通り	マイセン	163	—
その他	ミニチュアワンダーランド	博物館	ハンブルク	151	P.11-D2
その他	ローラント像	モニュメント	ブレーメン	156	—

食べる

	名称	内容	エリア	ページ	別冊MAP
ミュンヘン	アッツィンガー	ビアレストラン	北部	64	P.5-D1
ミュンヘン	ヴィクトアーリエンマルクト	ビアガーデン	マリエン広場周辺	66	P.6-A3
ミュンヘン	英国庭園中国塔	ビアガーデン	北部	67	P.5-D1
ミュンヘン	ガストシュテッテ・グロースマルクトハレ	ビアホール	南部	62	P.5-C3
ミュンヘン	カフェ・ルイトポルト	カフェ	マリエン広場周辺	55	P.6-A1
ミュンヘン	コフィーショップ	カフェ	グロッケンバッハ	56	P.5-D2
ミュンヘン	ツム・フランツィスカーナー	ビアホール	マリエン広場周辺	62	P.6-A2
ミュンヘン	トラハテンフォーグル	カフェ	グロッケンバッハ	56, 63	P.5-D2
ミュンヘン	▶ パウラーナー	オクトーバーフェストのテント	テレージエンヴィーゼ	36	P.4~5-B~C2
ミュンヘン	ハクセンバウアー	郷土料理	マリエン広場周辺	65	P.6-B2
ミュンヘン	ホーフブロイハウス	ビアホール	マリエン広場周辺	63	P.6-B2~3
ミュンヘン	ラーツケラー	ワインレストラン	マリエン広場周辺	63, 64	P.6-A3
ミュンヘン	ラスト・サパー	創作ドイツ料理	カールス広場周辺	65	P.5-C1
ミュンヘン	レストラン・カフェ・アム・マリエンプラッツ・ツム・エーヴィゲン・リヒト	レストラン	マリエン広場周辺	62	P.6-A3
ロマンティック街道	アム・ヴァイセン・トゥルム	郷土料理	ローテンブルク	77	—
ロマンティック街道	アルテ・マインミューレ	眺めがいい	ヴュルツブルク	71	—
ロマンティック街道	ヴァルター・フリーデル	シュネーバル	ローテンブルク	79	—
ロマンティック街道	カーサ・ヴェーダ	カフェ	フュッセン	81	—
ロマンティック街道	ガストホーフ・シュヴァイゲル	カフェ	シュタインガーデン	89	—
ロマンティック街道	カフェ・アム・ミュンスター	カフェ	ディンケルスビュール	72	—
ロマンティック街道	ディラー・シュネーバレントロイメ	シュネーバル	ローテンブルク	79	—
ロマンティック街道	ブロート＆ツァイト	パン屋	ローテンブルク	77	—
ロマンティック街道	ホプフのリンゴジュース屋台	屋台	ローテンブルク	74	—
ロマンティック街道	マイザース	レストラン	ディンケルスビュール	72	—
ロマンティック街道	ラーツケラー	郷土料理	ヴュルツブルク	71	—
ロマンティック街道	ルートヴィヒ・バイスバールト	シュネーバル	ローテンブルク	78	—
ロマンティック街道	レストラン・カインツ	眺めがいい	ホーエンシュヴァンガウ	83	—
フランクフルト	アジア・グルメ	軽食スタンド	フランクフルト中央駅	98	P.8-B2
フランクフルト	ヴルストヘルデン	軽食スタンド	フランクフルト中央駅	98	P.8-B2
フランクフルト	カイザー	パン屋、カフェ	ハウプトヴァッヘ	103	P.9-C1
フランクフルト	カフェバー・イム・クンストフェライン	カフェ	レーマー広場周辺	93	P.9-D2
フランクフルト	ゴーシュ	軽食スタンド	フランクフルト中央駅	99	P.8-B2
フランクフルト	シュトゥルーヴェルペーター	リンゴ酒居酒屋	ザクセンハウゼン	94	P.9-D2
フランクフルト	ツァイト・フュア・ブロート	パン屋、カフェ	エッシェンハイマー塔周辺	102	P.9-C1
フランクフルト	ハベラーズ・スナックン・コフィー	軽食スタンド	フランクフルト中央駅	98	P.8-B2
フランクフルト	フィヒテクレンツィ	リンゴ酒居酒屋	ザクセンハウゼン	95	P.9-D3
フランクフルト	マイ・インディゴ	軽食スタンド	フランクフルト中央駅	99	P.8-B2
フランクフルト	マルガレーテ	モダンドイツ料理	レーマー広場周辺	93	P.9-D2

	ミスター・クロウ	軽食スタンド	フランクフルト中央駅	99	P.8-B2
	ル・クロバグ	軽食スタンド	フランクフルト中央駅	98	P.8-B2
ライン川	エンゲル	カフェ	リューデスハイム	109	—
	ギュンデローデハウス・フィルムハウス・ハイマート・ドライ	眺めがいい	オーバーヴェーゼル	28	—
	ゲデオンスエック	カフェ	ボッパルト	25	—
	シューマッハー・シュタムハウス	ビアホール	デュッセルドルフ	115	—
	ドームス・トルクロルム	レストラン	リューデスハイム	31	—
	ビアハウス・アム・ライン	ビアホール	ケルン	113	—
	ヒュフトゴルト	カフェ	デュッセルドルフ	115	—
	ヨハニスベルク城	古城レストラン	リューデスハイム	31	—
	リューデスハイマー・シュロス	レストラン（ホテル）	リューデスハイム	109	—
	ワインハウス・ブルングス	ワインレストラン	ケルン	113	—
ベルリン	オキシモロン	創作料理	ミッテ	143	P.16-B1
	オッテンタール・スペツィアル	カフェ	ツォー駅周辺	140	P.14-A3
	カリー36	ソーセージ	クロイツベルク	138	P.15-C3
	クオレ・ディ・ヴェトロ	カフェ	ミッテ	133	P.16-B1
	クノッフィー・ファインコスト・ウント・キュッヒェ	カフェ、デリカテッセン	クロイツベルク	137	P.15-C3
	ケイティーズ・ブルー・キャット	カフェ	ノイケルン	141	P.15-D3
	シュヴェスターヘルツ	カフェ	フリードリヒスハイン	141	P.15-D2外
	ディー・ヴェルトキュッヒェ	カフェ	ノイケルン	141	P.15-D3
	バコラート	カフェ	プレンツラウアーベルク	134, 140	P.15-D1
	フライシュヴィンマー	カフェ	ノイケルン	140	P.15-D3
	マヌ・テー・ファクトゥール	カフェ	ノイケルン	141	P.15-D3
	ムスタファズ・ゲミューゼケバブ	デナーケバブ屋台	クロイツベルク	139	P.15-C3
その他	アルト・ヘルゴーレンダー・フィッシャーシュトゥーベ	フィッシュレストラン	ハンブルク	152	P.11-D1
	ヴァイサー・ヒルシュ	カフェ（ホテル）	ヴェルニゲローデ	33	—
	エアステ・ザルツヴェーデラー・バウムクーヘンファブリーク	バウムクーヘン	ザルツヴェーデル	40	—
	カフェ・アム・トローデルマルクト	カフェ	ニュルンベルク	119	—
	カフェ・クルーゼ	バウムクーヘン	ザルツヴェーデル	41	—
	グラーフルヘーエ	カフェ	ベルヒテスガーデン	43	—
	ティ・ブレイズ	ガレット	ハンブルク	151	P.11-D2
	トレフ・イム・アドラー・ホルスト	バウムクーヘン	ザルツヴェーデル	41	—
	ナーゲル	シーフードレストラン	ハンブルク	152	P.11-C3
	ハックトイフェル	カフェ	ハイデルベルク	123	—
	ブラートヴルストホイスレ	ソーセージ	ニュルンベルク	118	—
	メーヴェンピック・クレプケ	カジュアルレストラン	ハノーファー	164	—
	リラ・ゾーセ	カジュアルレストラン	ドレスデン	160	P.17-D1

買う

	名称	内容	エリア	ページ	別冊MAP
ミュンヘン	アトリエ・クリスティーネ・サイコ	アクセサリー	グロッケンバッハ	57	P.5-D2
	ガレリア・カウフホーフ	大型デパート	マリエン広場周辺	67	P.6-A3
	グムント	文房具・紙製品	マリエン広場周辺	55	P.6-A2
	コーネリウスラーデン	服飾	グロッケンバッハ	56	P.5-D2
	サリー・フォン・サルバイ	服飾、雑貨	北部	55	P.5-D1
	シュティルゼーグラー	キッチン、服飾、おみやげ	グロッケンバッハ	56	P.5-D2
	セルヴス・ハイマート	雑貨	マリエン広場周辺	54	P.6-B3
	ダルマイヤー	デリカテッセン	マリエン広場周辺	67	P.6-A2
	ブライテングラート	雑貨	北部	55	P.5-D1
ロマンティック街道	エム・スーベニアズ・アム・パーク	雑貨	ホーエンシュヴァンガウ	83	—
	グロッケ・ヴァインラーデン	ワイン直売	ローテンブルク	76	—
	クンストゲヴェーベ・スミコ・イシイ	伝統工芸	ローテンブルク	76	—
	ケーテ・ヴォールファールト	クリスマスグッズ	ローテンブルク	76	—
	シュタット・アポテーケ	薬局、自然派コスメ	フュッセン	81	—
	トレンドハウス・レーブ	キャンドルホルダー	ローテンブルク	76	—
	リラ・ハウス	雑貨	フュッセン	81	—
フランクフルト	ヴェルクシュタットラーデン	手工芸	レーマー広場周辺	92	P.9-D2
	エーベァツ・ファインコスト	惣菜	ハウプトヴァッヘ	101	P.9-C1
	ナッシュマルクト・アム・ドーム	キッチングッズ&スイーツ	レーマー広場周辺	93	P.9-D2
	マイン・ヴュルシュトゥル	惣菜	レーマー広場周辺	101	P.9-D2
	レーヴェ	スーパーマーケット	ハウプトヴァッヘ	105	P.9-C1
ライン川	ゲヴュルツハウス・アルトシュタット	マスタード	デュッセルドルフ	114	—
	デュッセルドルファー・ゼンフラーデン	マスタード	デュッセルドルフ	114	—
	ドロッセル・ケレライ	ワインショップ	リューデスハイム	109	—
	ハイネマン	スイーツ	デュッセルドルフ	115	—
	ハウス・オブ・4711	香水	ケルン	112	—
	ファリナ・ハウス	香水	ケルン	112	—
ベルリン	アイスディーラー	服飾	プレンツラウアーベルク	134	P.15-C1
	アップサイクリング・デラックス	リサイクル雑貨	プレンツラウアーベルク	135	P.15-C1
	アララット	文具	クロイツベルク	136	P.15-C3
	アルコーナ広場の蚤の市	市場	プレンツラウアーベルク	39	P.15-C1
	アンペルマン・ショップ	キャラクターショップ	ミッテ	142	P.16-B1
	エム75	服飾	クロイツベルク	137	P.15-C3
	LPGビオマルクト	自然派コスメ、ビオスーパー	プレンツラウアーベルク	147	P.15-C1
	オオナ	ギャラリー	ミッテ	130	P.16-A1
	カイザー・アポテーケ	薬局	クロイツベルク	145	P.15-C3
	キュチノット	キッチン雑貨	クロイツベルク	136	P.15-C3
	サッチャーズ	服飾	プレンツラウアーベルク	134	P.15-C1